创新创业教育与应用型人才培养研究

——以"工匠精神"的培育为视角

王珊珊　著

中国水利水电出版社
www.waterpub.com.cn
·北京·

内 容 提 要

本书主要针对高校转型阶段应用型人才的培养理念与目标，结合创新创业教育的方式方法，摸清我国高校创新创业教育的现状，总结实践经验，为高校提高人才培养质量探索新的发展道路、深化高校综合改革、提高人才培养质量提供参考。

本书主要内容包括绪论、应用型人才培养概述、国内高校创新创业教育存在的问题与改革方案探讨、"工匠精神"与应用型高校创新创业人才的培养等。

本书的读者对象是高校从事创新创业教育的教职人员、管理人员、研究人员，以及从事创业相关工作的投资人、创业导师等。

图书在版编目（CIP）数据

创新创业教育与应用型人才培养研究：以"工匠精神"的培育为视角/王珊珊著. —北京：中国水利水电出版社，2019.5 （2025.4重印）

ISBN 978-7-5170-7695-7

Ⅰ.①创… Ⅱ.①王… Ⅲ.①创造型人才—人才培养—研究—中国 Ⅳ.①C964.2

中国版本图书馆 CIP 数据核字（2019）第 098857 号

书　名	创新创业教育与应用型人才培养研究 ——以"工匠精神"的培育为视角 CHUANGXIN CHUANGYE JIAOYU YU YINGYONGXING RENCA PEIYANG YANJUN——YI "GONGJIANG JINGSHEN" DE PEIYU WEI SHIJIAO	
作　者	王珊珊　著	
出版发行	中国水利水电出版社 （北京市海淀区玉渊潭南路 1 号 D 座　100038） 网址：www. waterpub. com. cn E-mail：sales@ waterpub. com. cn 电话：（010）68367658（营销中心）	
经　售	北京科水图书销售中心（零售） 电话：（010）88383994、63202643、68545874 全国各地新华书店和相关出版物销售网点	
排　版	北京智博尚书文化传媒有限公司	
印　刷	三河市华晨印务有限公司	
规　格	170mm×240mm　16 开本　14.25 印张　215 千字	
版　次	2019 年 8 月第 1 版　2025 年 4 月第 4 次印刷	
印　数	0001—2000 册	
定　价	59.00 元	

前　言

随着国际一体化进程的快速发展，全球竞争加剧，创新创业已经成为 21 世纪经济发展的原动力和"发动机"，是当代科技进步的"助推器"，是一国经济繁荣的驱动力。我国正加大力度发展创新创业教育，以满足建设创新型国家、增强我国竞争力、提高教育教学质量、缓解就业压力等需求。创新创业教育也成为近年我国高等教育理论和实践的双热点。

创新创业教育与应用型高校教育内在价值耦合，其实质是高等教育供给侧结构性改革。创新创业教育是实用教育、成果教育与扬长教育，倡导的是一种新的学习方式。加强创新创业教育与地方应用型高校建设目标一致。地方高水平应用型高校加强创新创业教育要转变观念，应将创新创业教育作为深化高校综合改革的重要突破口。

创新创业能力是应用型高校的重要培养目标，也是当代大学生必备的基本素质，开展创新创业教育有助于提升学生的综合素质，改变学生的就业观念，提高学生的就业能力和创业能力。本书对我国应用型高校开展双创教育、深化教育改革，以及创新人才培养模式进行了深入思考。当前，我国应用型高校的创新创业教育存在着教育观念落后、师资力量薄弱、教育形式单一等问题。因而，应通过树立创新创业理念、加强师资队伍建设、搭建创新创业平台等方式，培养大学生的创新创业能力。

本书主要针对高校转型阶段应用型人才的培养理念与目标，结合创新创业教育的方式方法，摸清我国高校创新创业教育的现状，总结实践经验，为高校提高人才培养质量探索新的发展道路、深化高校综合改革、提高人才培养质量提供参考。本书共五章。第一章为绪论，主要阐述了创新创业教育研究的背景、意义及方法，创新创业教育相关概念的界定，相关研究概述了创新创业教育研究的意义。第二章为应用型人才培养概述，主要阐述了应用型人才培养的意义、目标与培养方案，主要研究什么是应用型人才。培养什么样的应用型人才。怎样培养应用型人才。第三章为国内高校创新创业教育存在的问题与改革方案探讨，主要分析了国内高校创新创业教育存在的问题，多方面探讨了做好创新创业教育的出路和改革方向、方略、方案，以及应用型大学的创新创业教育人才培养体系构建的路径选择。第四章为"工匠精神"与应用型高校创新创业人才的培养，主要研究了应用型高校创新创业教育人才培养规格、意义、现状与问题，分析了"工匠精神"与应用型高校创新创业人才培养的契合性，详细阐述了"工匠精神"与应用型高校创新创业人才培养模式的构建、人才培养体系的优化及保障。第五章对全本进行了总结。

本书基于弘扬精益求精的"工匠精神"进行了深入的探讨。由于创新创业课题是一个全新的还不完善的课题，还存在着很多不同的观点和看法。本书采取了就某一个问题在多个题目下从不同的视角进行分析、阐述的方法，已达到明晰的目的。

本书分析了山东交通学院"多措并举"开展创新创业教育，在形成多元化创新创业教育模式、创新课程融入培养方案、科研反哺教学、提高学生专业学习能力和提升学生创业就业水平方面所取得的成效，针对地方应用型本科院校在创新创业教育要素资源上的不足，从建设基于"工匠精神"的创新创业教育体系，搭建条线协同、产学研用融通的创新创业教育实践平台，加强教师队伍建设，完善创新创业教育教学质量评估评价体系等方面，提出了推进创新创业教育工作的具体措施和建议。

感谢山东交通学院的各级领导、教师和"亮·交通"大学生创新创业教育实践基地的创业者们，他们在本书的编写过程中给予了我热情的帮助和支持，并提供了重要的数据和资料。由于作者水平有限，本书难免存在不足之处，欢迎专家及各位读者批评指正。

王珊珊

2019 年 3 月

目　录

目 录

第一章 绪 论

第一节 创新创业教育问题的提出

2017年8月，习近平总书记在给第三届中国"互联网+"大学生创新创业大赛"青年红色筑梦之旅"大学生的回信中，勉励祖国的青年一代扎根中国大地了解国情民情，在创新创业中增长智慧才干，在艰苦奋斗中锤炼意志品质，在亿万人民为实现"中国梦"而进行的伟大奋斗中实现人生价值，用青春书写无愧于时代、无愧于历史的华彩篇章。这不仅饱含了总书记对青年一代的关怀，更饱含了总书记对青年一代不枉青春、不负使命的殷切期盼！

走进新时代，对人力资源和知识成果的培育、配置和调控，以及对知识产权的拥有，是一个国家核心竞争力的重要表现。知识促进经济的发展，是以高素质的创新创业型人才为基础的。当今世界，尽管各国在政治、经济和文化上有很大差别，但都充分认识到大学在创新型国家建设中的重要作用，把大学作为国家创新体系的重要组成部分，大力推进创新创业教育，着力培养一大批具有社会责任感和创业能力、创造精神，善于将创业成果转化为现实生产力的高素质人才。

目前，我国的自主创新能力还不够强，关键是自主创新人才不足。这反映了我国教育，特别是高等教育还不能适应建设创新型国家的要求。因此，大力推进创新创业教育，培养出更多、更优秀的具有创新精神、创业能力的人才，为建设创新型国家提供有力的人才和智力支持，促进经济发展向主要依靠科技进步、劳动者素质提高、管理创新转变，是新时代高等学校的战略任务。创新创业教育不仅是高等教育主动适应经济社会发展的迫切要求，也是高等教育自身改革发展的迫切要求。提高质量是高等教育的生命线，人才培养质量是高等教育质量的核心。高等学校人才培养质量高低的根本标准，在于其培养出来的人才是否适应经济社会发展和国家战略发展的需要。

创新创业教育作为一种新的教育理念如何融入高等教育中，并引导和推进高校教育教学改革，是值得高度重视和深入思考的问题。创新创业教育"是什么"，"为什么"要进行创新创业教育和创新创业教育要"干什么"，这三个问题对高等学校推进创新创业教育非常重要，是方向性的问题，一定要把握好。至于具体"怎么做"，各高校应该根据自己的培养定位与目标、特色与优势，百舸争流千帆竞，敢立潮头唱大风。

创新创业教育的核心是培养大学生创新精神和创业能力，引导高等学校不断更新教育观念，改革人才培养模式，改革教育内容和教学方法，将人才培养、科学研究、社会服务紧密地结合起来，实现从注重知识向更加重视能力和素质的转变，提高人才培养的质量。人的全面发展是国家发展的重要组成部分，是国家发展的主要基础和支撑，在我国，也是实现"中国梦"的核心基础。在高等学校大力开展创新创业教育，有助于大学生树立创立事业、成就事业，服务于社会主义现代化建设的人生观和价值观；有助于提高大学生服务国家和人民的社会责任感，勇于探索的创新精神和善于解决问题的实践能力；有助于激发大学生学习兴趣和创业热情，促进大学生个性化培养和综合素质的提高。因此，在高等学校大力推进创新创业教育，无论是对于经济社会发展，还是对于高等教育发展，或者人的全面发展，都意义重大。

"大学生创业"是国际形势所趋。在西方发达国家，大学毕业生自主创业非常普遍，这也是我们要使教育与国际接轨的要求之一。创新创业教育是适应经济社会发展和高等教育自身发展需要形成的教育理念与实践。从经济社会发展的形式来看，知识经济的兴起，使国家的核心竞争力越来越表现为对人力资源和知识成果的培育、配置和调控力。知识促进经济的发展，是以高素质的创新创业型人才为基础的。高校作为国家创新体系的重要组成部分，实施创新创业教育为贯彻落实党中央提出的"提高自主创新能力，建设创新型国家""以创业带动就业""加快转变经济增长方式"战略提供有力的人才支持和智力支持。

从高等教育自身改革发展的趋势来看，高等教育的可持续发展既包括规模发展，也包括质量提高，而未来高等教育发展的主要任务是提高质量。国家已经把创新创业教育列入《国家中长期教育改革和发展规划纲要》，并把创新创业教育融入人才培养的全过程，其核心是培养大学生的创新精神和创业能力，改革人才培养模式和教育内容，将人才培养、科学研究、社会服务紧密地结合起来，实现从注重知识向更加重视能力和素质的转变，提高人才培养质量。创新创业教育所具有的重大战略意义和教育价值，已经被高校广泛关注和普遍认同。要有效推进创新创业教育的发展，把握其理念内涵、分析制约其发展的瓶颈、构建一套可行的实施方案是十分迫切的问题。

党的十八大以来，我国不断深化高校创新创业教育改革，修订人才培养标准、改革教学育人机制、加强师资队伍建设、强化创业实践训练、构建创业帮扶体系，推进创新创业教育与专业教育有机融合。不断加强孵化平台、创业基金、行业导师库等支撑体系建设，为全面推进高等教育综合改革、强化实施创新驱动发展战略、持续推进经济结构转型升级，发挥了重要人才支撑作用。在"国家加快实施创新驱动发展战略"这首时代"主题曲"的感召下，各高校根据市场动态，积极开展教学改革探索，把创新创业教育融入学校人才培养，切实增强学生的创业意识、创新精神和创造能力，厚植大众创业、万众创新土壤。同时，各地方政府也积极响应中央号召，分别出台了相关政策。

可见，我国创新创业教育以培养创新创业型人才为目标。加强创新创业教育是新时代对高等教育的必然要求，更是实现大学生自身发展的迫切需要。创新创业型人才是实现"创新型国家"重大战略的关键一环，而创新创业型人才的培养要以提高大学生创新创业能力为核心,全面塑造大学生创新创业品质。

第二节　创新创业教育相关概念的界定

"创新创业教育"概念是由创业教育(entrepreneurship educa-tion)概念演变而来的,创业教育的概念是1989年联合国教科文组织在北京召开的"面向21世纪教育国际研讨会"上提出来的。在这次会议报告中阐述的"21世纪的教育哲学"中提出了"学习的第三本护照",即创业能力护照的问题,要求把创业能力教育护照提高到目前学术性和职业性教育护照所享有的同等地位。实际上,创业教育的实践在欧美发达国家已经有了几十年的发展。1947年,哈佛大学商学院就开设了创业课程。1953年,德鲁克在纽约大学开设"创业与革新"课程,以培养学生自我创业能力为目的的创业教育在美国兴起。1968年,百森商学院在本科生教育阶段开设了第一个创业学主修专业。1971年,南加州大学开设了第一个MBA创业学专业,把高等院校的创业教育提高到一个新的阶段。20世纪80年代创业教育开始突破商学院的边界而面向所有学科学生,成为美国高等教育阶段发展最为迅速的学术领域之一。

与此同时,日本、英国、德国等高等教育发达国家开始将创业教育作为优先支持和发展的领域,高等院校纷纷开设、引进创业教育课程。创业教育已经成为世界高等教育改革和发展的趋势。1998年,联合国教科文组织在法国巴黎召开的首届世界高等教育大会所通过的《21世纪高等教育宣言:展望与行动》提出:"为使毕业生就业,高等教育应主要培养创业技能和主动精神,毕业生将不仅仅是求职者,而首先是工作岗位的创造者。"这更加清晰地指明了未来高等教育的使命,再次强调了创新精神培养和创业教育的重要性。

国外只是提出了创业教育的概念,我国则将"创新"的理念融入创业教育中,提出了"创新创业教育"的概念。作为对创新创业教育的世界性潮流的回应，我国于1999年颁布的《中共中央国务院关于深化教育改革全面推进素质教育的决定》（中发〔1999〕9号）明确提出："高等学校要重视培养大学生的创新能力、实践能力和创新精神。"2002年，教育部确定在清华大学、中国人民大学等9所高校率先进行创新创业教育的试点。2008年，教育部通过了质量工程项目建设的30个创新创业教育人才培养模式试验区。我国的创新创业教育以教育部2010年下发的《关于大力推进高等学校创新创业教育和大学生自主创业工作的意见》为标志，进入了新的发展阶段。

从"创新创业教育"中所包含的"创新"和"创业"两个概念的关系来看，创业与创新概念是有区别的：创业是在社会经济、文化、政治领域内开创新的事业、新的企业或者新的岗位，强调行动层面的创造；创新是不拘于现状、勇于开拓、乐于尝试、善于变化的精神和态度，包含更多思维层面的创造。创新与创业概念是密不可分的，存在一致性，创业的基础和核心是创新，创新支撑创业。有了创新的思维和意愿，再加上实践能力和市场机遇，更容易实现成功的创业；同时，创业是一种行为上的创新，而不是停留在观念与思维上的创新，创业是创新的行动化和体现形式。

而从经济学、管理学的视角进行分析，创新首先是一个经济学概念，按照创新理论的创始者熊彼特的观点，创新就是企业家把一种从未有过的生产要素和生产条件"新组合"引入生产体系，建立起一种新的生产函数，其形式之一是建立企业的新组织形式；按照管理学大师德鲁克的观点，创业是开创新的事业，它不是重复以前老套的生产经营模式，必须是能够创造一种新的满足或改变旧的组织模式等，其本质是在组织中建立新的生产函数。从这一层面上来看，创新教育与创业教育本质上是一致的，创业教育是创新教育在企业价值创造领域的具体化。创新创业教育理念体现了高等学校人才培养目标重心的转移，昭示了高等教育改革和发展的方向，把面向未来，培养学生的事业心、创新精神和创业能力作为高等学校教育目的的新价值取向。

第三节　创新教育、创业教育、创新创业教育相关研究概述

一、创新教育相关研究概述

1. 国外创新教育相关研究概述

国外的创新教育起步较早，社会和高校都很注重创新人才的培养，发展也较快。19世纪末20世纪初创造性教育首先在美国得到重视，并很快传遍西方各国。美国许多学校的办学宗旨是要给学生提供一个安全的、适合于学生身心发展的、能培养学生创新能力的学习环境。英国人强调教育的首要目的就是要释放人的创造能力，要培养"骨髓中都充满未来思想和未来意识的人"和"世界一流创新人才"。20世纪60年代初，日本池田内阁在《国民收入倍增计划》中提出：教育要成为"打开能够发挥每个人的创造力大门的钥匙"。在各国的高度重视和积极发展下，形成了成功的创新教育模式。

1957年，在苏联第一颗人造卫星发射成功的强烈冲击下，美国政府及其教育界提出了赶超苏联的口号，于第二年颁布了著称于世的《国防教育法》，其目的是使教育适应国防竞争的需要和现代科技的发展。在全国科学技术委员会等机构的资助下，美国促进科学协会自1985年起，用了近4年时间，聘请了400位国内外著名的教授、教师、科学家及科学或教育机构的负责人，完成并公布了一份关于科学、数学和技术知识目标的创新性研究报告，题为《2061计划：为了全体美国人的科学》。该报告着眼于将科学价值观、科学探索精神与最基本的科学基础知识传授和训练融为一体，提出了教育创新改革的若干原则：如改变课程内容，减少时数，强调学科间的相互衔接，软化或排除课程中僵死的界限，改革教学方法，对学生了解细节的要求降低，把过去在专门概念和记忆方法上耗费的精力转到科学思维、技能方法培养上来，并根据系统研究并认真验证和亲身体验的原则来进行。斯坦福大学校长约翰·亨尼斯则指出：基础研究为人们打开探索世界的好奇心，应用研究则是完

成具体解决的方案，这是连续的不能间断的过程[1]。基础研究与应用研究是"创新与服务"的两翼，如果不重视基础研究，就如同折翼的翅膀，是无法推动世界发展进程的。基础研究要求实行学科（专业）结构综合化和开设通识课程。在学科结构上，高校应从培养人才的层次、类型等实际情况出发，各有特点地向综合化方向发展，以实现理工结合、文理交叉。截至目前，美国已有50多所大学通过设立创新研究机构或中心来推进其创新创业教育及创新能力的研究，其他一些欧美国家也力求通过各种途径与方式来培养学生的创新能力，并将高质量创新人才的培养作为教育改革的思路和方向。

除此之外，韩国政府于1995年在其教育改革方案中开始明确"创造要素"的重要性，指出教育必须由知识记忆为主向培养创造力为主转移，大学教育则必须由现有知识和外来知识的传播向科技、文化创造方向转移；而日本经济团体联合会也于1996年提出了"培养具有创造精神的人才"的教育方向。

2. 国内创新教育相关研究概述

从20世纪80年代初的能力培养到90年代初的素质教育，再到当前素质教育基础上突出创新教育的改革，在短短20年间的创新教育改革探索与实践中，我国积累了许多宝贵的经验和成果。

作为全面推进素质教育的突破口，创新教育改革应以培养学生创新精神为首要目标，以教学思想、模式、内容和方法为重心，以学生的探索精神，创新意识和创造能力的培养为核心，应成为全体教师和学生都能参与的教改实验活动[2]。

张立昌[3]认为，创新教育是一种发挥教育的主导作用，利用遗传基因与环境要素的积极影响，并充分调动学生自身认知与实践的主观能动性，注重学生的主体创新意识、人格、精神、技能的开发培育，以满足学生主体充分发展并适应未来社会的发展需要的教育模式。

陈琳[4]认为，创新意识、精神、思维、人格和创造能力的培养是创新教育的最终目标，并指出此目标的实现必须依赖于以创新为主导的高校共同的价值取向，而不能仅凭人为建设和外延发展。而此价值取向的形成则有赖于将以创新为核心的价值观念、行为规范和学术氛围等文化力量内化为全体师生的学术良心和道德规范，以激发他们主动探索事物本质、探求未知世界、追求真知真理的激情和欲望，并最终产生创造性学习和实践的动力。

20世纪90年代我国开始实施创新教育，教育部2010年出台《关于大力推进高等学校创新创业教育和大学生自主创业工作的意见》，明确了创新创业教育作为一种新的教学理念与模式，符合经济社会和国家发展的战略需要。王占仁[5]认为，我国高校创新创业教育的关键观念的转变，需要构建新的教育范式。

我国的创新创业教育经过十几年的研究探索，已积累了较为丰硕的研究成果。张等菊[6]指出创新创业教育的各个阶段需要衔接递进，让创新进入意识，让创新创业融入教学。毛杰[7]将创新创业教育与高校转型发展关联起来。余潇潇等[8]基于"三螺旋理论"视角，探讨了提升中国研究型大学创新创业教育质量的理论路径。覃睿等[9]指出创新创业教育的实施应该紧紧围绕国家创业系统的构成要素及其核心过程。李成龙[10]强调以资源共享和优势互补为前提进行校企协同，对校企协同开展创新创业教育的机理进行了探析。吕晨飞[11]剖析了创新创业教育的三大断层（目标设定与教育实施、教育实施与效果评估、效果评估与调整改进）的成因。高志刚等[12]对高校创新创业体系进行了构想与设计，并阐述了运行的相关措施。

由于中国创新教育起步较晚，发展很不健全，使得创新教育自提出以来，便伴随着一系列问题。其原因主要有主观和客观两个方面。

主观原因：①学校的过度功利化追求，对于创新教育的错误定位。不论人们如何定义创新教育，教育的目的不言而喻，就是使人成为人，促进人的发展。而我们当今的创新教育却从根本上偏离了其最原始的意义，成为理性工具操作下的功利主义教育。②创新教育的目标定位不清晰。把创新教育简单理解为开设一两门创造力训练课程，或者是只增开一些实践可能，而没有在全部课程中引入创新教育的理念。③学校只重形式，缺乏正确认知。过于强调创新能力的培养，而忽略创新意识的培养。

客观原因：①政府主导力度不够。虽然政府一直在提倡要实施创新教育，但是却迟迟未见其具体措施，没有将其转化为学校的指导思想。②高校条件欠缺，无法满足要求。高校由于大规模的兼容合并，兴学贷款等，造成高校负债情况严重，创新教育投入不足，办学条件跟不上，师资缺乏，教师队伍整体素质不高，对于创新教育也不够适应等。③创新教育自身融合性差。这是制约其登上教育舞台的一个重要原因。科学而完整的创新教育应融合在一切教育形态和教育的全过程之中。

通过以上国内外教育模式的概述，不难发现，中国高等教育与国外高等教育的差距，主要就在于创新人才的培养上。而国外的模式也给我们的创新教育带来了几点启示：①通过正确的启发诱导增强学生对开发创新能力的认同感。②通过减轻学生的课业负担来营造宽松的学习环境。③提倡启发式教育，反对知识灌输型的"填鸭式"教育。④鼓励创新，积极营造宽松的学术环境。⑤加强实践教学环节，培养学生独立思考的习惯。

二、创业教育相关研究概述

1. 国外创业教育相关研究概述

1970年，由42位专家参加的美国第一次创业学术会议在普渡大学召开，主题是对麻省理工学院的分拆公司、硅谷等极具代表性的创业成功案例进行分析交流。本次会议初步涉及了大学在促进创业发展中的作用。1973年，在加拿大的多伦多举行了第一届创业研究国际会议，来自密歇根大学、波士顿大学、卡耐基梅隆大学及得克萨斯大学的学者们针对创业案例研究与大学创业教育的双向互动关系进行了探讨。1980年，第一届当前创业研究发展水平研讨会在贝勒大学举行，此后每五年召开一次。次年，美国百森商学院开始举办"百森创业研究年会"，佐治亚理工学院、沃顿商学院、圣路易大学、匹兹堡大学、华盛顿大学及伦敦商学院等高校渐次成为其协办者。

1987年，美国创业学教育领域的领袖人物杰弗里·蒂蒙斯[13]教授在创新性课程开发、创业融资、风险投资、新企业创建、创业管理等方面展开了系统研究，并将其成果在百森商学院全面推行。其成果具有以下特点：①在传统产业衰退与创业一代兴起的变革时期，逐步培养具有前瞻性的教育理念。②设计系统的课程体系，如创业者、战略与商业机会、资源需求与商业计划、创业企业融资和快速成长等，以培养学生的创业能力。③围绕研究问题，运用鲜活的案例分析教学方式来促进学生积极思考。④为学生创造模拟创业实践的各种机会。

20世纪90年代，联合国教科文组织召开了数次关于世界高等教育应如何面向21世纪的大型会议，多次指出"学位并工作"，毕业生将越来越不再只是一名求职者，而首先将成为工作岗位的创造者，并提出高校要给学生发"创业能力"这第三本护照，要强调学生的创业技能与主动精神培养。

20世纪90年代以后，美国、加拿大等国的创业教育开始由注重个人的能力培养转向为团队、公司、行业和社会，并强调创业作为一种管理风格，不仅仅在创办新企业时需要，大企业、非营利机构同样需要。但是，其他国家和地区对创业教育的认知还"驻留"在个体意识、品质和技能培养层面。印度在《国家教育政策》中明文规定要培养学生的自我就业所需要的态度、知识和技能；澳大利亚教育委员会及就业培训组织等机构则认为，创业教育是一种直接面向年轻人的能力、技巧和创造性、革新性、开创性等个性品质培养的教育形式，它在帮助年轻人成功把握生活和工作中各种机会的同时，还能促使年轻人为自己工作；德国大学校长会议和全德雇主协会则于1998年联合发起了一项名为"独立精神"的倡议，呼吁高等学校成为"创业者的熔炉"。

2. 国内创业教育相关研究概述

我国创业教育理念的萌芽，始于1999年1月发布的《面向21

世纪教育振兴行动计划》，随后开始引起越来越多的关注。其研究主要集中于以下几个方面。

国外创业教育理论的介绍、我国创业教育事业的开展、几乎所有有关创业教育的文章都在呼吁我国应大力开展、快速推进创业教育。江西师范大学张平[14]指出，我国高等教育改革应将创业教育作为其价值取向，并以其为轴心，建立精神、知识、能力三位一体的综合素质培养模式；合肥工业大学汪宜丹[15]以研究生教育为切入点，分析了创业教育的内涵和意义，并指出创业教育是对我国传统教育观念的突破和创新，是提高学生培养质量的重要措施，呼吁高校开始对创业教育模式展开研究，并提出了一些可行性建议；北京航空航天大学的牛泽民、熊飞[16]则从创业教育对社会经济发展的作用着手，提出开展创业教育这项系统工程来促进中国经济的增长的呼声。

中南大学的向东春、肖云龙[17]通过对美国百森商学院的创业教育背景和发展历程进行介绍，对其前瞻的创业教育理念、灵活的创业课程设计、双向互动的教学过程及高效的创业师资队伍予以系统的分析，号召我国高校积极重视创业教育；清华大学的张健等[18]对美国创业学术研究发展历程中的创业学术会议、学术期刊、研究学者和创业教育四个方面进行了回顾，并对我国的发展趋势进行了展望；北京科技大学的徐静姝[19]针对创业教育对研究生教育的意义进行了深入探讨，认为创业教育的开展能优化研究生的知识结构，提高其综合素质能力，培养出适应高新技术发展要求的人才，因而有利于技术创新和科技成果转化，她还提出，高校应从内容、方法和环境支持三大方面落实研究生的创业教育；浙江湖州职业技术学院的韦进[20]认为，提升学生的创业意识和能力是高等院校的重要职责，并指出在加强大学生创业教育的进程中，应明确教育目标，采取系统的创业教育课程体系构建及其他策略来指导学生掌握市场运作技巧，引导其获得全方位的创业实践体验和认知，帮助其进行自主创业。

清华大学的张帏、高建[1]介绍了斯坦福大学创业教育的发展历程、课程体系和非课程的互动式教育手段，并对其开放的网络式创业教育层次结构及其特点进行了总结，认为其良好的创业教育是硅谷能够可持续发展的重要基础之一；天津工业大学的陈茉[21]认为，国外的创业教育经历了以创业知识传授为主要内容，具有功利性职业教育特征的"发轫期"、增加培养综合能力的实践性教学的"发展期"和注重培养事业心与开拓精神的"成熟期"。

3. 创业内涵相关研究概述

创业是指一无所有的创业者就某项具有市场前景的新技术、新设计或新想法向风险投资家游说以取得风险投资并转化为商品的商业性行为；辽宁师范大学的张桂春、张琳琳[22]将国内的创业看法归纳如下：一是指事业或职业发展中的某一阶段；二是指开创一种前所未有的工作或事业领域，或在工作事业中做出前所未有的业绩；三是指"非工资就业"，即依靠个人劳动、创作、服务、经营获得职业收入。同时，学者们也据此对创业教育提出了许多各有倚重的理解：上海市教育科学研究院的房欲飞[23]认为，创业教育是通过高校中课程体系、教学内容、教学方法的改革以及第二课堂活动的开展，不断增强大学生的创业意识、创业精神和创业能力，并将其内化成大学生自身的素质，以催生时机成熟条件下的创业人才；而镇江市教科所的毛建国[24]则从功能方面来认识创业教育，认为其能使新增劳动力从单一型向复合型、从操作型向智能型、从传承型向创新型、从从业型向创业型、从职业型向社会型转换，是迎接 21 世纪挑战，使未来人才素质适应新要求的重要举措。他还将创业教育定义为优化组合教育资源，运用教育技术，把教育学、人才学、管理学、创造学、社会学、经济学、心理学等有关学科理论有机地结合起来，通过学校、企业、家庭、社会等教育途径，帮助学生树立创业志向、修养创业品质、培养创新精神和创业能力的教育。

从"创业教育"与"创新教育""就业教育""择业教育""素质教育"等概念的区别与联系来理解"创业教育"。在就业教育、择业教育与创业教育的关系方面，"就业教育"强调学生个体与岗位需求间的填充性与匹配性，以培养专业对口、岗位胜任的个体为特征；"择业教育"突出的是学生的"自主选择性"，重视传统知识结构的改善及在就业市场的激烈竞争中的自主择业能力和竞争能力的培养；"创业教育"则在二者基础上，强调"对社会变化的积极应对能力"，更注重学生创新性、创造性的培养，帮助其获得寻找或者创造工作岗位的方法。

在素质教育、专业教育与创业教育的关系方面，中国科技大学的曹威麟、李德才[25]认为，我国推进的素质教育是针对传统教育中过窄的专业教育，过弱的人文关怀，过重的功利倾向等问题提出的。随着教育改革的逐步深化，素质教育不断朝尊重人的主体价值，强调科学教育与人文教育的融合，注重创新精神和能力的培养，实现智力因素与非智力因素全面提高和协调发展的方向演进。而创业教育对学生素质状况的要求，是建立在一般素质教育基础之上的。创业素质与以往素质教育中常讲的科学素质、人文素质及创新素质等密切相关。因此，创业教育应该像对待创新教育那样将其纳入素质教育的体系之中。

研究者们大都认为创业教育是大学素质教育、理想教育、创新教育的深化和具体化，并且普遍强调创业教育对受教育者个性、独立精神和综合素质的培养。他们希望大学生实现从操作型向智能型、从单一型向复合型、从职业型向社会型、从传承型向创新型、从从业型向创业型的转换，但却不赞同重蹈美国由商业教育发展到创业教育的旧辙。河南商业高等专科学校的杨丽[26]指出，创业教育是建立在素质教育基础之上的一种教育思想和教育模式，是开发和提高学生创业基本素质，帮助学生树立创业志向、发展创业品质、培养创新精神和创业能力的教育范式。创业教育不但体现了素质教育的内涵，而且突出了教育创新和对学生实际能力的培养，二者的有机整合，有利于推动素质教育、创新教育向纵深方向发展。湖南科技学院的宋振文[27]认为，创业目标的确立是人生理想的外在形式和具体表现，创业教育过程本身就渗透着人生理想教育的各环节和内容，而其开展和实施使得高校的人生理想信念教育进一步具体化了。

针对"创业教育"的教学手段、教学内容、教学途径、教学目的和教学评价的原则性探讨,南京财经大学的陶金国[28]提出应以课程教学为载体来实施创业教育,以案例教学课程及实践环节为手段,使学生了解创业过程的风险,塑造其良好的创业心理品质、培养创业意识和创业精神、提高创新创业能力;南京师范大学的谢树平[29]认为,创业教育课程体系应包括创业意识、品质、能力和知识四个方面的内容,其结构应当由相对独立的带有综合性的实体课程和渗透于各门科学文化基础课程、专业课程以及相关教育活动中的分科性非实体课程构成。其中应当尤以掌握间接经验的创业教育学科理论课程和以掌握直接经验的创业型活动课程为主,自主性、开放性、地方性、综合性、实践性是其本质特征。南昌大学的黄耀华、徐亮[30]提出,创业教育的课程要综合化、国际化、实践化;考核方式的多样化,考核内容的能力化,考核结果分析的反馈化;倡导开放式教学、探究式教学和个性化教学;南通工学院的郭必裕[31]认为,构建大学生创业评价体系要遵循主体性原则、实践性原则、技术先进性原则、创新原则和团队的整体性原则。

针对创业教育实践体系进行理论性的原则探讨,从发表的文章来看,大都是将创业教育实践作为某一部分来进行探讨,专题化、系统化的阐述,体系化的构建成果极为鲜见。沈阳药科大学的盛春辉、李守强[32]认为,构建高等院校创业教育体系应该从以下几个方面入手:正确认识创业教育在高等教育中的定位,明确创业教育的目标和课程内容,创新创业教育方法以及建立科学合理的创业教育评价机制。引人注目的是哈尔滨工程大学的王永友[33]提出了我国开展创业教育实践的目标体系、内容体系、专家体系和过程体系的基本框架。他指出,目标体系包括培养创业精神、丰富创业知识、健全创业心理和提高创业能力;内容体系包括理论教育、实务教育和实践教育;专家体系包括理论专家、技术专家、政府人员、企业家、孵化管理者和风险投资家;过程体系包括基础过程——课堂教学、重点环节——活动开展、延伸过程——案例研究、提高过程——混合讨论、实践过程——模拟创业。

三、创新创业教育相关研究概述

在现有的大量相关文献中，创业和创新这两个概念密切相关，国内外学者在对其进行关注的同时，也一直在努力探索二者之间的差异、联系及其本质上的渗透与融合，比较系统的研究始于 20 世纪 30 年代熊彼特对创新理论的探讨和奥斯本对创造学的思考[34]。熊彼特认为，企业家的职能之一是实现创新，而创业活动则是创造竞争性经济体系的重要力量，他在其创新理论中指出，创新来源于创业，并且应该成为评判创业的标准；之后，在对美国社会创业现象的研究基础上，彼得·德鲁克在其《创新与创业精神》一书中，结合大量企业案例，分别从创新实践、创业精神的实践、创业型策略等方面对创新与创业的内涵、关系及相互渗透融合等进行了分篇探讨[35]。

1. 国外创新创业教育相关研究概述

1998 年联合国教科文组织发表的《21 世纪的高等教育：展望与行动世界宣言》指出，21 世纪的青年除了接受传统意义上的学术教育和职业教育外，还应当拥有第三本教育护照，即创业教育。也正是在这次大会上正式提出了创业教育的概念。

在美国，大学生创新创业教育被称为国家经济发展的"直接驱动力"。美国开展创新创业教育的历史已有 60 多年，其创新创业教育最早开始于 1947 年的哈佛大学，两年后斯坦福大学也开始了创新创业教育，声称自己"集中于创业教育"的百森商学院也于 1967 年设立了创业课程。美国已将创业教育纳入国民教育体系，并且涵盖了从小学到研究生教育的全过程，其高校已普遍开设了创新创业教育课程，许多高校还设有创业类本科和研究生专业，同时还能培养从事创业教育教学和研究的博士生[36]。1987 年英国政府发起了"高等教育创业"计划，旨在培养大学生的可迁移性创业能力，鼓励学生自主学习。此后政府出台了一系列政策，对高校的创业人才培养给予支持和引导。德国政府提出了要使高校成为

"创业者熔炉"的口号，正在积极研究和推广在非经济管理类专业的创业教育新模式。目前日本全国已有 247 所各种不同类型的高校实施了形式和程度各异的创业教育。印度政府也在 1996 年提出了自我就业教育的概念，鼓励高校毕业生自主创业。

总体来看，虽然国外学术界还没有把创新创业学的研究独立出来成为一个新的学科体系，而仍然只是以企业活动周期的细致探究为依托，但其研究已由定性深入定量层面。并且，有关创新创业教育的研究已取得很大成效，并逐步进入成熟阶段。主要表现在：创新创业教育的理念已开始普及，系统化的创新创业教育实践体系已逐步形成，创新创业型人才已从高校中源源产生，并相继取得了显著的创新创业效果。

2. 国内创新创业教育相关研究概述

大多数学者认为我国的创新创业教育始于 1999 年清华大学举办的第一届创业计划大赛，而笔者在中国学术期刊网络版总库中，以"创新创业"为搜索词进行全文检索后，发现最早的文献是 1986 年周彬彬等发表的研究农村经济改革中涉及创新创业问题的文章《农村面临的挑战与选择》[37]，这从一定程度上说明，我国的创新创业研究同美国一样，是源于对农业发展的促进；再以"创新创业教育"为搜索词，最早的文献则是 2000 年陈畴镛、方巍发表的《知识经济时代理工科大学生经济管理素质的培养》[38]一文，文中提出"经济管理素质是新时代创新创业人才的必备条件"，这说明我国的创新创业教育在改革开放后，通过政策鼓励和意识更新等方式不断得到促进和发展。

从宏观方面来看，作为"第三本教育护照"的创新创业教育受到党中央和政府的高度重视，为贯彻落实党的十七大提出的"提高自主创新能力，建设创新型国家"和"促进以创业带动就业"的发展战略，教育部于 2010 年下发了《关于大力推进高等学校创新创业教育和大学生自主创业工作的意见》，要求各地和各高校大力推进创新创业教育，加强创业基地的建设，强化创业指导和服务，并进一步落实和完善大学生自主创业扶持政策，推动创新创业教育工作实现突破性进展。与此同时，研究文献也不断增多。虽然从目前来看，我国创新创业教育尚处于起步阶段，但值得欣喜的是从2010年开始，我国关于创新创业教育的研究迅猛增长。

从中国知网检索情况来看，在中国期刊全文数据库中，近十年来以"创新创业教育"为主题的论文数量为3300多篇，仅2010年的论文就1000多篇。对1989—2008年发表在核心期刊的创业教育类论文进行检索，共有313篇，其中从2001—2003年有9篇文献均提到了创新教育与创业教育二者的渗透融合关系，同时大多以职业技术教育为主，偏重于在高等院校突出创新教育，在职业技术学校突出创业教育；之后的两年间共有19篇文献，研究群体从职专向本科和研究生扩展，同时开始讨论创新创业教育平台、课程设计、工作范式及评估等实践问题；2006年的8篇文献主要是关注创新创业教育实践体系的构建，其探索侧重于理念培养、学生的个性发挥及主体性的讨论，其中，李晓华等[39]提出的创新创业教育"5Q2平台3载体"渗透融合模式较有特色；2007年的13篇文献中，开始结合院校、课程、专业等对实践探索进一步拓展深化；2008年的28篇文献中，开始以大学生的可持续发展为目标，探索包括校企一体的人才培养模式，其中，较有特色的是鲁保富[40]提出的包括科技竞赛计划、科研创新训练计划、人文素养培训计划、创业训练计划、职业技能培训计划五方面的"大学生创新创业训练计划"；2009年的58篇文献中核心期刊为14篇，其中具有较高理论价值的是对《中国大学创新创业教育发展报告》的评述及对全国高校创新创业教育高峰论坛的综述；2012年的178篇文献从数量和质量上都已超过前9年的总和，这主要是由于教育部在当年下发了两篇政策性文件以加大创新创业教育的力度，其中有37篇在核心期刊发表，大多将创新创业教育与人才培养全过程相融合，并对创业基地的建设进行了深入研究。

综观我国现有的创新创业教育研究成果，其大致可分为以下四大领域：一是如何结合各院校自身的特色来开展创新创业教育；二是如何构建创新创业教育的实施平台；三是如何将创新创业教育与高校的具体专业大类相结合；四是如何设计和采取多种教学改革以提升创新创业教育质量。

正确理解创新创业教育的内涵，对高等学校推进创新创业教育尤为重要。创新创业教育是以培养学生的创新精神、创业意识和创业能力为基本价值取向的一种新的教育理念。它是将创新的理念融入创业教育中的一个新概念。创新与创业既有区别，又密不可分。一方面，创新是不拘于现状、勇于开拓、乐于尝试、善于变化的精神和态度，包含更多思维层面的创造；创业是在社会经济、文化、政治领域内开创新的事业、新的企业或新的岗位，强调行动层面的创造。另一方面，创业的核心和本质是创新，创新支撑着创业。有了创新的思维和意愿，再加上实践能力和市场机遇，更容易实现成功的创业。

同时，创业是一种行为上的创新，而不是停留在观念与思维的创新，创业是创新的行动化和体现形式。因此，创新比创业更根本，创业为"表"，创新为"里"。创新创业教育，既不等同于原来的创新教育或者是创业教育，也不是创新教育和创业教育的简单叠加，在理念和内容上都实现了对创新教育和创业教育的超越。也就是说，创新创业教育概念蕴含着一种新的教育理论、教育机制和教育实践，也是一种能力。创新创业的思想，特别是创意、创新性的思维与想法就属于这类知识。能力是知识，特别是隐性知识的外显。知识只有在应用中才能存在，只有在应用中才有价值。知识首先表现为一种行动力，是一种把事情做成的能力，而这种能力不一定要通过传授才能获得，通过实践更能有效地获得。如果说教育的功能首先表现为传承，那么个人的学习能力就首先表现为创新。人类的前进是以学习能力为前提的，这样"做中学"的教育理念就有了更深刻的时代背景与历史背景。因为，通过传授获得显性知识，而通过"做中学""思中学"才能真正掌握隐性知识。因此，对于创新创业教育来说，知识是基础，思考是关键，实践是根本。

第四节　创新创业教育研究的意义

改革开放 40 年来，我国的高等教育事业取得了长足的进步和发展，尤其是进入 21 世纪以来的近 20 年来，各高等院校相继进行了许多历史性的改革，迈入了国际公认的跨越式发展和大众化提升阶段，在为各行各业培养输送大量人才的同时，也在科学研究、自主创新等方面取得了巨大成就，为我国社会主义现代化和创新型国家建设事业提供了有力的人才支撑和智力支持，呈现出勃勃生机。

新时代对创新和知识有着异常突出的需求，创新是各国科技实力的保证，而创新型国家最首要的是培养创新创业型人才。因此，作为创新型人才培养的基本前提，如何构建完善的创新创业教育体系成为一个很值得研究的课题。

创新创业教育是随着高新技术的产生、发展和应用而出现的一种适应新时代发展的教育模式，以培养适合新时代发展的具有创新创业意识、思维、人格和能力的高素质人才为目标，通过学校、政府、企业和社会等多渠道指导和帮助大学生树立创新意识，形成创新思维、激发创业精神，掌握创业知识，提高创新创业能力的一种新型教育理念和模式。创新是创业的基础，创业是创新的载体，二者密不可分。创新创业教育是信息化和全球化背景下适应时代发展的必然要求与有效途径。创新创业教育最初起源于美国，通过开设覆盖初中、高中、大学以及研究生的创新创业教育课程，建立了创业研究中心，政府出台相关的优惠政策支持创业等措施，大力发展创新创业教育。

与当前国际创新创业教育水平比较，我国的创新创业教育实践和积累还不够，仍处于起步和试点阶段，特别是对应用型大学创新创业教育的规模、教学模式、课程设计等缺乏深度认知，在研究队伍、平台、内容和方法等方面也呈现诸多问题，尚未形成完善的、系统的创新创业教育模式和评价体系。

创新创业教育体系是以培养学生的创新能力、创新意识和创业技能为基本内容，注重实践，讲究创新，力求培养出高素质创新型人才的教育体系。创新创业教育体系的科学设计与有效实施是高校深化教育体制改革的需要，并已成为现代教育改革的新趋势，对于促进应用型高校提升人才培养质量，提高其在国内和国际地位，实现高水平创新型大学的建设目标具有理论指导意义和实践意义。

首先，它可以丰富高等教育领域中对人才培养管理的理论研究。国内外众多学者目前对于人才培养尤其是高等教育的相关研究大多集中于基础教学等问题，而对创新创业要素的研究则相对薄弱。本书以应用型高校为对象，从创新创业的视角作为切入点研究其人才教育体系，从培养理念、运行范式和操作原则等方面进行全新的拓展，一定程度上丰富和弥补了当前研究领域中的空白，对我国高等院校人才培养管理理论的丰富与完善具有十分重要的理论价值和创新意义。

其次，它可以拓展创新教育与创业教育的理论领域。本书通过分析创新教育与创业教育之间的关系，对应用型大学的创新教育与创业教育的耦合机理和可行性进行探讨，构建了创新创业教育体系，二者的融合进一步拓展和延伸了应用型大学教育的理论领域，通过鼓励创新和原创，提升知识生产的质量和价值，对其他高等院校的教育体系理论研究也有着很好的指导作用，这一新的方向将引导人们拓展关于高校人才管理思考和研究的新视野。

再次，对应用型大学创新创业教育体系的研究，不仅可以丰富高等教育人才培养理念、模式、方法和机制的相关研究理论，同时，还有利于促进高等教育体系的科学化、规范化，有利于提升高校的教学、科研创新水平，从而全面提高高校学生创新创业能力和综合素质。

最后，它还具有一定的现实意义：第一，可以为我国现代高等教育的改革指明方向。我国长期以来的传统教育主要是知识教育，忽视学生的主体性、能动性、创造性，高分低能的现象普遍，而创新创业教育则有利于转变旧观念，深化教育体制改革，建立以人为本的人才培养模式。第二，可以为社会培养更多的创新创业型人才。通过激发学生学习的积极性和主动性，培养应用型人才，有助于提升学生的创新创业能力，促进个人自身发展，同时也是社会价值实现的需要。第三，可以满足大学生就业、创业的实际需要。现阶段大学生就业难已经引起多方面重视。通过创新创业教育体系开展大学生创新创业教育可以"以创业促就业"，更好地促进学生的全面发展，有利于提升其对未来职业发展规划的能力，同时减轻大学生就业问题对社会的压力，帮助其更好地就业。

第二章　应用型人才培养概述

第一节　应用型人才培养的意义

《国家中长期教育改革和发展规划纲要（2010—2020年）》明确指出："不断优化高等教育结构，优化学科专业、类型、层次结构，促进多学科交叉和融合。重点扩大应用型、复合型、技能型人才培养规模。"这是对经济转型历史背景下高等教育人才培养工作的战略部署，也是在国家层面第一次将应用型人才培养写入正式文件。"国际教育标准分类法"将高等院校分为三类：综合性应用型大学，培养自然科学、社会科学和人文科学的应用型人才；专业性应用型的多科性或单科性的大学或学院，培养理论基础扎实的不同层次的高级专门人才和管理人员，如律师、教师、工程师、医师等"师化"人才；职业性技能型高等院校，培养在生产、管理、服务第一线从事具体工作的技术人才。第二类高校主要是指应用型本科院校，专门培养应用型人才。当前，我国经济发展正在从依赖资源、劳动力向依赖创新、人才转型，经济社会发展迫切需要高校培养大量高素质的应用型人才，对于应用型本科院校，正确回答什么是应用型人才、怎样培养高素质应用型人才已经成为迫在眉睫的问题。

1. 应用型人才的基本概念和本质内涵

应用型人才概念的提出，是科技发展促进社会分工不断细化的结果。农业和畜牧业的分工、手工业从农业中分离出来、商人形成一个独立的社会阶层是人类历史上三次影响重大的社会分工。科学技术工作成为单独的行业标志着人类历史上出现了第四次社会大分工。在科学技术工作内部，就所需人才而言，又可以分为发现知识的研究性人才、运用知识的应用型人才和完成具体操作的技能型人才。

应用型人才主要是在一定的理论规范指导下，从事非学术研究性工作，其任务是将抽象的理论转换成具体操作构思或产品构型，将知识应用于实践。换言之，应用型人才就是与精于理论研究的学术型人才和擅长实际操作的技能型人才相对应的，既有足够的理论基础和专业素养，又能够理论联系实际将知识应用于实际的人才。学术型人才的主要任务是致力于将自然科学和社会科学领域中的客观规律转化为科学原理；应用型人才的主要任务是将科学原理直接应用于社会实践领域，从而为社会创造直接的经济利益和物质财富[41]。应用型人才的核心是"用"，本质是学以致用，"用"的基础是掌握知识与能力，"用"的对象是社会实践，"用"的目的是满足社会需求，推动社会进步。

我国正处于经济转型的关键期，特别是党的十九大提出了"推动新型工业化、信息化、城镇化、农业现代化同步发展"的奋斗目标，新四化要求工业化路径转型，即由传统工业化向新型工业化的转型。新型工业化的特征：科技含量高、经济效益好、资源消耗低、环境污染少、人力资源优势得到充分发挥。经济发展从要素驱动、投资驱动转向创新驱动，必须有大量专业基础扎实、技术实力雄厚、实践能力突出、真正学以致用的高素质应用型人才作为支撑。中国工程院院士潘云鹏指出，我国经济社会发展迫切需要高校培养三类人才：一是理论+技术实践+多专业知识交叉应用的技术集成创新人才；二是理论+技术实践+创新设计的产品创意设计人才；三是理论+技术实践+创业市场能力的工程经营管理人才。应用型人才的本质内涵是科学技术转化为现实生产力的重要桥梁，是高等教育应用价值的直接载体，是"智慧"转化为"实惠"的关键所在。

2. 应用型人才的层次

作为一种独立的人才类型，应用型人才具有分层体系，大致分为应用型本科人才和应用型高端人才，其中，应用型高端人才主要是指应用型硕士和博士。相比而言，应用型本科人才更多地偏向知识和理论的基本应用，应用型高端人才则在进行知识应用的同时，侧重于应用型科学研究，能够掌握核心技术，推动应用科学技术质的发展，在应用理论的创新方面发挥作用，取得突破。

如果从更高意义上理解应用型人才，也可以认为高技能型人才是应用型人才体系的一个层次。由此应用型人才体系就应当包含高技能型人才、应用型本科人才和应用型高端人才，对应的高等教育培养体系由高职、应用型本科、专业硕士、专业博士四个层次组成。当前我国政府正高度重视，积极构建此应用型人才培养体系。

图2-1是包含传统的学术型人才培养体系的我国高等教育人才培养体系模式图，应用型人才培养体系与学术型人才培养体系各自独立又互联互通，由此图可以形象地将我国高等教育人才培养体系称为人才型高等教育人才培养体系。

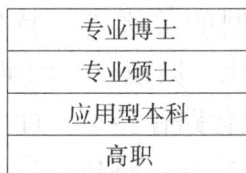

专业博士
专业硕士
应用型本科
高职

图2-1 我国高等教育人才培养体系模式图

3. 应用型人才辨析

有研究者从职能、目的、需求量、培养方式、知识结构、能力结构、素质结构等维度将学术型人才、应用型人才和技能型人才进行了严格的区分。这里仅以职能、知识结构、能力结构为例，见表2-1。

表2-1 学术型人才、应用型人才和技能型人才辨析

项目	学术型人才	应用型人才	技能型人才
职能	从事科学理论研究和发展客观规律的工作	从事设计、规划、管理、决策等工作	在生产第一线或工作现场从事为社会谋取直接利益的工作
知识结构	以学科体系为本位，注重学科知识本身的系统性和理论性	以行业设置专业，注重知识的现时性、复合性和跨学科性	以职业岗位本位，以"必需够用"为原则构建基础理论，重在掌握实用技术和熟悉相关规范

（续）

项目	学术型人才	应用型人才	技能型人才
能力结构	科研能力、创新能力	运用科学理论知识和方法的综合能力与解决问题的实践能力，具有更强的社会能力，如语言表达能力、自我表现能力、团队精神、协调能力、交际能力等	技能性的实践能力

学术型人才关注在自然科学、社会科学、人文科学领域发现和研究客观规律，偏重理论学习，其知识结构更依赖学科，具有系统性和理论性特征，科研能力、创新能力比较突出。技能型人才倾向于围绕岗位的具体应用，强调对职业技能的掌握，对理论知识"必需够用"即可，不要求知识结构的系统性和完整性。而应用型人才则介于二者之间，与学术型本科人才比较，应用型本科人才相对于科学知识，更注重技术知识；相对于理论研究，更注重技术应用；相对于某学科知识纵向精深，更注重多学科知识综合应用；相对于实践验证理论，更注重理论指导实践；相对于升学深造，更注重职业需求，其培养特征是学术型与职业型的有效统一。与技能型人才比较，应用型本科人才更强调扎实的理论教育，强调技术体系知识的系统性和完整性，强调应用科学研究的能力，强调后续职业发展潜力。

应用型是高等教育发展到一定阶段的必然趋势。传统的高等教育往往具有浓厚的精英主义气质。随着高等教育规模的扩大，尤其是大众化和普及化的到来，整个高等教育从学术型和研究型转向应用型已是大势所趋。因此，对应用型人才培养尤其是对应用型本科人才的培养有必要进行深入研究与探讨。

第二节　应用型人才培养的目标

应用型本科人才是应用型人才的主体构成，我国大规模开展应用型本科人才培养仅仅十多年时间，至今人们对应用型本科人才培养的基本规律存在概念不清、认知模糊现象，培养措施和方法更是难觅真谛，因此，对应用型本科人才及其培养进行研究与探讨极具现实意义。

一、应用型本科人才的基本规格

应用型本科人才是在本科专业学科的基本规范的基础之上注重人才的岗位性和职业性要求的本科人才，要求他们具有本科底蕴，实践能力强，专业特长突出，是通才基础上的专才。正如上文指出，应用型本科人才在知识结构方面以行业与职业需求为本位，以技术体系为依据，自然科学与人文社会科学交融性知识与隐性知识（专业经验知识）并重渗透，形成复合性、动态性和先进性的知识结构。在能力结构方面，应用型本科人才应该具备较强的分析和解决实际问题的能力、较强的专业实践能力、一定的创新创造能力、必要的社会适应能力和终身学习能力。在综合素质方面，除了法律、品德、仁爱、诚信、社会责任、团队合作等基本规范要求外，还应特别强调职业素养，这是职业内在规范和要求，在职业过程中表现出来的综合品质，是应用型各类人才培养规格的"通行证"，包括职业道德、职业技能、职业行为、职业作风和职业意识等。正如潘懋元先生所说的"师"——律师、教师、医师等，只有遵守职业道德，才能追求公平正义、教书育人、救死扶伤。因此，应用型本科人才的培养规格应该是基础扎实、知识面宽、具有较强应用性和职业性的专门人才。

由于应用型本科人才具有区别于其他人才的众多特征，在培养过程中就必须构建区别于其他人才培养的不同模式。十多年来，很多致力于应用型人才培养的高校积极开展应用型本科人才培养理论与实践的探索，他们借鉴国际先进教育理念，学习先进教育方法，结合我国实际，提出了独到见解，比如南京工程学院提出"五化、五注重"的人才培养模式，湖南科技学院提出"学业、产业、就业、创业相互贯通"的人才培养模式，南昌工程学院提出"两平台+N模块+一拓展"的人才培养模式等。尽管这些模式不尽相同，但它们的基本要素和本质内涵是一致的，概括起来，可以将应用型本科人才培养的基本模式表述为：遵循本科教育的基本规律，在本科教育的基本理论知识要求之上，按照行业的职业规范制订人才标准，特别注重人才的能力培养和实践性要求，以技术体系为依据构建人才培养的课程内容体系；以胜任人才培养为原则构建"双师"结构、多元组成的教师队伍；以加强能力培养为目的构建"做学结合"为特征的教学方法体系；以满足社会需求为目标构建"多样化"的学习评价体系和"市场化"的人才评价体系，所有这些要素的达成必须坚持产学研相融，走校企合作（行业合作）教育的道路。

课程是教学的科目，是教学的内容和进程，是实现专业培养目标的基本单元，专业的人才培养主要是通过课程教学来实现的。应用型本科院校的课程体系具有自身的特点：不是建立在学科体系上的课程内容体系，而是以技术体系为依据的课程内容体系，在"基础扎实、强化能力、注重实践"目标指导下，强调理论的应用性、技术的先进性。行业发展趋势、技术进步动态、市场需求呼声是应用型本科人才课程内容体系的"催化剂"，课程内容的应用性、实践性、可雇用性是应用型人才培养过程中区别于传统本科人才课程体系当中的探究性、理论性和学术性的显著特征。

教师队伍关系到应用型本科人才培养的质量和水平，对于以应用型人才培养为主的本科院校而言，一是要求教师队伍除了常规的学历、职称、年龄结构外，特别应当具备合理的能力结构，要求教师具有"一德三能"，即具有高尚师德、优秀教学能力、科研能力和工程实践能力（职业标准下的专业实践能力），其中工程实践能力就要求大多数的专业教师具有企业经历或掌握相关职业技能；二是要求教师多元组成，即学校要定期聘请一定数量的来自科研院所、大型企业的资深专家作为学校的外聘教师。当前工程实践能力不足是应用型本科院校教师队伍普遍存在的突出问题，学校应当采用"内培外引"加快教师工程实践能力建设，"内培"就是将那些没有工作经历，从就读学校到任教学校，理论性惯性思维强，工程实践能力较弱，不能很好满足应用型人才培养要求的教师，送到企业（事业单位）锻炼研修。"外引"是指引进具有应用型人才教学资质的理论性、实践性双高水平的师资，或者邀请企业的工程师参与应用型人才培养的过程。

对应用型人才培养而言，其教学方法体系应在大力提倡启发式教学、互动式教学、基于问题的教学、案例教学等先进教学方法的基础上，进一步强调做中学、做中研、做中创；强调综合训练、仿真训练、创新训练等；突出项目教学和企业实习环节。这就要求应用型人才培养过程中，特别是日常教学环节，必须改变过去以课堂中心、知识中心、教材中心的惯性思维，密切关注行业发展动态，实时关注技术发展的趋势，做到知识与技术的融合，理论和实践的结合，学习和实训的整合，学生能力模块与市场需求的契合。

对学校而言，人才培养的质量评价体系，是保障人才培养目标顺利实现、提升学生就业竞争力的关键；对学生而言，人才培养的质量评价体系，是促进自身明确学习方向、提升学习效率的坐标。应用型人才培养的质量评价体系，其根本着眼点在于增强学生理论联系实际、解决实践问题的综合能力，这就要求此类院校对传统人才培养质量评价体系做出必要的调整。

一是对学生的学习评价要推行评价方法多样、成绩构成分段、评价主体多元等有效措施，促进课程考核从评价"分数高低"向评价"能力大小"转变；学生学习从注重"期末考试"向注重"学习过程"转变；学位论文或毕业设计从注重理论研究向注重应用创新转变。应用型本科院校应当以能力培养为导向，根据不同课程、不同教学环节的特点，采用笔试、答辩、课程论文、现场答辩、综合评价、交叉竞赛等多样化学习评价方法，致力于消除传统考试重知识、轻能力，重结果、轻过程的弊端，通过考试的导向作用，促进教学方法和学习方法的转变，把学生学习的着眼点从死记硬背转向活学活用、强化能力。

二是对毕业生的质量评价以市场检验为标准，以就业率和就业质量为主要评价指标。应用型本科人才定位在行业，用人单位是最具发言权的评价主体，市场就是应用型本科人才培养质量的考场。市场对毕业生的质量评价和检验，应融合在整个人才培养的过程中。对于学生毕业前的实习实训、毕业论文或毕业设计完成标准等一系列与培养质量相关的指标体系，都应该是学校和行业企业在充分互动、多元参与、彼此协商基础上共同完成。毕业生的就业率和就业质量，既是应用型本科院校履行人才培养和社会服务职能的具体体现，更应当成为这类学校获得社会声誉，保证可持续发展的动力。

产学研相融是应用型本科院校开展应用型人才培养、推进事业发展的力量源泉，校企合作（行业合作）是应用型人才培养的必然途径。应用型本科院校唯有大力推进产学研结合、相融，才能不断提高科研水平和服务社会的能力，才能建设一支高水平的应用型教师队伍，也才能使学校与行业发展合拍，为校企合作育人奠定基础。应用型人才的特征决定了其培养必须走校企合作（行业合作）教育的道路，校企合作（行业合作）教育的内容应当包括：一要坚持产学研结合，与业界密切合作，大力开展应用科研，发展应用型学科，提升教师的科研能力，支撑应用型本科人才培养。二要通过组建学校、行业、政府主管部门共同参与的组织机构，进行人才需求预测以及人才培养标准的制订，增强人才培养与社会需求的符合度。要联合业界共建育人平台、共组教学团队、共享设备资源、共建实训基地，联合实施教学，与行业企业建立全方位、多层次的合作关系，形成与人才培养目标相适应的优质资源环境，建立协同培养、共同发展的新体制。

总之，应用型本科人才的培养，是经济社会转型升级的需要，也是高等院校明确自身办学定位，谋求理性发展的必然。应用型本科院校的人才培养模式，必须立足于自身"服务地方经济发展，满足行业企业需求，提升课程可雇用性，增强学生就业能力"的培养目标，打破传统人才培养模式的束缚，改变教育目标模糊不清、学生就业面向不够明确、片面强调理论知识、解决问题能力薄弱的现状，努力培养具备较强社会适应能力，尤其是职业适应和发展能力，满足经济社会发展需要的应用型本科人才。

二、应用型本科院校人才培养目标调整及其实现策略

所谓应用型本科院校是近年我国学者按照社会发展的根本要求和社会分工对高等院校类型重新划分的介于研究型（或学术型）高校和高职高专之间的一种高等教育的类型，三种类型高校的区别，主要在于人才培养目标不同，并无等级之分，更无社会地位之别。应用型本科院校是一种以应用型人才培养为主要任务和目标的办学层次，包括历史较长的省属老校和不久前才"专升本"的新建本科院校。由于应用型本科院校这一概念提出的时间较短，多种主客观原因导致这类高校主要按传统的精英教育大学模式办学，人才培养目标并不十分清晰。高等院校的人才培养目标是高等教育目的的反映，也反映了一定时期内国家、社会对高等教育的要求。因此，人才培养目标具有一定的生命周期。需要深入分析当前社会对人才需求的变化，方能及时而恰当地调整应用型本科院校的人才培养目标，使之与社会的发展进步相适应。

中国高等教育进入跨越式发展阶段。随着高等教育招生数和在校生规模持续增加，2018年全国各类高等教育总规模超过3779万人，高等教育毛入学率达到45.7%。随着大众化高等教育进程加快和社会需求变化，高校人才培养类型也逐渐明晰：即研究型（或学术型）人才、技术型人才与技能型人才。研究型（或学术型）人才是以理论创新、科技创新为主，通过发现和研究客观规律，将科学原理演变为工程（或产品）设计、工作规划、运行决策等，这类人才主要由研究型高校培养。技术型人才主要致力于社会现实问题和生产实践问题的研究与探讨，从事产品开发、生产现场管理、经营决策等活动，将设计方案与图纸转化为产品等，这类人才主要由应用型本科院校培养。技能型人才则主要依靠熟练的操作技能来具体完成产品的制作，他们把决策、设计、方案等变成现实，转化为不同形态的产品，承担着生产实践任务，这类人才主要由高职高专院校培养。

根据国际上高等教育发展的规律，高等教育大众化以后便开始向着职业化和大众性的方向发展，应用型本科院校的发展以职业为

导向不仅是高等教育发展的历史必然，也是我国高等教育发展的现实需要。可是有些应用型本科院校尚未将培养目标转向职业化，仍然固守精英教育时期的应用型人才培养模式，过于强调理论知识的深度，重理论轻实践。虽然有的应用型本科院校已经认识并确定了职业化的人才培养目标，但在其人才培养实践中并未真正体现出应用性。在办学实践中我们还注意到，应用型本科院校中也有一批求知欲很旺、进取心极强的学生，他们迫切希望向着更高层次目标奋进；同时，也有一些高考文化成绩相对较差的学生，如果严格按照传统划一的学科教学和学术标准要求他们，难以适应学校的要求，但这又是一个兴趣广泛、喜欢动脑筋、实践能力较强的青年群体，学校有责任对这部分学生实施有效的教育。

显然应用型本科院校的应用型人才培养目标与高等教育的快速发展不适应，应该尽快转变为以职业为导向，不仅要求有一定的理论水平，也要了解和掌握行业的基本技术和工作流程；另外，培养目标的类型还要多元化，除了主要为地方和行业培养各类应用型高级专门人才外，也应该辅之以培养部分应用型和技能型人才。

为了实现中华民族的伟大复兴，2018 年全国科技工作会议上提出加快建设创新型国家的步伐，在党的十九大报告中"创新"一词出现 50 余次。培养创新型人才已经成为高等院校的重要任务。应用型高校凭借优越的教育资源和雄厚的科研实力纷纷将培养创新型人才作为己任。而应用型本科院校虽然培养的人才在国家经济产业结构中发挥着重要作用，但因其办学条件、生源质量、师资力量和科研水平等方面难以与之匹敌，因此，在培养创新型人才上似乎有些底气不足，甚至有人认为，培养创新型人才是应用型大学的事。

其实创新态度和创新能力是一种素质，它要求人们具有批判精神，时刻追求着崇高的境界，时刻有着超越的目标。任何人才都应具备创新精神与创新能力，而这种素质是人人都可以努力争取到的，高校的任务之一就是要培养创新素质、开发创新潜能。我们不能将人的本质属性与人所从事工作的类型进行概念的混淆，将高校对学生潜能的开发教育与培养他将来从事什么工作对立起来。尽管我国高等教育大众化程度不断提高，但在我国劳动力市场中，大学以上文化程度所占的比例仍然很低，建设创新型国家的任务很重。另外，在经济全球化的推动下，世界范围的产业结构调整、升级直接影响我国，特别是随着2008年国际金融危机的爆发，加速了我国经济结构的调整和转型，迫使我国加快产业优化、改造与升级的步伐。新形势下国家不仅需要高级的技术型应用人才，还急需大批能主动钻研革新、善于用新思路、新办法解决实际问题的应用型创新人才。

显然，目前应用型本科院校人才培养目标与建设创新型国家还不完全适应。培养创新型人才应用型本科院校责无旁贷。不可否认的是，许多应用型本科院校已经开始重视创新型人才的培养，并积极鼓励学生参加各类竞赛，以提高他们的创新能力，而且以获奖的级别和多少来证明学生创新能力的提高，但这只是针对少数学生的激励行为，而创新型人才的培养目标则是针对全体学生，针对整个教育过程提出的。这就要求应用型本科院校必须从人才培养方案的层面来考虑问题，需要树立创新教育理念，在教育教学诸多环节进行改革，除了进行一般的专业训练外，还要着力培养学生敢于创新的思维方式，敢于创新的意识，敢于创新的能力等创新品质，并将其作为当前与今后一个重要的培养目标之一。

随着社会的进步，个人需要受到越来越多的关注，个人需要和社会需要相结合的价值取向逐渐形成。大众化高等教育的主要职责就是以社会和人的双重需要为依据，为社会和人的发展服务。对于学生来说，接受高等教育既希望学好专业知识，为就业做好准备（所谓学到一技之长），但他们更希望自己的个人兴趣、追求的目标等方面在大学里得到满足和培养。对于社会来说，需要的是体力、智力、情感和伦理等各方面得到全面发展的劳动者。这种全面发展是指个人素质整体提高与和谐发展以及在此基础上突出个性特长的发展。有调查表明，高校毕业生的综合素质欠缺是企业反映最为突出和集中的问题，所谓的综合素质其实质就是指人的个性。如前所述，建设创新型国家越来越需要富有创造性的人才，而创造性也是蕴含在个人丰富的个性之中。

作为高等院校来说，除了发展学生的智力和专业能力之外，充分挖掘、释放学生的个性潜能，培养良好的个性，既为他们未来发展奠定了良好的基础，拓宽发展方向，也有助于解决大学生的结构性失业。然而，我国的教育长期忽视学生的个性发展，高等教育也是如此，只是最近几年应用型高校开始将发展学生的优良个性纳入培养目标之中。可是，担负着实现高等教育大众化重任的应用型本科院校，由于在校学生数量激增，而将更多的精力放在了专业教育上，并不重视学生的个性发展。

显然，当前应用型本科院校人才培养目标与个人需要和社会需要发展不适应。培养人的个性，促进人的全面发展，已经成为高等教育教学改革的头等大事，这也对应用型本科院校的人才培养目标提出了新的要求。

为了适应时代的发展，应用型本科院校的人才培养目标应该面向市场，面向未来。应用型人才培养虽然是专业技术性的教育，但一是要向职业化方向发展；二是要塑造全面、具有可持续发展和创新能力的人才。要让走着、跑着、飞着，甚至爬着的学生都能用自己的方式到达他们的目的地。所以应用型本科院校人才的培养目标应该调整为个性发展的多元化应用型创新人才。即除了在专业技术方面将职业教育纳入其中，做到学术、技术、职业三者的有机结合外，还应该在个性发展和创造性方面提出要求，兼顾学生的差异性，并通过一些教育策略对学生的知识、能力、素质结构进行重新设计和调整，只有这样才能使这类高校永远保持旺盛的生命力。

大学课程是大学培养目标与培养规格的具体化，是高校教育教学工作的重要依据。建设由学术、技术、职业和人文交织的刚性课程平台和多样化的柔性课程模块，共同组成"知识面宽，应用性强，理论与实践渗透"的多元课程模式，这是实现应用型本科院校人才培养新目标的前提。

应用型本科院校的课程设置既要体现职业化，增加一定的应用性新课程，也要重视课程的大文化，加强通识课程，大致可分为三个课程平台。①学科课程平台是依据应用学科的发展来设置课程，在基础课程、专业基础、专业课程的基础上增加一些新的应用性课程，侧重于培养学科理论知识和用其分析解决问题的能力。②应用能力平台包括根据学科要求和行业的用人需求，按照不同的能力要求来设计并设置的实践课程，以及与第一课堂相结合的职业能力和科技训练，引导学生较早地、系统地参与探究性实践活动。③综合素质平台以基本素质课程和职业素质课程为主，侧重于学生人文素质和职业道德的培养，最终促进个性的发展。

三个平台既相互独立又有机结合，学科知识增长与应用能力、综合素质的提高相互促进，体现出应用型人才培养的刚性特征。

所谓课程模块，是将各类课程按一定的比例搭配，组成不同模块，供学生选修，既满足不同层次学生的需要，也为学生发展兴趣爱好提供多样化选择，体现出柔性特征。层次上，按照应用型人才为主，应用型和技能型人才为辅分为三大块。一般的课程模块主要按照应用型人才的需要安排，供大部分学生选择；部分课程模块提供给少数愿意向应用型或技能型方向发展的学生。三者的主要区别除了课程搭配的比例不同之外，还在于理论课程的深浅。应用型的理论课程程度较深；技能型的理论课程程度偏浅；应用型人才的理论课程难度适中。三者的共同点都是加入了应用型课程，实践课程与选修课占有较大的比重，且选修课中有较多的通识课程。

应用型本科院校除了设置多元化的课程模式外，教学方法上也要有所突破。要贯彻"学生参与，形式多样，综合运用，科研渗透，学用结合，课堂为主，课外为辅"的教学原则。教学上必须鼓励学生积极参与教学实践，做到学用结合。教师要充分利用多媒体、网络等现代教育技术，综合运用 PBL（Problem - based Learning，问题式学习）教学法、演讲型、辩论型等多种教学方法，将教学从课堂延伸到课外。还要积极鼓励教师探索符合学科特点的"科研渗透"等探究性教学模式。所谓"科研渗透"，就是将科研思维、科研方法、实验设计和科学技术训练融入教学过程。这种学用结合，全方位、开放型的教学模式不仅可以让学生的思维方式、学习能力和应用知识的能力得到充分发展，也能促进学生的创新品质和个性得到全面发展。

加强综合应用能力和科研训练是应用型本科院校与高职院校人才培养的重要区别之一，也是培养创新型人才的途径之一。要充分利用校内科研平台和较为固定的实训基地，将实践教育与科研训练结合，建立教学科研资源共享的实践平台。并探索将校外实践融入其中，即早期（一年级）夯实基本功，开始校外实践，接触科研，培养创新意识和创新思维；中期（二、三年级）专题研究，增加校外实践，提高专业技能和技术创新能力；后期（四年级）加强专业与科研训练，深入校外实践，提高创新能力和综合素质。

可以通过多种方式开展符合学科特点的产学研合作教育。如学生到企业、研究所等生产实践、参与科研；企业、研究所的专业人员来学校讲授部分专业课和行业、科研动态；学校与企事业单位合作创建培训中心，培训在校生与员工；学校与企业、研究所互培教师；与企业、研究所联合开发课程；鼓励校内外科技人员为本科生开设选修课和专题讲座，聘请"大国工匠"讲"工匠精神"和技术求精等。

学校方面要探索企业参与人才培养方案的制订。为确保应用型人才的培养，可聘请行业、企业界内的资深人士加入学校学术委员会以及专业建设委员会中来，使其参与专业建设、人才培养方案制订以及课程体系设置的工作。论证企业参与人才培养方案的可操作性，争取从制度上予以确定并规范。

对于学生则应探索试行工学结合的三学期。每一学年分为三个学期，即在校学习学期和实践学期交替进行。实践学期主要安排学生根据兴趣和专业发展需要参加各种校外实践，并指定教师负责指导。学生的实践单位自己找，学校为学生寻找实践单位提供方便，并进行一定的审核，对这一时段的社会实践、科研实践、专业见习给予一定学分，为提高学生的应用能力和社会适应性提供保障。

当前，在我国高等教育已步入大众化教育阶段的背景下，市场经济的不断完善和科技文化的快速发展，要求高等教育培养出大批不同规格和层次的人才，尤其是更多的应用型人才。应用型人才的培养问题也已引起各个高校的高度重视，许多高校已启动了新一轮的人才培养模式改革。对于应用型人才培养模式的研究越来越深入，成果层出不穷。这些研究成果对推进人才培养模式改革，引领各个高校准确定位、特色发展，重新审视自己的人才培养目标与规格，加快教学改革，对进一步推动高等教育的发展，为社会和经济发展培养更多高素质的应用型人才具有极为重要的意义。

因此，所谓应用型人才，是指能将专业知识和技能应用于所从事的专业社会实践的一种专门的人才类型，是熟练掌握社会生产或社会活动一线的基础知识和基本技能，主要从事一线生产的技术或专业人才。应用型本科人才培养是本科层次教育，它更加注重基础性、实践性、应用性和技术性。对"人才培养模式"概念的讨论和厘定"人才培养模式"这一词组，是我国高等教育教学改革的产物。它产生于20世纪80年代后期，兴起与发展于90年代中期。1996年3月，"改革人才培养模式"作为我国教育教学改革的重要内容被载入我国国民经济和社会发展纲要，从而把人才培养模式改革推向教学改革的中心，"人才培养模式"这一词组第一次出现在国家重要的法规性文件中，并由从对应用型人才的理解出发，阐释应用型人才的特征、分类、含义、能力结构和培养意义，研究者一般从应用型人才与学术型（或基础型）和技能型人才的主要区别入手界定应用型人才的内涵，认为应用型人才注重在生产或工作实践中具体应用专业理论知识解决实际问题的能力，学术型（或基础型）人才则注重在学术研究中广泛运用专业理论知识进行理论、知识、方法创新的能力。与高等职业教育以培养学生的职业岗位技能型人才相比，应用型人才强调理论、知识、方法、能力的协调发展，比高等职业教育培养的技能型人才有更"宽""专""交"的知识结构，更强的自主学习能力和岗位适应培养规格与基本培养方式，它决定着高等院校所培养的学生，不但具有胜任某种职业岗位的技能，而且具有知识人才的根本特征，集中体现了高等教育的教育思想知识、技术创新知识、技术二次开发的能力，更符合教育观念。至此，高等教育界人士对人才培养模式才有了一个基本的认知。

2001年，我国加入世界贸易组织，标志着我国完全、正式地融入经济全球化之中，人才在社会的发展当中成为决定胜负的关键因素，在此条件下对人才培养提出了新的要求。教育部在2005年印发的《关于进一步加强高等学校本科教学工作的若干意见》中明确指出："深化教学改革"的主要任务之一是"优化人才培养过程"。高校"要以社会需求为导向，走多样化人才培养之路"，通过人才培养模式的改革"办出特色，办出水平"。2006年教育部部长周济在《求是》杂志上撰文指出，"中国目前的人才培养模式改革需进一步深化"。进入2007年，为贯彻落实党中央、国务院关于高等教育要全面贯彻科学发展观，切实把重点放在提高质量上的战略部署，教育部接连出台了《教育部财政部关于实施高等学校本科教学质量与教学改革工程的意见》（教高〔2007〕1号）、《关于进一步深化本科教学改革全面提高教学质量的若干意见》（教高〔2007〕2号）两个文件，就在高等教育发展的新形势下如何深化教学改革构建符合时代要求的人才培养模式等工作做出部署，对高校的人才培养模式改革提出了新的目标和要求，高校的人才培养模式改革与探索进入了一个新的发展阶段。

高等教育理论工作者、高等教育实际工作者从不同角度对"人才培养模式"提出了各种各样的表述。陈祖福[42]认为，所谓人才培养模式，是指为受教育者构建什么样的知识、能力、素质结构，以及怎样实现这种结构的方式。高教司副司长林蕙青[43]对陈祖福关于"人才培养模式"的表述做了一些补充：人才培养模式是学校为学生构建的知识、能力、素质结构，以及实现这种结构的方式，它从根本上规定了人才特征并集中地体现了教育思想和教育观念。1998年3月，教育部副部长周远清在武汉召开的第一次全国普通高等院校教学工作会议上所作的主题报告，从另一个角度对"人才培养模式"做了以下表述：所谓人才培养模式，实际上是人才的培养目标、培养方式的出发点和归宿，培养规格是培养目标的具体形式，基本培养方式则是达成培养目标和培养规格的具体途径，人才培养模式决定着高等院校所培养人才的根本特征，集中体现了高等教育的教育思想和教育观念。但人才培养没有统一的模式，就大学组织来说，不同的大学，其人才培养模式具有不同的特点和运行方式[44]。

着眼于应用型本科院校的发展，探讨学校定位和人才培养目标。贺金玉[45]提出新建本科院校应本着"以人为本，因材施教"和"多向选择，分流培养"的原则，培养专业基础扎实、实践能力突出的应用型人才。陈正元[46]认为应用型本科院校的发展目标，一是应以"多科性、应用型和开放式"为主；二是综合众多高校人才培养的实践，从战略高度审视高等学校应用型人才培养中存在的问题，把握应用型人才建设的关键环节，对本科层次应用型人才培养方案的制订提出相应对策建议；三是切入应用型人才培养中的课程建设问题，阐述应用型人才结构布局、发展规律、资源配置和人才体系评价等。范巍[47]提出了"厚基础、宽口径、重应用、多方向"的课程设计思路。张日新等[48]提出了"两段式，两平台，多方向"应用型本科人才培养模式，把培养过程分为"学科基础培养"和"专业方向培养"两个阶段，设置"公共课程"和"学科课程"两个平台，在此基础上开设多个方向的专业培养课程。汪禄应[49]提出了以"市场需求"为准则、以"能力本位"为取向、以"课程开发"为根本措施的应用型本科院校课程体系建设策略。聂邦军等[50]探讨了以与社会合作开办"强化班"的模式加强应用型人才培养的做法。

综观近几十年的人才培养问题研究，可以说我国高等教育无论在人才培养的认知方面还是实践方面都取得了可喜的成绩，这应该说是一种巨大的进步。然而，由于当代中国社会本身尚处于一个由精英教育向大众教育转化的过程，人才的培养问题面临的众多矛盾也凸显出来，这不仅给我们提供了新的研究视角，也为我们的研究提出了新的挑战。从目前的研究来看，从高校培养应用型人才的模式、途径、能力定位及高校分类等方面进行的研究较多，取得的成果相对来说也较丰富。但还有不足：从理论层面来看，国内高校在培养应用型本科人才方面缺乏具体的理论指导，相关的研究也仅仅是从课程改革及产学研结合等途径来探讨人才培养的具体模式。应用型本科人才是社会人才结构中特殊而又十分重要的类型，在人才定位、培养目标、教学过程及条件、办学特色等方面都有特殊要求。

第三节 应用型人才培养方案研究

人才培养模式创新既是高等教育研究的重大理论和实践问题，也是高等教育发展的综合性改革项目。要按照由理论依据、教育目标、操作程序、实现条件和教学评价五大构成要素创新人才培养模式。当前要围绕"教什么"和"怎么教"两个本质与核心问题，重点解决课程教学目标及要求和教学大纲的制订，学思结合、知行统一与因材施教的实行，以及"懂教育、通实践"教师队伍的培养等最大问题。要在国家和学校政策、资源的强有力支持下，在科学教育理论和人才培养观念指导下，坚持不懈地开展长期艰苦的，以专业层面为主的，以培养方案和课程大纲为重点的，以课堂教学为辅助的，以人才培养模式创新试验区为平台的，多种形式、各个层次的教育教学改革试验，培养大量满足经济社会发展需要，符合人的全面发展需要的技术型、应用型优秀人才。

人才培养质量和人才培养体制问题越来越受到教育界及全社会的重视与关心。《国家中长期教育改革和发展规划纲要（2010—2020年）》（以下简称《规划纲要》）提出了改革人才培养体制一定要"创新人才培养模式""探索多种培养方式"的要求。本节将从教学模式的视角，对应用型人才培养模式的有关问题进行初步探讨和分析。

1. 问题的提出——人才培养不适应

2009年10月12日，温家宝总理发表署名文章《教育大计教师为本》，指出："应该清醒地看到，我们的教育还不适应经济社会发展的要求，不适应国家对人才培养的要求。"《规划纲要》的"序言"部分也尖锐地指出："我国教育还不适应国家经济社会发展和人民群众接受良好教育的要求。""两个不适应"直指教育存在的根本性问题。"两个不适应"的实质是人才培养不适应，其中一个重要方面就是应用型人才培养的不适应。从人才结构上讲，拔尖创新人才应该包括科学和技术两个方面[51]。也就是说，我们不仅要培养学科型、应用型的大师级人物，还要培养大量技术型、应用型的优秀人才。因为应用型人才培养既是经济社会发展的需要，也是人的全面发展的需要。基于教育的本质，大学教育既要满足经济社会发展的各种需要，也要满足所有受教育者成长与发展的不同需要。从高等教育发展的潮流观察，培养应用型人才也是各类以本科教育为主大学的发展趋势和必然选择，不同类型、不同层次的大学都更加重视学生应用能力的培养。事实上，一些应用型大学的本科教育也很注重应用型人才的培养。譬如在美国，就有包括应用型大学在内的许多大学的本科教育都是培养应用型人才的。从人才质量的现状看，当前以本科教育为主的大学处于十分尴尬的境地：其毕业生基础理论和研究能力不如一流高水平大学，而实践动手能力又不如高职高专院校。从人才培养的过程分析，以本科教育为主的大学，需要很好地处理基础与专业教育、知识传授与能力、素质培养、教与学、统一要求与个性发展、本科教育与终身教育等关系，当前尤其要处理好理论与实践的关系。就应用型人才培养模式而言，理论与实践关系的实质就是要处理好学科体系与实际需要、就业市场的关系，而偏重学科体系或知识体系的经典或传统理念与做法是不适合应用型人才培养需要的。

因此，要破解"两个不适应"难题，回答"钱学森之问"，就要全面提高人才培养质量，而且要提高应用型人才培养质量。要提高应用型人才培养质量，就要真正深入教学过程中去，深入思考并锐意革新应用型人才培养模式。而人才培养模式的本质与核心集中在"教什么"和"怎么教"两个基本问题上，要在创新人才培养模式的改革与实践中切实加以解决。

2. 对人才培养模式的认知——概念与结构

在研究与实践中，如果只是关注培养模式的某一方面，那就很难实现人才培养模式的改革与创新。所以有必要对人才培养模式的结构进行探讨，以求对其有一个较为全面的认知，进而指导教育教学实践。

近二三十年以来，我国对教学模式的研究经历了一个在介绍引进国外教学模式理论的基础上的本土化历程。这一过程涉及教学模式的概念研究、教学模式的分类研究、教学模式的建构研究等[52]。教育部在《关于深化教学改革，培养适应 21 世纪需要的高质量人才的意见》（教高〔1998〕2 号）中对"人才培养模式"的内涵是这样描述的："人才培养模式是学校为学生构建的知识、能力、素质结构，以及实现这种结构的方式，它从根本上规定了人才特征并集中地体现了教育思想和教育观念。"

龚怡祖[53]将人才培养模式界定为在一定的教育思想和教育理论指导下，为实现培养目标（含培养规格）而采取的培养过程的某种标准构造式样和运行方式，它们在实践中形成了一定的风格或特征，具有明显的系统性与示范性。

刁维国[52]基于多元统一的教学模式观，对教学模式的定义进行了重新修订：教学模式是具有独特风格和某种功效的、相对稳定的教学范式，是就教学过程的程序、结构、方法而言的多维的、立体的、动态的综合性教学模型。并认为，公认的教学模式的结构有理论依据、教学目标、操作程序、实现条件、教学评价五个方面。

显然，关于人才培养模式构成要素和概念内涵的界定与表述虽有所不同，但认知还是趋同和接近的。综合几种定义，本书中从结论的视角，针对人才培养模式认知上和实践中存在的主要问题，按照教学模式的"公认结构"——理论依据、教育目标、操作程序、实现条件（省略教学评价问题）分别进行讨论。

研究发现，对人才培养模式的认知和实践存在以下需要提高与改进的问题：理论依据薄弱或理论支撑不够，自发性多于自觉性；教育目标不到位，尤其是课程目标及要求；在集中体现"教什么"和"怎么教"的操作程序（培养方案）上，教学大纲、教学方法、实践教学等还有较大提升空间;"懂教育、通实践"的教师以及政策和资源的支持等实现条件还不能很好地适应和满足应用型人才培养模式的需要;已有的认知和方案贯彻不力,没有很好地落实到各个专业,尤其是各门课程和教学环节中去,运作逻辑上存在脱节现象。

3. 理论依据——思想与理念

教育思想和理念反映教育理论,但教育理论及其体系不仅仅是分散、孤立的思想、理念,不能只停留在有一定新意和深度的认知水平上,问题在于如何把科学教育理论作为应用型人才培养模式的理论依据,指导我们的教育活动与行为。教高〔1998〕2 号文和龚怡祖关于人才培养模式的定义也对教育思想、教育观念和教育理论的体现与指导作了阐述。

本书强调理论依据,其原因在于在人才培养实践中,理论支撑与指导还远远不够。在制订应用型人才培养模式方案时,首先要学习和研究培养模式的基本概念与内涵,如果没有自觉地、更多地去考虑依据的教育理论,没有科学理论的指导,即使再完美的局部,作为整体方案也是不完整的。其次,教育目标的制订存在不足,不但总体的专业培养目标差异性不大,个性特征不突出,而且忽略对应用型人才培养模式实现的基本单元——教学目标的制订,这样导致已有的认知和方案没能很好地贯彻落实到各个专业、各门课程和教学环节中去。最后,没有"懂教育、通实践"的合格教师、不重视教学方法以及政策和资源的支持,再好的培养方案也是无法实现的。

理论支撑与指导的缺乏表现在教育哲学、认知科学和教学方法等各个方面,集中表现在教育哲学上。教育的活动和行为——教与学、管理、制度、政策等无不体现某种教育思想、教育理念和教育理论,这些都折射和反映了教育者,尤其是教育领导者所秉持的教育哲学或教育观念,因此教育哲学决定和影响着人们对知识的认知与价值取向,决定人才培养模式的提出与实施——教育目标的确立、培养方案的制订、条件资源的保障和实现。"知识论和价值论正是17世纪以来哲学所致力于解决的核心问题"，也就是说，"所有的教育问题，终极的追问必然回归到哲学。"或者说，无不涉及教育哲学。目前，大学教育教学改革的主张和实践，缺乏教育哲学的意识与自觉，更多的只是朴素与自发的自然体现。与我们不同的是，教育史上，欧美教育哲学代表人物繁多，流派纷呈。他们都有各自的哲学基础和哲学主张，并体现在诸如教育目标、教育内容、教学方法、师生关系以及课程等问题上。作为西方影响较大的教育哲学派别，要素主义与进步主义虽然没有完全忽视社会需要和个人需要、间接经验和直接经验、未来和现时、教师和学生等几对重要关系中的任何一个方面，但在侧重点上各有偏颇。事实上，要素主义教育哲学已经超越传统教育理论，而把许多新旧观点中合理的部分加以融洽结合。我们可以看出，无论是国外还是国内，无论是自发还是自觉，共同的趋势是各种价值观的相互弥补与融合。反映到应用型人才培养模式上，较为集中的哲学主张是强调教育的做人造士功能、注重实践与应用、适应国民的全面发展和终身需要、为了学生的升学和更好的生活与工作等。也就是强调做人与做事的统一、理论与实践的统一。

教育思想与理念直接影响人才培养质量提高和人才培养模式创新，教育哲学思想实际指导着教师的教育行为。研究和普及教育基本理论，了解并学习教育哲学，提高教育实践者的理论意识和理论自觉，把有意无意践行着的教育哲学、认知科学和教学方法提升为更加科学、更加自觉的教育行为，使大学的校长和管理者以及广大一线教师，不但愿意而且知道如何去培养应用型人才是有着重要意义和作用的。只有达成这样的应用型人才培养的共识，才能培养大量技术型、应用型的优秀人才。

4. 应用型人才培养的教育目标和操作程序——培养方案

既然人才培养模式的本质与核心集中在"教什么"和"怎么教"两个问题上，那么应用型人才培养的教育目标和操作程序——培养方案也就要做好教学内容和教学方法以及实践教学等方面的文章。

按照布鲁姆的《教育目标分类学》，教育目标有总体目标、教育目标和教学目标三种具体性水平。在应用型人才培养模式中可以具体化为专业培养目标、专业基本要求和课程目标及要求。前面提到，应用型人才培养模式的教育目标，尤其是课程目标及要求不到位，其表现之一是专业培养目标、专业基本要求差异性不大，个性特征不突出，应用型的定位还比较抽象，还需要做艰苦细致的调查研究和归纳凝练工作。譬如，应用型的定位应该进一步明确，真正体现"以应用为本""学以致用"的理念，尽量做到具体可操作，而不只是贴上"应用型"的标签。如明确工程教育培养能够做工程师的应用人才，商学院培养适应市场需要的管理人才等；为适应不同学生的不同需要提出不同的培养目标和基本要求，制订不同的培养方案；使受教育者具备终身学习能力，为其进一步的发展打下基础、创造机会和条件。课程目标及要求的制订是教育目标中最大问题所在，是教育目标不到位的突出表现。教学目标比教育目标有更大的具体性。布卢姆的《教育目标分类学（修订版）》所列举的教学目标是学生能区分常用的四种标点，学生学会两个一位数的加法，学生能够列举美国内战的三个原因，学生能够将总体目标、教育目标和教学目标分类。这个例子虽然只是对基础教育的要求，但是可以把它看作理想教学目标的范例。

美国伊利诺伊大学芝加哥分校（UIC）机械工程专业"机械工程中的实验方法"的课程目标及要求，从"介绍、教会、要求"三个方面阐明了该门课程的目标与要求。这三个关键词以及所体现的内容，虽然尚未达到，但已经相当贴近布卢姆的《教育目标分类学》提出的标准，同样会对我们有所启示。而我们的一些课程目标及要求，甚至是一些"指导性专业规范"，也恰恰缺失了最能反映本门课程"教什么"的内容与规定。即在各个知识领域的知识单元和知识点之间有关知识、能力与素质的具体要求——比培养目标和基本要求更具体、更明确，比知识点的掌握程度更概括、更精练的具体要求。如知道或通晓什么、掌握或会做什么、具备或形成什么等。

"教什么"的问题起码应该包括两个方面：课程体系和课程教

学大纲，即开什么课和讲什么内容。①课程体系及其设置从表层观察，经过多年的改革与实践，我们的大学在课程设置的结构与操作上还是比较成功的，与所调研国外大学相差不多。但是为了适应与满足应用型人才培养的需要，以下几个方面还要引起我们重视并加以改进：职业生涯规划、以应用为本课程的提供、通识教育课程的选择与比重、课堂教学实践性的加强、接触社会的实践性课程的保证与开设时间的安排、理论课与实验课的衔接和结合等。②教学大纲的制订是解决"教什么"的最大问题所在。其实，课程目标及要求是课程教学大纲的一个首要的和重要的内容，它是课程教学内容取舍的依据。在讨论教育目标的基础上，在明确了课程目标及要求后，我们就可以比较顺利地研究具体体现课程目标及要求的教学大纲制订问题。在课程教学大纲的制订上，现实中存在的只是把上面的、旁人的、前人的做些修修补补，或者只是依据学科知识体系甚至照搬教材目录的做法都是不可取的。这反映了我们认知和研究的不足与缺位，是培养目标和基本要求难以达成的重要原因。这个问题不解决，我们是很难培养出名副其实的应用型人才的。课程教学大纲的制订不能不涉及对知识的认知与分类。世界经济合作与发展组织在 1996 年发布的《以知识为基础的经济》报告，把知识分为有关"是什么"的知识、有关"为什么"的知识、有关"如何做"的知识和有关"源于何处"的知识四类。布卢姆的《教育目标分类学》提供了一个两维目标分类。框架——知识维度和认知过程维度，分别表示知识和每一类知识的掌握水平。在第一个维度——知识维度里，知识被分为包括术语知识、具体细节和元素知识的事实性知识，包括分类或类目、原理和概念、理论、模型和结构的知识的概念性知识，"如何做事的知识"的程序性知识及"一般认知知识和有关自己的认知的意识和知识"的反省认知知识四类。在第二个维度——认知过程维度里，知识的掌握被规定为记忆、理解、运用、分析、评价和创造六级水平。这里没有出现"能力"这个术语，而是把可以教会的作为智育目标的能力寓于知识掌握之中，也就是说，不在知识掌握之外。每门课程首先应该依据学校和本专业的人才定位——专业培养目标和基本要求，制订各门课程的课程目标方法，不注重、不实行学思结合与因材施教，是很难教会学生思考的。教学方法中有哲学，教学方法本质上还是教育思想和教育哲学问题。教学方法的改革涉及教育理念与教学观念的变革。国外大学更加关心"如何用"的问题，重视主动性学习、经验性学习、互动性学习。在这样的认知与理念指导下，课堂教学不再单纯是死板、乏味的教师讲授，具体做法形式多样，诸如实行小班授课、师生平等、课堂互动、小组讨论、边学边做、拓展竞赛等。

出于对应用型人才培养和学生职业生涯的需要，实践教学是应用型人才培养模式的重要一环。以培养应用型人才为己任的大学都给予了充分的重视，但目前还未达到尽善尽美，有较大的提升空间。在形成相对比较完整的、由课内实践环节、课外实践环节和校外实践环节组成的实践教学体系的前提与基础上，主要切实解决校企合作与工学结合问题。其关键点是要注重和实行知行统一，即理论教学与实践动手之间的有机结合。

合理匹配程序性知识和反省认知知识；科学确定每一类知识的掌握水平，即分别属于哪一级。这里选定课程的教学内容范围是前提；而知识属性的厘定和掌握水平的确定又不是孤立的过程，而必然是相互交叉、结合进行的。对于应用型人才培养来说，势必要求课程大纲或课程内容充分考虑适应学以致用的特点，提供面向职业生涯的、以应用为本的课程。我们所要做的就是在不破坏学科知识体系的情况下，面向职业生涯、面向实际需要、面向就业市场，也就是适应经济社会发展的要求。就课程大纲而言，课程目标和基本要求以及教学内容范围就要据此制订和取舍。也就是说，哪些必须讲，哪些可以不讲；哪些讲得多，哪些可以少讲；掌握水平要求到什么程度，则都需要依据学科知识体系、知识属性的厘定和职业生涯、实际需要、就业市场几方面加以确定。这是一项艰苦细致的工作，但这也许也是破解课程内容多、学时紧、不及格率高的出路之一，也是培养应用型人才的需要。

解决好以下问题：课堂教学的实践性、课程实践环节与授课过程相结合、学习实践项目的筹划与实施、校内外人才培养基地或职业培训基地的建设、与社会和企业的密切关系以及毕业设计工作内容涵盖的拓展与延伸等。

达尔文认为最有价值的知识是关于方法的知识。而大学中的许多人对教学方法的重视是不够的，或者是简单化的，低估了教学方法的价值与作用。这也是值得赞赏并采用刁维国[52]的研究结论，将操作程序作为人才培养模式五大构成要素之一的原因所在。不认识"教学本质是实现一种对话"，不改进我们的教学。对于我们而言，应认识到培养应用型人才不是标准化教育，生源质量大不如前，所以才不得不降低水准与要求的无奈之举。在政策上，减法通常是不好做的，那便可以先做、多做加法，也可以通过设立"创新试验区"的培养办法的改革和实行。人才培养模式创新试验区建设工作就是人才培养模式跨学科综合性改革项目的有效措施。北京信息科技大学申报成功的"应用型人才培养模式创新试验区"就是不失时机地抓住了北京市所提供的这一机遇。有这样的平台与环境，应用型人才培养模式的创新和改革必将会得到进一步的推进和深化。

为了切实将应用型人才培养模式落实到各个专业，尤其是各门课程和教学环节中去，克服运作逻辑上存在的脱节现象，我们必须培养和造就一支适应应用型人才培养需要的、"懂教育、通实践"的教师队伍。

所谓"懂教育、通实践"，就是他们不但要成为学术水平高的"学者"，而且要成为教育理论素养和培养水平高的"教师"；不但精通学科理论与专业知识，而且具有较强的工程实践能力和丰富的实践经验；不但要做好应用型人才培养的教育教学工作，而且要坚持科学研究和社会服务，努力形成三者的最佳平衡。这就要求学校既要重视人才引进和人才选拔，又要重视人才培训；既要重视教师教育技能和实践技能培训，又要重视教育理论学习、教育理念更新和职业道德培训。

广大教师一方面要结合教育教学的实践，主动学习和研究教育基本理论，提高自己的理论意识和理论自觉；一方面要深入企业和社会中去，深入实验室和实训基地中去，要亲自动手，要做到要求学生会做的自己必须首先会做，努力成为不但愿意而且知道如何去培养应用型人才，不但有意识而且有能力去培养应用型人才，真正做到既懂教育又通实践。

应用型人才培养需要国家和学校的政策和资源支持。一是要完善激励教师开展应用型人才培养模式改革试验的政策措施。要采取一系列的政策措施调动和保护广大教师的积极性，调整教师的聘任、奖酬和考核等制度与办法，鼓励教师积极参与多种形式、各个层次的应用型人才培养模式改革试验，不断提高人才培养质量。二是要创造有利于应用型人才培养的学习环境和实践条件。要根据应用型人才培养模式以及改革试验的需要，在当前尽可能地、有意识地改造现有的教室、实验室、实践场所等学习空间，如有条件建设新校区就要在规划建设中予以充分考虑与保证，以创造有利于主动性学习、经验性学习、互动性学习得以实行与实现的学习环境和实践条件。

人才培养模式创新既是高等教育研究的重大理论和实践问题，也是高等教育发展的综合性改革项目。为了培养大量技术型、应用型的优秀人才，需要坚持开展深入扎实的应用型人才培养模式的创新研究和改革试验。按照应用型人才培养的教育目标和培养要求，围绕"教什么"和"怎么教"，在国家和学校政策、资源的强有力支持下，努力培养和造就一支适应应用型人才培养的教师队伍，坚持不懈地开展长期艰苦的，以专业层面为主的，以培养方案和课程大纲为重点的，以课堂教学为辅助的，以人才培养模式创新试验区为平台的，多种形式、各个层次的教育教学改革试验。只要我们静心问思、不辍耕耘，高等教育的"两个不适应"一定会逐步得到解决，应用型人才培养质量一定会逐步得到提高，《规划纲要》所提出的"各类人才辈出、拔尖创新人才不断涌现的局面"一定会逐步形成。

第三章 国内高校创新创业教育存在的问题与改革方案探讨

当今世界，综合国力已经成为衡量一个国家国际地位和话语权的标准，而创新能力是综合国力的重要组成部分。为了在当前时代潮流下提高我国综合国力，增强我国创新能力，我国首次提出了建设创新型国家的目标。而建设创新型国家的主力就是创新型人才，可是由于我国目前的教育水平还比较低，资源投入也比较少，更为主要的是局限于传统的教育理念和思想。因此为了锻炼当代大学生的能力，提高其创新能力和综合素质，缓解我国的就业压力，开展创业教育培训成为各高校必须摆在面前的一个重要任务。

创新创业教育作为培养创新型人才的一个重要渠道是在西方发达国家开始兴起并开展的，我国的创新创业教育近年来缓慢地进行和开展，也在我国的教育领域引起一场重要的改革。从1996年《深化教育改革全面推进素质教育的决定》的颁布，我国政府首次正式对培养大学生的综合素质和创新能力以及创业能力提出了更高的要求，对于创新创业教育的开展也提出了更高的目标。并随后制订了各种措施来保障我国创新创业教育的进行。再到1999年我国首届挑战杯创业设计大赛的开展，使得创新创业的思想正式在我国各大高校开始传播。自此以后，我国高校对于创新创业教育的开展越发重视，相关的课程和实践机会也逐步地在高校中推广，并且专业的创新创业教育书籍和教师也在逐步编辑与培养。大多数高校都在校内设置了创业基地，对于高校学生所提出的有潜力的创业项目提供了场地和适当的资金支持，并且政府也对大学生创业加大了支持力度，对于大学生的创业项目在审核上也是适当放宽，并提供支持。这些情况肯定了我国近年来在创新创业教育方面的成果。

高校必须在学生的日常生活中加强创新创业教育理念的推广和传播，要加强在校园文化塑造过程中对于创新创业教育文化的塑造。并且要积极地开展校园文化活动，为创新创业教育的开展和推广提供平台，要通过创业讲座、创业培训、创业团队培养和创新创业的开展等各种渠道对校园创新创业教育进行宣传，加强高校学生对于创新创业教育的认知。同时对高校学生平时的空闲时间也可以适当的鼓励其开展一些创业知识学习，对于一些成功的创业项目可以请其操作者讲授成功经验，要通过各种措施和手段加强校园文化氛围的塑造。

创新创业教育作为一个新型的教育理念，可能对于很大一部分人都是比较陌生的，从而被传统观念所局限而对于创业望而却步。这就需要政府部门和高校对于创业观念的宣传以及创业活动的支持。高校学生对于创业的畏惧一方面是由于传统观念的束缚和对创业经验的缺乏；另一方面则是由于学生经济能力的局限。这就需要政府和高校一方面要积极开展相关的创新创业教育理念的传播，加强高校学生对于创业知识的学习和创业思想的培养；另一方面也要对于高校学生的创业提供支持和帮助，从场地到资金和相关创业问题的指导都要适当地提供帮助。提高高校学生的创业热情，加快我国创新创业教育的发展和进步。

目前，我国高校的创新创业教育还缺乏比较完善的体系，对于学生的创业教育方法缺乏创新，使得学生没有办法充分吸收创业教育中的知识。所以创业教育的教师必须创新教学的方法和理念，不仅要开展传统的课堂教育，同时还要加强学生的实践教育，让学生在学习创业理论的同时还要增加创业经验。要通过合作学习和团队学习，让学生在实践中学习创业经验，验证创业知识。同时要加强学校创业基地的建设，积极与校外企业合作，加强学生的见识，扩宽学生的思维。还要加强创业教育专业教师的培养，通过教学到实践再到教学的循环体系，健全创新创业教育体系，为我国创新创业教育的推广和发展提供支持。

　　我国的创新创业教育在短短十几年中取得了很大的成就，这都得益于我国政府的大力支持和高校的重视，然而在创新能力越来越重要的今天，我国政府和高校必须加强对创新创业教育的重视和支持力度，高校必须塑造有利于创新创业教育发展的校园文化氛围，加强相关的理念教育，完善创新创业教育体系，为我国高校学生综合素质的提高和创新能力的加强提供保障。

第一节　国内高校创新创业教育的问题与出路

一、国内高校创新创业教育存在的问题

　　创业教育比较具有代表性的定义是指通过培养人的创业意识、创业思维和创业技能等各种综合素质，最终使被教育者拥有一定创业能力的教育体系。创新创业教育的要求更高，常被誉为"双创教育"，是指为了适应社会发展和国家的战略规划需要，以培养具有创业意识和开拓型人才为目标产生的一种新的教学理念与模式。大学作为哺育社会英才的重要摇篮，"双创"教育首先应在大学广泛开展。本书认为，大学"双创"教育需重点强调以下两个方面：一是大学"双创"教育的本质并非只是解决就业问题，更重要的目标是培养学生的创业意识与实践能力，塑造学生成为创新型的综合人才。二是大学"双创"教育的范围不仅指在校的本科生、硕士生和博士生，还特指业已毕业几年、志在创业的大学学子。

　　1989 年联合国教科文组织在北京召开面向 21 世纪教育国际研讨会，从这一节点开始，创业教育被誉为"第三本教育护照"逐渐频繁出现在人们的视野。几十年来，各个大学不断整合校内外的丰富资源，改进教育方向，积极推动"双创"教育健康发展。"双创"教育活动从起初局限于国内的二流、三流大学，以提高毕业生就业率为目标的狭隘的就业活动逐步转化为涵盖国内重点大学在内的，对学生创新创业意识进行综合培养的全面教育活动。当前我

国各个大学的"双创"教育活动势如破竹，已取得诸多成就，但其基础仍较薄弱，主要存在以下需要解决的问题。

1. 社会和学校对大学生创新创业教育认知不足

在中国传统的就业观念中，大家自觉与不自觉地会有"四平八稳"与"稳定压倒一切"的观念，而对于初出大学校门的大学生来讲，基于家庭的压力和自我认知的保守，就业心理则更加趋于保守。在这样的一种大环境之下，提倡培养大学生的创新创业意识存在一定的困难。还有很多地方高校，不管是学校还是家长，大家都还在认为，大学生创新创业教育只是大学生就业指导工作的一部分。大家对创新创业教育的关注和认知程度不高，仅仅只是把它简单作为一门课程，把有关创业的理论知识教授给学生，在其广度与深度上有明显的欠缺。

创业教育的全方位发展是不可能一蹴而就的，它受到许多因素的综合干扰。首先，政府与大学对创业教育的政策支持力度不够，表现为针对已毕业学生创业政策的可操作性不强，宣传力度不够，同时也缺乏针对在校学生创业的政策措施；其次，创业资金短缺，大学、政府等机构设立的创业基金非常有限，解决不了学生创业的资金需求；最后，创业园设施不健全，创业园的场地、运营模式、管理制度等方面发展受限，制约了学生创业实践和项目成果的成功转化。

2. 创新创业教育课程体系不够完善

大多数地方高校的大学生创新创业教育课程设置比较零乱，往往就以一门课程为主，有的学校将其设为公共基础课，有的学校将其设为通识课程，还有的学校将其设为选修课，大家各自为政的情况严重，没有统一的课程体系，这就给大学生创新创业教育的开展和普及带来了很大的局限性。在教材的选择上，也只是根据任课教师自身对该课程的认知，选择一些模拟公司创新创业实训的教材，如国际劳工组织。尽管这些教材是根据发达国家的大学生创新创业教育发展情况编写的，有一定的阅读价值，但是与中国的具体国情还是存在一定的差异的。

创新创业教育的课程设置有待改善。本书通过调查研究国内十所普通大学的"双创"教育课程，发现国内大学大多借鉴国外重点大学的课程设计，课程涉及企业设立、投融资、营销、管理等诸多方面，重点包括"创业基础""创业机会识别""企业领导力"等课程。图3-1所示为我国十所普通大学的创业教育课程统计。

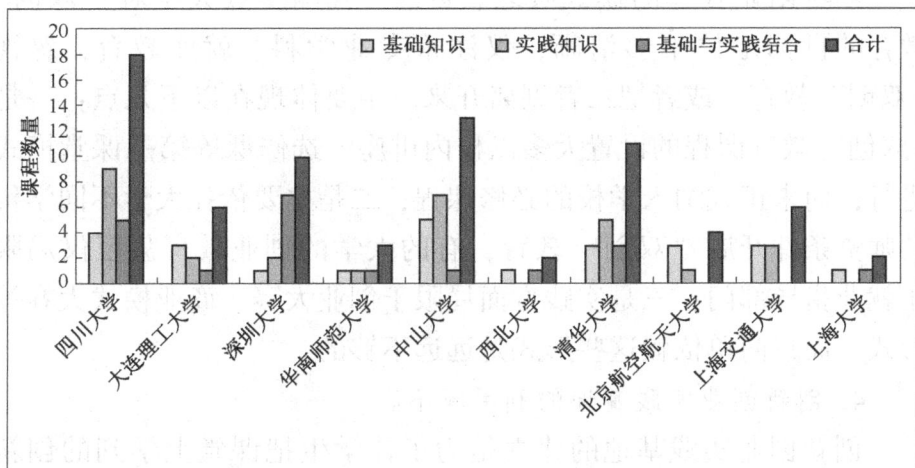

图3-1　我国十所普通大学的创业教育课程统计

从图3-1中可以看出，当前我国大学"双创"教育课程的开发和设计处于零散状态，数量有限。不同学科之间的创业课程缺乏渗透，基础课程和实践课程相结合的大学数量很少，即使有开设相关课程，课程的数量也屈指可数。调查还发现以下问题：一是课程设计缺乏创业教育方面的统一教材，无法适应创业教育可持续发展的需要；二是创业教育的课程并未体现梯度式设计，尚不能满足不同专业背景、高低年级学生创业的知识需要。

3. 创新创业教育的开展形式大于内容

国内高校创新创业教育的发展从开始到现在，已经经历了十多年的时间。在此期间，上至名牌重点大学，下到各个地方高校，都在积极响应教育部的号召，纷纷在大学课程中加设了创新创业教育的有关课程。但是，就教育的整体来看，创新创业教育学科到目前为止，还没有真正确立，它的存在与专业教育相分离。与此同时，相应的教育资源也比较缺乏，授课教师的资格没有明确规定，教学手段也相对单一。从目前各高校开设的情况来看，关于创新创业教育的研究多以定性的理论分析和对策建议为主，缺乏广泛调研基础上的实证研究。

创新创业教育的模式匮乏。目前，我国多数大学对"双创"教育的目标定位不够清晰，仅注重专业学科、就业教育，忽视"双创"教育，或者把二者剥离开来。主要体现在以下几点：一是"双创"教育课程的设置大多以校内讲座、选修课等第二课堂模式进行，尚未正式纳入学校的必修课程；二是主要依托大学不同学科的师资条件开展"双创"教育，有的大学的创业教育甚至仅局限于就业指导部门；三是实践方面局限于创业大赛、商业模式大赛等形式，而只简单依赖这些形式是远远不够的。

4. 创新创业实践基地的利用率不高

创新创业实践基地的建立是为了让学生把课堂上学到的创新创业理论知识应用到实践中，但是由于各高校对大学生创新创业教育的认知与重视程度有所不同，以及受到大学生创新创业教育资金和相关扶持政策等因素的限制，使得一些高校的大学生创新创业实践基地太过于形式化，大学生的实际实践时间安排得很少，或者仅仅只是将实践基地作为参观了解之用，使得学生在学校所学到的知识很难用到。久而久之，大学生创新创业实践基地的形式化趋势日益明显。相比较于国内，国外高等院校创新创业教育已经发展得比较成熟，各院校各有特色，自成一套系统，并且取得了良好的教育成果。诸如在美国，他们的创新教育强调了学校在培养学生全面发展的同时，应更注重开发学生的个性、原创精神和创新能力。在英国，他们的创新创业教育采取导师制，导师在引导学生创新创业时十分重视培养学生的自学能力、动手能力和创新能力。作为全球最著名的从事创新创业管理教育及研究的最高学府——百森商学院，其创新创业的教育理念在创业学领域一直处于领先的地位。

5. 创新创业教育的师资不足

近些年来，我国大学师资力量虽然已明显改善教育发展的瓶颈，但当前师资不足、质量不高等问题仍制约大学"双创"。我国大学教授创业教育课程大多是从事经济、管理教学工作或者是负责指导学生就业工作的就业办教师，这些教师从未有过创业的实践经历，又缺乏系统的创业理论培训，在教授课程时难以系统性地向学生传授丰富的实践经验，带动学生的创业热情。此外，师资的范围也比较窄。部分大学会邀请风投、企业高管、杰出校友等成功人士以召开讲座等形式来校与学生互动，普及创业知识。但仍有许多大学并未邀请企业家指导学生项目，或大学所邀请的企业家们由于缺乏教学经验，教学效果不甚明显。

6. 创新创业教育评估模式需要改进

"双创"教育评估是"双创"教育不可缺少的关键环节，但也是最容易被忽视的环节，大多数大学尚未建立起独立的创业教育评估体系。目前，我国大学关于创业教育的评价标准存在两方面的问题：一是对于学生而言，大学还是以企业是否成功创办或企业是否盈利为评判标准；二是对于教师而言，大学和政府没有区分创业教师与传统教师的评价机制，相同的评价机制使得创业教师不能集中注意力于创业的实践研究，反而耗费大量的精力于学校内部的传统评价机制，例如，课题研究、教学项目、绩效考核等，不利于建设复合化的教师队伍。

通过国外高校的创新创业经验，我们可以看到，要想提升国内高校的创新创业教育水平，光靠国家教育部门的政策保障是远远不够的，必须不断地学习国外的先进经验，强化、完善适合国内国情的创新创业教育体系，形成完整的创新创业教育学科，将创新创业教育置于与思想品德教育、文化素质教育同等重要的地位。与此同时，还需要在创新创业教育的课程教学模式和教育资源上下功夫，改变传统的教师讲、学生听的教学模式，充分利用创新创业实践基地，让学生可以将理论应用于实践，通过案例教学、师生互动、角色模拟等方式，多角度、多方式地开展创新创业教育活动。只有这样，才能真正让学生了解和体会创新创业的实质。最后不得不提的就是，创新创业教育的最终落脚点在学生，只有学生接受了创新创业观念，并勇于去实践创新创业，才能说创新创业教育起到了实际的效果。每一个学生的背后都有一个家庭，家庭的支持是学生实践创新创业的最有力保障。

大学生对创新创业教育的认知度较高，创新创业意愿较高，创业价值取向差异较大，大学生对创新创业教育的理解与认知是影响创新创业教育的主观因素，只有大学生对创新创业教育具有较高的认同感和正确的价值取向，大学创新创业教育才能取得较好的实施效果。本书设计了两个题项作为大学生对创新创业教育的理解与认知的观测点。

（1）大学生对创新创业的认知度和价值取向，选择"根据个人兴趣做事情"的学生最多，超过半数，占总人数的68.2%，选择"创办企业"的占19.5%，选择"开创性工作"的占10.4%，选择"科技发明及科学研究"的占1.8%，选择"不了解"的仅占0.1%。这表明大学生对创新创业有较高的认知度，但是对创新创业的价值取向不同，大学生不仅仅把创新创业简单地理解为创办企业和开创性工作，更多的认为是根据个人兴趣做事情，体现了大学生职业选择的个性化趋向。只有根据个人的兴趣做事情才能做出更多开创性的工作，乔布斯、比尔·盖茨这些改变人类社会工作生活方式的创新大师无不是将工作和兴趣有机地结合，这是企业家精神和创新创业精神的体现。所以，大学如何有效地识别、引导和培养学生的个人兴趣，并围绕学生的个人兴趣提升学生素质是创新创业教育的核心问题。

（2）大学生的创新创业意愿，选择"有想法，视情况而定"的学生占总人数的 85.6%，选择"准备创业"的占 9.2%，选择"不打算创业"的占 5.2%。从调查结果和访谈结果来看，多数大学生对创新创业只是停留在感兴趣和观望的阶段，并无实质的创新创业行为，毕业后直接创业的人数较少，创业成功的人数更少。大学生想创业的原因在于，一方面近年来的政府部门和教育主管部门高度重视大学创新创业教育，出台各种政策措施鼓励和引导高校开展创新创业教育，高校将创新创业教育与专业教育共同推进，大学生很容易接触和学习到创新创业知识；另一方面逐年增加的大学毕业生数量和有限的就业市场需求矛盾，使得创新创业成为解决就业的有效途径，同时，以互联网为代表的新经济又为创新创业提供很多新机会，使得多数大学生的创新创业具备了可能性。但是，真正实施创新创业还需要现实的可行性，大学生创新创业不仅需要理论知识和现实机会，还要受到政策、资金等外界环境和价值观、经验、勇气等自身条件的限制。因此，由于支持小微初创企业发展的政策、金融和法律的不完善，中国传统文化中保守的价值观使得大学生既缺乏冒险精神，又缺乏实践经验，使得有创新创业想法的大学生多，但是准备创业的人少。

创新创业教育的受重视程度不够，没有得到与专业教育的同等地位、师资缺乏、课程体系不健全、政策不到位等问题是大学开展创新创业教育的主要障碍。学校的重视是创新创业教育实施的先决条件，对"学校对创新创业教育的重视程度"问题的调查结果显示，选择"不重视"的占 55.2%，选择"一般"的占 20.4%，选择"重视"的占 24.4%。结合访谈过程发现，目前多数高校还没有成立专门的创新创业教育机构，创新创业教育的实施多为分散的、非系统化的形式，创新创业教育在大学生中的覆盖面不足。分析其原因，我们认为从大学层面来看对创新创业教育的重视毋庸置疑，但是由于创新创业教育的开展仅有十几年的时间，很多大学更是刚刚引入，处于摸索阶段和试探阶段，可以借鉴的成熟经验不多。因此就导致调查中出现的学生认为高校对创新创业教育不够重视的情况。

对"学校采用的创新创业教育形式"问题的调查结果显示，选择"开设选修课程"的占 27.2%，选择"开设专业课程"的占 20.1%，选择"成立创新创业教育指导机构"的占 18.8%，选择"建立创新创业实践基地"的占 15.5%，选择"开展创新创业教育讲座"的占 63.1%。访谈中发现，目前创新创业教育在大学教育中的学科地位呈边缘化现象，创新创业教育与专业教育结合不够紧密，独立设置的创新创业教育课程较少，且与专业课程关系不大，大学最为普遍的创新创业教育形式是开展各种讲座和创新创业竞赛，其着眼点是加强创新创业的技能训练，学生对创新创业理论知识的学习不足。另外，大学创新创业教育机构和实践基地很多没有落到实处，没有发挥应有的作用和效果。

在对"学校开展创新创业教育中存在的主要障碍"的访谈过程中我们发现，首先是师资问题最为突出，主要表现在创新创业教育师资的数量严重不足，知识结构难以适应创新创业教育多学科性质的要求，师资的整合和统一组织协调不够，成为制约大学创新创业人才培养最为重要的制约因素。其次是缺乏系统的、可操作性强的课程体系和相应的课程评估机制，现有专业课程教学对创新创业理念的融入不足，理论课程与实践课程结合得不好，缺乏本土化优质适用的教材和先进的教学方法。最后是政策不到位，现有国家出台的各种创新创业教育政策多为宏观层面的建议，缺乏操作层面的具体指导，各高校在具体执行中的标准不统一。

大学生对创新创业教育方式的需求呈现多样化，与创新创业实践相关的活动最受青睐。大学生对创新创业教育方式的需求是高校设计创新创业教育模式和方案的基础，只有满足学生需求的创新创业教育模式才能够受到学生的欢迎，才能避免流于形式，达到实施创新创业教育的目的。对"学校应提供哪些方式支持大学生创新创业"问题的调查结果显示，学生的选择比例最大的是"建立创业实践基地"，占 75.2%，其次是"开设创新创业教育课程""提供资金支持""政策支持"等。对"希望获得创新创业知识和技能的途径"问题的调查结果显示，选择人数最多的是"到企业亲身实践"，占76.6%，其次是参加"创业计划大赛"，占47.3%，最后是"通过课程学习""向企业家求教"等。对"创新创业课程应该包含哪些内容"问题的调查结果显示，大多数大学生认为"个性化的创新创业指导"最为有效，占总人数的75.1%，然后依次为创业者亲身示范、创业模拟分析、创业案例分析、创新创业理论等。

由此可见，大学生对创新创业教育的需求呈现出多样化趋势，但是创新创业实践训练是大学生认为在教育过程中最应该受到重视的。大学生创新创业不是仅仅依靠理论的指导，大学生在创新创业的过程中缺乏的往往不是专业理论知识而是实践经验。因此，学校的创新创业教育更应该注重培养学生的动手能力、组织能力、心理承受能力与团队合作精神。但是，实践性课程设计难度要远远高于理论性课程，访谈中也发现，高校本身也认识到创新创业教育应更加注重实践性，问题在于缺少成功的教学方法和手段可供借鉴，师资不足，资金、设施、教学环境的限制使得创新创业教育实践体系还十分不完善，达不到预期效果。因此，在逐步完善创新创业教育理论与专业教学有效融合的基础上，应重点研究如何建立一套系统化、可操作性强的创新创业教育实践教学体系。

大学生的创新创业愿望和行为受到创新创业环境的影响较大，政府、社会组织和大学等多方主体需要营造良好的创新创业环境。创新创业环境是影响大学生创新创业行为的客观因素，包括创新创业的文化氛围、创新创业的平台、创新创业的政策机制等，而营造良好的创新创业环境不仅仅是高校的职责，还需要政府、社会组织和大学的共同参与。对"创新创业环境中哪一主体最为重要"问题进行调查的结果显示，选择"政府"的学生占37.9%，选择"社会组织"的学生占27.8%，选择"大学"的学生占26.5%，选择"其他"的学生占7.8%。这一结果也充分反映了不同主体在构建创新创业环境中的重要性排序，政府的职责在于出台各种政策、法案等，完善创新创业的政策环境，保护和鼓励创新创业行为，引导创新创业的方向；社会组织的职责在于在金融、咨询、中介等方面构建创新创业的微观环境，保证创新创业行为能够有效实施；大学的职责在于通过培育崇尚创新的文化氛围、构建课程体系、搭建创新创业实训平台等来构建创新创业的学习环境，培养大学生的创新创业意识和能力。

因此，不同主体在构建创新创业环境中发挥不同的作用，需要各方共同参与来构筑完善的创新创业环境，保证大学创新创业教育能够落到实处，从传播创新创业知识到实现创新创业行为。在访谈过程中发现，多数大学生认为创新创业愿望和行为受创新创业环境的影响较大，普遍认为创新创业教育受到政府、社会和高校的广泛重视，但是目前我国各种支持创新创业的政策、法律、金融、咨询、中介等环境条件有待进一步完善，是否进行创业有待于对创新创业环境的评估。

二、制约国内高校创新创业教育发展的因素

1. 创新创业教育的学科定位模糊

创新创业教育在大学教育中的学科地位呈边缘化现象，绝大多数高校没有把创新创业教育作为高等教育主流教育体系中的一部分，将其包含于技术经济学科或企业管理学科，这使得诸多高校对创新创业教育的学科定位模糊。一方面，高校普遍存在功利性创新创业教育观念，将创新创业教育当成是企业家速成教育，教育管理者也大都认为创新创业教育是针对少数大学生的创业实践和就业行为，很难真正理解其人才素质培养价值，因而绝大多数高校没有在教学层面实施创新创业教育，并将其纳入学校的人才培养规划。另一方面，将创新创业教育仅仅局限于技术创新，忽略了创意型创业与社会创新，从某种意义上讲，社会意识创新、思想观念创新更为重要。

2. 创新创业教育的执行与专业教育体系相分离

目前，多数高校尚未将创新创业教育纳入专业教育的人才培养体系之中，仅限于操作层面和技能层面。高校的创新创业教育普遍与专业教育分离，独立设置的创新创业教育课程与专业学习关系不大，其着眼点依旧是创业技能训练。创新创业教育一般都没有被纳入学校的学科建设规划、人才培养目标、师生激励导向、质量评价体系之中。另外，我国的创业学研究尚处于起步阶段，创业学科建设不完善，创新创业教育课程设置的随意性较大，与专业教育体系的结合度不够。而创新创业教育绝不能脱离知识教育和专业教育而孤立的进行，也不是二者的简单叠加，它应是一种多层次的教育形式。创新创业教育要以专业教育为载体，在专业教育和学科教学中渗透创新创业教育理念，根据创新创业教育的目标设置课程内容，形成一个系统化的课程体系，着力培养学生的创新精神和人文素质，以及未来创业所需的知识和能力。

3. 创新创业教育的资源与手段缺失

资源与手段缺失严重制约了高校创新创业教育的开展，这主要体现在师资、教材、资金以及教学方法方面。师资是创新创业教育的关键要素，创新创业教育的特点决定了创新创业教育教师既要有广博的理论知识，又要有丰富的社会阅历和一定的创业经验。而我国高校创新创业教育教师队伍数量严重不足，知识结构不能满足创新创业教育多学科性质的要求，同时，师资缺乏整合和统一组织协调。而教材选择方面存在较大的局限性，国外已经开发出一些适用于创新创业教育的优质教材，而我国缺乏本土化的优质教材，已开展的创新创业教育课程的教材选用随意性较大，缺乏系统性和科学性。从创新创业教育的手段来看，多数高校采取创业计划大赛、创业报告等临时性的安排，规范的课堂教学模式和实践环节比较欠缺，加之资金、场地等条件的局限，使得创新创业教育局限于少数学生，带有较强的精英教育色彩，难以达到创新创业教育的目的。

4. 校园创新创业文化氛围的缺乏

由于我国的基础教育对于学生的综合素质的培养欠缺，导致了我国的高校学生在刚刚迈入高校后一时间无所事事，漫无目的。习惯于每天试卷习题和从早到晚课程的他们，在宽松的高校环境中觉得迷茫。而我国的大多数高校由于缺乏对校园文化氛围的塑造，对于创新创业教育理念的推广和传播缺乏足够的力度，也使得我国的高校学生中有很多人甚至毕业时对于创新创业教育的认知都不是很清晰。校园文化其实是影响一个学生世界观、人生观、价值观的重要因素，他们步入高校校园的年龄是其塑造世界观、人生观、价值观的人生阶段，这个时候校园文化氛围对他们的影响是至关重要的。由于高校教育的特殊性，高校学生在日常学习生活中有着大量的空闲时间，因此校园文化氛围将影响着他们在空闲时间的行为，对于创新创业教育的推广而言，这正是高校所遗漏的地方。

5. 创新创业教育受到传统的就业思想的束缚

虽然我国近些年来对于创业教育理念的推广力度逐渐加强，但是由于我国的现实国情和传统思想以及部分家庭的条件束缚，我国仍然存在着很大一部分的家庭和公民对于高校学生创业存在着很大的顾虑。在他们的观念中就业的渠道就是找工作，通过政府或者企业的笔试、面试获得一份工作，而对于创业则几乎没有想法。这对于我国创新创业教育的推广和进一步发展来说是一个很大的阻碍。另外，高校学生的经济能力的局限和创业经验的缺乏也是创新创业教育开展不顺利的一个重要原因。

6. 高校教育体系中对于创新创业教育还缺乏完善的体系

我国目前的高校教育中，对于专业的创业教育教师的培养还有所欠缺。同时创业教育教学的方法和理念也比较落后，大多数的创业教育还只是停留在理论阶段，高校学生缺乏创业实践和见识，对于创业的认知不足，并且对于创业知识的学习也没有充分吸收到相关知识，自然对于创业也缺乏足够的自信和经验，也是导致创新创业教育开展不足的一大重要因素。

我国创新创业教育虽然取得了一定的成绩，但整体还处于起步阶段，大学生创新创业能力远未达到国家人才战略的要求，其对实现创新型国家目标的作用还非常有限。多数高等院校创新创业教育仍处于空缺状态或者流于形式，为了完成教学任务而走过场，甚至"名存实亡"。究其原因，可以归纳为以下几点。

（1）教育理念滞后，功利化、简单化教育倾向严重，培养目标不清。目前我国创新创业教育功利化、简单化倾向严重，误认为创新创业是未就业大学生的一种无奈之举，把大学生创新创业等同于摆地摊式的活动；误认为创新创业教育是学工部门、招生就业部门的工作，把创新创业教育简化为就业培训和岗前培训。

（2）教育模式落后。有学者把我国高校创业教育的模式归纳为三种：课堂式创业教育、实践式创业教育和综合式创业教育。实际上，这三种教育模式并没有截然区分开来，我国大学生创新创业教育模式仍然是传统的应试教育模式的延续和翻版。在传统教育模式下，采用"填鸭式"教学，学生被动地接受知识，谈不上学生自主学习能力、实践能力和创新能力的培养。当下的创新创业教育也仍然是以考试为考核方法，以灌输知识为手段，以教师、课堂、教材"二中心"为特征，知行分离。

（3）创新创业教育师资力量缺乏。高素质的师资队伍是大学生创业教育的关键和基石。但是，既懂得创新创业理论又有创新创业实践经验的优秀教师非常缺乏，这成为制约我国创新创业教育发展的瓶颈。

（4）创业教育方法落后。我国传统创业教育方法仍然是"教师讲、学生听、满堂灌、照单收"，这种以课堂教学为主的"单向灌输"的教学方式已远远不能满足创新创业教育的需要。

三、国内高校创新创业教育改革的方向

国外发达国家创新创业的活跃与其教育制度密不可分，而其创新创业教育的高度发达根源于其健全的教育机制。结合国内外创新创业教育的实践经验，我国创新创业教育应当从以下几方面进行改革。

1. 从教育理念改起

教育理念是教育的核心，它决定了教育的发展方向。虽然各国对创新创业教育的概念和内涵仍然存在着分歧与争论，但从各国开展的创新创业教育实践来看，创新创业教育无不是以培育具有创新创业品质的人才为主要目标，塑造大学生创新创业人格是创新创业教育的根本，这也是创新创业教育基本规律和经济发展的客观需求。我国的创新创业教育萌发于日益严峻的就业形势下，更多的是作为缓解就业压力的权宜之计，高等院校甚至简化为就业培训处，读书就是为了考试、拿学位、找工作，创新创业教育是"业余教育""精英教育"，创新创业学科尚未完全建立。但是，在新时代特征越来越明显的今天，我国大力发展创新创业教育具有必要性、紧迫性。因此，要把创新创业教育作为素质教育的深化，起始于小学教育并贯穿于正规教育的始终，形成大众化教育。同时转变明确创新创业的学科地位，使高校从"知识传承型"转向"知识创造型"，从"就业教育"转向"创业教育"，从而使大学成为培养创新创业人才成长的摇篮。

2. 从教育模式改起

我国高等院校如何构建科学合理的创新创业教育模式，培养出社会发展需要的创新型人才，是当前高等教育改革的一个重大课题。创新创业型人才的培养，除了需要明确的目标导向，健全的培养机制外，更需要科学的培养模式。教育模式不但决定了人才培养目标能否如期实现，而且决定了课程体系和教学方法的改革成功与否，同时还决定了实践教学体系、教学资源开发以及社会支持体系的建设走向。在美国，创新创业教育始于学习的起始阶段，涵盖了从小学、中学直到大学、研究生的全程教育；在法国，从中学开始就不断地把创新创业教育的理念融入课堂中；在日本，创新创业教育从孩子几岁时就开始筹划实施。

我国大学生创新创业教育应以塑造大学生创新创业人格为目的，坚持"创造本位"，以学生为主体，以能力为导向，区别于单纯的技能教育和知识教育，着重培养学生的创新意识、创造精神、创业能力和创优品格。通过创业特质教育、创业知识教育、创业技能教育，培养具有创新意识、创造精神、创业能力和创优品质的大学生。

高校创新创业教育教师应具有学术性和专业实践性两大主要特质，即要具有开拓创新精神、健全的综合知识结构、熟练的专业技能以及较强的实践操作示范能力，并能善于捕捉和挖掘学生的创业潜质。在新形势下，创新创业教育要求教师走出课堂，走进社会，搜集案例资源，丰富教师自身的实践动手能力，提高教学质量、工作效率和组织管理能力。

在教学原则方面，要遵循引导性、实践性、系统性、开放性、成果可转化性等教育教学原则。在创新创业教育中要启迪学生进行创新思维，引导学生在实践中学习，利用现代化的教学手段，拓展教学时空，开阔学生的视野，培养学生的独创性和开拓性，激发学生的批判性思维和发散性思维。在教学内容方面，市场经济下大学教育培养多样化人才的目标和因材施教的个性化教学方法，都要求创新创业教育的课程设置要突破传统的固定的统一模式，要求改变传统教学内容、课程设置过分偏重知识的系统性和完整性而忽视应用性的弊端。高校总体上应该在面向社会实际、强调学科交叉、重视能力培养、加强实践环节、培养团队精神、训练系统思考和创新能力等方面努力。所以，创新创业教育课程的具体设计既要满足"宽口径、厚基础"的要求，又要符合"分流培养"原则。

在教学方法方面，充分激发学生成长成才的内在主动性，培养学生创新创业的思想独立性，提高教师对学生成才的主动关注，提高学校办学资源的优化配置。这要求改变我国传统的以教师为主体单一传授知识，教师以教材和课堂讲授为中心的教学方法，力求把教师变成推动学生独立思考的助手，把教材变成学生焕发兴趣的工具，把课堂变成学生开发自我潜能的舞台，调动学生的主动性和创造性。以创新创业实际过程与问题为导向，以课堂外的实践教学和传授创业隐性知识为主，进行启发式、互动式教学，由"单向灌输"知识为主转为"双向交流"，因材施教，个性化教学，促使学生发散思维。在考核机制方面，一方面要求改革对教师的考核，改变传统以课时为考核的方式，实行弹性教学；另一方面要求摒弃传统考核"死记硬背"的弊端，实行灵活学分制、社会实践及实验课程成绩特殊认定等方式。

3. 从教育环境改起

优良的软环境对于创新创业极为重要，包括健全的国家和地方法律政策、浓厚的创新创业人文环境等。尤其是在我国创新创业文化氛围尚不浓厚的背景下，加强创新创业宣传，完善相关法律法规，加大创新创业的支持力度，为创新创业营造良好的社会环境氛围，培育肥沃的社会土壤，进一步唤醒师生的创新创业意识，激发教师实施创新创业教育的热情，非常迫切。在国家、地方现有的创业优惠政策的基础上，应再提供一些优惠便利条件，为创新创业型人才开通"服务直通车"。

另外，大学生创新创业教育离不开企业的支持，尤其是实践性教学更应该在企业的合作下完成。企业在接收学生进行实践教学，为学校提供兼职教师，共同培养创新创业型人才方面起着至关重要的作用。应优化现在已经建立的创新创业示范园，建立创业孵化基地，搭建校企合作平台，建立稳定的实践教学基地，建"就业踏板"，搭"创业平台"。

2014年教育部发布《关于做好2015年全国普通高等学校毕业生就业创业工作的通知》，要求各高校要将创新创业教育贯穿人才培养的全过程，提出要建立弹性学制，允许在校学生休学创业。2015年全国人大会上，李克强在政府工作报告中将大众创业、万众创新列为我国经济增长的"双引擎"之一。2015年3月11日，国务院办公厅印发《关于发展众创空间推进大众创新创业的指导意见》，其中明确提出鼓励科技人员和大学生创业。当前，创新创业教育已经成为经济增长的引擎之一，成为推进高等教育综合改革的重要工具，在各大学全面展开创新创业教育，对于促进高等教育的健康发展、经济进步与社会就业具有重大的现实意义。

四、国内高校创新创业教育改革的方略

前面皆就高校创新创业教育改革的方向而言，具体的改革措施和方略，这里以清华大学深圳研究生院 i-Space 创业平台的"大学—政府—企业"创新创业教育生态网模式为例，予以阐释说明。

"大学—政府—企业"生态网是指大学、政府和企业三者之中的任一类组织为了自身的生存和持续健康发展，通过信息、人才、资金、政策等资源的充分流动以及举办研讨会、商务洽谈等网络交

流方式与其余两类组织及利益相关的组织和个体共同构成的相互作用、相互影响的社会系统。

清华大学深圳研究生院（以下简称深研院）承继了深圳开拓创新与清华大学"自强不息，厚德载物"的时代精神，与南山区政府合作创建 i-Space 创新创业平台，其在生态网模式方面的发展卓有成效。大学方面，i-Space 依托清华大学浓厚的学术氛围与顶尖的科研优势，全面整合校内外资源，协同创新。具体体现在，深研院率先运用"大学—政府—企业"的生态网模式，引进先进的办学条件、聘用各界优秀的师资力量、出台较为完善的创业规章制度，致力于全面增强学生的创新意识，努力在深圳打造综合性的资源共享与创新创业平台。

政府方面，i-Space 自承建以来，获得深圳市政府、南山区政府在政策、资金、场地等方面的大力支持。政策方面，市政府出台《关于进一步做好我市普通高校毕业生就业创业工作的通知》，鼓励已毕业大学生进行创业。对在市政府认定的孵化器中创业的大学生前三年予以房屋租金补贴，同时实施税费减免、创业补贴、小额贷款、社会保险、行政人事等政策，惠及创业的大学毕业生。资金、场地方面，政府为 i-Space 提供了南山智园的办公地点；并且还将对 i-Space 的产业园区建设、产品孵化等给予大力财政补贴。企业方面，i-Space 创新创业平台的发展离不开企业的积极推动。首先，丰富的企业校友资源是开展"双创"教育的坚实支撑与保障。深研院积极响应国家政策，成功搭建产学研合作平台，组织企业家积极参与学院的科技成果与学生的创业成果转化，不断促进学校与企业、政府间的交流合作；其次，企业也尽力为学生提供风险投资、咨询、项目辅导等服务支持活动，与学生共同促进创业项目落地。综上可见，深研院依托深圳得天独厚的发展优势，在运用生态网模式，推动"双创"教育发展方面投入了巨大的人力、物力，已取得诸多成就。虽仍有少许不尽完善之处，但深研院"双创"教育事业的日益蓬勃发展，足以证明其搭建的"大学—政府—企业"的生态网模式是解决创新创业教育发展问题的有效模式。

生态网模式如何解决创新创业教育的问题？本书通过对大学"双创"教育发展过程中存在问题的系统分析，以及对深研院发展生态网模式解决"双创"教育问题具体实践经验的研讨，认为可以从中借鉴优势，突破瓶颈，在全国范围内运用"大学—政府—企业"的生态网模式，解决"双创"教育发展过程中存在的若干问题。具体的解决策略如图3-2所示。

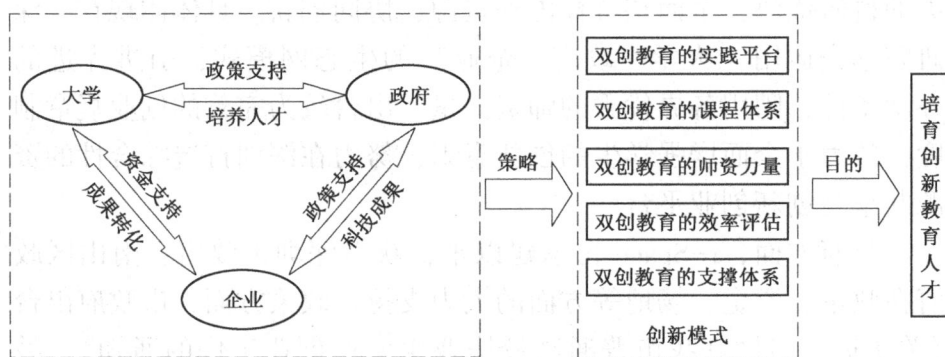

图3-2 生态网模式解决创新创业教育问题的策略

1. 开发优质的创新创业教育课程体系

（1）以培养学生的创新意识和创业能力为核心，对学生的创业理论与实践进行引导、教育和培训。理论层面的课程可以分为两类，一类是开设与创业相关的基础课程，旨在让学生了解国家的创业现状、政策、人员必备的心理素质、未来或遇到的一些困难等。另一类是专业课程，大学已开设众多类型的专业课，毋庸置疑做得比较好。实践层面，开设涵盖如何构思、成立、融资、企业管理等方面的经管类课程。深研院的创业英才班不断开拓创新，开设的风险投资与私募股权、高新技术产品营销导论、企业项目创办与项目管理等课程极具实践性，极大地丰富了学生的创业活动。

（2）将理论课程与实践课程相互融合，开发权威统一的"双创"教育教材。大学要有针对性地将理论融入实践当中，开设相关课程，举办各类型创业活动。深研院在课外活动方面独具一格，曾独立组织中美青年创客大赛、管鹏计划学生创业大赛等比赛活动，受到学生的广泛关注与参与。

（3）梯级性开设不同教育阶段的"双创"教育课程，在专业能力方面各有侧重。清华大学、北京大学深研院等高校为该校研究生量身订制了众多适合创业的实践课程，鼓励学生创业。

2. 建设高素质的师资队伍

雄厚的师资力量是解决"双创"教育问题的关键。首先，各专业教师要做到积极开展"双创"教育方面的理论、案例研究和行业创新实践，不断提升与培养学生创新意识与能力。其次，引入拥有创业背景和实践经历的创业导师为学生进行创业指导。创业英才班、特训营在此方面独树一帜，不时聘请社会知名的风险投资家、高级管理人才、杰出校友等来校担任创业导师，指导学生的实践工作，已成功孵化多项优秀的创业项目。最后，在上述基础工作之上，各大学要定期组织教师开展实操培训与交流活动，检查教师所开设课程与学生实际需求的融合情况，提高教学质量。

3. 制订创新创业教育的质量评估标准

科学、合理的评价体系是生态网模式保障"双创"教育健康运行的屏障。根据"双创"教育存在的系列问题，大学、政府合作制订针对学生和教师的评价规则。对学生而言，应尽量开启侧重于评估学生创业意识与创新精神的评价机制，考查学生在创业机会选择、产品营销、企业管理等方面是否有实质性提高；对教师而言，应有区别地制订传统教师与创业教师的评价规则，驱使创业教师全神贯注于"双创"教育的教学工作之中。

4. 加强创新创业教育的支撑体系建设

支撑体系是生态网模式解决"双创"教育问题的高效助手。首先，创建良好的创业氛围。清华大学在深圳努力营造具有创业氛围的校园文化，先后开启了研究院、研究生院、伯克利深圳学院等校企创新合作的共赢模式，鼓励学生创新创业。其次，拓展大学的经费渠道。生态网模式中企业、政府恰好能弥补大学经费不足的缺口，教师也可凭借自身的教育资源设立自己的创业基金。如企业协助深研院的教师设立创业种子基金，科学转化研发成果，实现技术商品化。最后，加强研究与交流工作。当前应鼓励集聚经济、管理、法律、心理等专业的跨学科视角下的"双创"教育研究；组织各大学教师、专家形成创新创业联盟，不定期进行交流、探讨，推进"双创"教育发展。

实践经验证明，生态网模式的确有助于解决"双创"教育的问题，但仍有不足之处，还需各大学开拓创新，联合政府、企业，继续推进"双创"教育的发展。大学生创新创业能力培养模式的研究与实践，着力培养大学生创新创业能力，已经成为我国在人才培养中的战略性课题。机械学院积极进行实践教学体系改革，创新实践教学模式，构建校内外学生实习实践平台，采用项目教学法、学生管理开放实验室等措施实现对大学生实践能力和创新创业能力的全面培养。

第二节　国内高校创新创业教育改革方案的探讨

推进创新创业教育，要正确把握知识与能力之间的关系，这涉及对知识本质的认识。人类的知识可分为两大类：一类是显性知识；另一类是隐性知识。前者是指能够用语言和图形进行系统化处理的知识；后者是指一种基于经验和直觉以及人的悟性的知识。这种知识只可意会，不可言传，所以也叫意会性知识或默会知识。也就是说，经验类的未经系统处理的意念和意会，也是一种知识。

创新创业教育是素质教育在市场经济条件下向纵深方向发展的时代体现，是以"创新、创造、创业"为核心的素质教育成为可能的现实追求。创新创业教育绝不是一种急功近利的精英教育，而是全员参与、全面覆盖和全程贯穿于整个教育过程的一种素质教育。一方面，创新创业教育以学生创新精神、创业意识与创业能力培养为核心，并以受教育者的首创精神与冒险精神、创业能力和独立工作能力等提升为教育指向，从而使素质教育的时代目标更加具体、更加升华、更加与时俱进；另一方面，素质教育以学生创新精神和实践能力培养为重点，从而使创新创业教育的推进更加具有明确性、更加具有实操性、更加具有创新性。

　　强调创新创业教育与素质教育的充分融合，强调把创新创业作为重要元素融入素质教育，这充分表明创新创业教育在推进素质教育中的战略性作用。创新创业教育的非功利性战略目标，是使受教育者具有创业意识、创业个性心理品质和创业能力，以适应社会的发展和变革，而不再以岗位职业培训为内涵，或以企业家速成为导向。从这个意义上讲，高等院校创新创业教育就不是用简单的大学生创业实体的数量判断，当然也不是用创业项目成功与否的质量评判，而应该是用大学生接受创新创业教育所获得的、以创新能力为核心的综合素质提升和职业精神培育的高等教育人才质量来判断。

　　创新创业教育是专业教育的有机构成，是专业教育在新时代创新性、前瞻性的集中体现，是高等院校深化专业教育教学改革的必然选择。创新创业教育绝不是游离于专业教育之外的技能训练活动，而是寓于专业教育的人才培养方案，包括理论教学与实践教学全过程中的教育教学理念与模式。创新创业教育以学生创新精神、创业意识与创业能力培养为核心，必将促进专业教育及时反映本学科专业领域的前沿知识，及时反映本学科专业与相关交叉学科专业的前沿信息，及时反映本学科专业相关行业、产业发展的前沿成果。建立在通识教育基础上的专业教育，是创新创业教育理论与实践的基础，即专业教育的基础知识与基本理论是学生创新精神、创业意识与创业能力生成的深层根基。强调创新创业教育与专业教育的充分融合，把创新创业作为重要元素融入专业教育，这充分表明创新创业教育在推进专业教育中的战略性作用。

　　因此，我们一定要走出创新创业教育脱离专业教育的误区，使大学生创新精神、创业意识与创业能力的获得根植于专业教育之中。重视对大学生创新精神和创业意识的培养。要调整优化课程体系，强调创新创业教育类课程与专业教育类课程的有机结合。要改革教学方法，突出学生的主体地位，注重学生个性化发展和创新精神的养成。要立足专业教育实际，通过专业教育教学改革推进创新创业教育。要加强创新创业教育实践环节，通过"做中学"使学生更好地掌握创新创业知识与技能。要实现第一课堂与第二课堂的有机结合，防止"第二课堂论"，即认为创新创业教育就是开展第二课堂活动，就是教学生进行发明创造、创办企业，从而避免将创新创业教育简单化、孤立化和狭隘化。

在推进创新创业教育中，需要将创新创业教育理念融入人才培养的全过程，这就要求结合当前的教育教学改革，深化课程体系、教学内容和教学方法的改革。要将创新创业教育纳入教学是适应经济社会发展和高等教育自身发展需要形成的教育理念与实践。在高等院校推进创新创业教育的现实意义在于：①通过创新创业教育更好地推进高等教育自身的改革，提高教育教学质量；②通过创新创业教育的人才培养推进创业型经济发展和创新型国家建设。创新创业教育应面向全体大学生，纳入教学主渠道，结合专业教育，贯穿于人才培养工作的全过程。推进创新创业教育，要正确把握知识与能力、创新创业教育与素质教育、创新创业教育与专业教育以及第一课堂与第二课堂之间的关系，要防止创新、创业、教育三要素之间的割裂与孤立，使创新创业教育成为无源之水、无本之木。

一、国外创新创业教育模式对我国高校的启示

21 世纪全球化浪潮下，新时代已经到来，国际上已经基本达成创新创业型人才是第一战略资源的共识。相关资料显示，世界上90%的科技资源集中在发达国家，发展中国家对科技投入的漠视导致许多专利和知识产权流失，不得不依附于发达国家以推动自身经济。在这种情况下，我国越来越强调培养创新创业型人才。2010年教育部发布了《关于大力推进高等学校创新创业教育和大学生自主创业工作的意见》，要求在高校开展创新创业教育。

推进大学生创新创业教育不仅仅是高校自身发展的客观需求，也是我国经济社会发展对高校教育提出的迫切要求。在在校大学生中有效地开展实践类教育，能培养学生社会实践的兴趣并激发创业的热情，帮助未踏上社会的学生树立正确的社会主义人生观和价值观，促进大学生个性化发展和综合能力的提高。

（一）国外创新创业教育模式及特点

国外高等院校创新创业教育已经发展成熟，各个院校各有自己的特色，自成一套系统，取得了良好的教育成果。其中，百森商学院和斯坦福大学的创新创业教育就非常具有代表性。以下着重介绍百森商学院的"创新创业课程"以及斯坦福大学的"产学研一体化"模式。

1. 百森商学院的"创新创业课程"模式

百森商学院作为全球最著名的创新创业管理教育及研究的最高学府，在创业学领域一直处于领先地位。百森商学院以"强化意识"为主要指导思想，帮助学生在创业过程中提升思维方式、冒险精神、进取心、创造能力以及把握市场变化的洞察能力。百森商学院以培养创业意识为主，通过创新性课程教学、外延拓展计划教学支撑，倡导创新创业精神，具体体现在以下四个方面。

（1）师资力量的优越性。百森商学院拥有40多名教师专门讲授创新创业课程，同时配备有相当数目的创新创业助教及教师和全职教员。学院的师资必须有企业方面的经验，包括风险资本家（创业投资家）、创业家和实业家、新创立企业的高级管理层。这些教师不仅拥有参与创业或者企业高管的亲身经历，同时还需要同企业保持积极的联系，通过争取企业支持，为学生带来更多的模拟实践的机会。这些经历帮助教师在教学过程中引用到具体鲜活的案例，通过真实的案例模拟和研究，帮助培养学生的判断能力和分析能力，在创新创业问题上具有更大的实战应变能力以及创新思维能力。

（2）课程设计方面的前瞻性。百森商学院的教学理念是创新创业教育，这既是一种教学课程，也是一种教育实践。创业教育不能以追求功利为目的，而应当为青年学生注入创业的"遗传代码"，因此百森商学院进行了著名的系统化课程设计，提供切合实际的教学过程。他们战略性地将创新创业教育提上教育改革进程，并开创性地提出创新创业教育模式的改革实践成果。在设计创新创业教学课程结构的时候，百森商学院将创业过程必要的创业意识、创新个性品质、创业核心能力等理念整合到创业的社会知识中，并有机结合科学教育和人文思想教育、智力教育以及社会教育。

在这种整合性课程教育中，学习者仿佛置身于创业的社会背景中，关注创业的同时还了解到与创业相关的经济问题和社会问题。这种教学方式帮助百森商学院从 1967 年开设创业课程以来，一直是该领域的佼佼者。

为适应社会需求，百森商学院为本科学生设计了一套著名的创业实践教学大纲。根据大一至大四本科生不同的需求以及不同的知识掌握能力，学院设计了一套符合学生认知的课程，从浅到深，循序渐进，见表 3-1。

表 3-1　百森商学院本科生创新创业课程

第一年	第二年	第三年	第四年
必修课程	必修课程	必修课程	必修课程
新生创新创业课程体验	加速创业课程	创新创业、企业融资、创业计划、家庭管理机制、风险资本和增值资本	公司创业、创业实战案例研究、创业者营销、战略与结构

（3）课程内容体系的完善性。百森商学院创业课程体系，被誉为全美高等院校创新创业教育与课程的基本范式。早在 20 世纪 90 年代初，百森商学院就设计了一款成功的创业教学课程体系，受到广泛好评。这种全新的创业教学体系是将创业中所需的知识融入创业过程中，使得学员有机会学到创业商机识别、企业成长学、融资与风险等基础知识和实战技能。百森商学院学生的商业课程，要求学生以团队的形式贷款启动一家公司，并且必须返回本金和利息。对那些完成学业后要开办公司的学生来说，创业强化项目是一个具有高度可选择性、高度完整性和非常有实用性的项目。这种培养方式取代了传统的分散的授课方式，将知识融合实践，把原先分离开来的营销管理学、人力资源管理学、财务管理学等，经过整合输送给学员。创业实践环节的内容包括创业计划大赛、创业演讲等，从而获得创业体验。

（4）课程教学方法的探究性。创业教育课程的好坏取决于教学方法是否科学。百森商学院的教授们为了给学生们提供集趣味性与知识性于一体的教学环境，以企业所处的社会生态环境作为切入点，将创业过程中每个细节进行现场教学，使得学生们仿佛置身于创业实践中。在这样一个良好的动态学习过程中，学生不仅会关注创业所需的知识和技能，同时还关注与创业相关的经济问题、社会问题以及其他创业影响因素。根据实践结果，百森商学院采用的"以问题为重心"的教学方式，深受学员的喜爱。学生积极投入创新创业的学习中来。百森商学院课程覆盖情况见表3-2。

表3-2 百森商学院课程覆盖情况

课程性质	课程内容	学生覆盖/%
基础课程	根本整体性创业技能	92
专业课程	创业学科内的特定课程	67
支持课程	一个特定领域的深入了解	63

2. 斯坦福大学的"产学研一体化"模式

斯坦福大学被称为硅谷的"心脏"，在其发展过程中起到了重要的作用。反之，硅谷为斯坦福大学带来了巨大的财政支持，保证进一步基础科研工作的进行。斯坦福大学十分重视实践应用和基础科研之间的相互转换，提出"产学研一体化"模式进行创新创业教育，结合个人能力、专业特长以及相处的社会环境从创业者的角度来规划整个创业系统流程。以下从几方面就斯坦福大学"产学研一体化"模式的特点进行分析。

（1）追求一流的教学与科研成果。斯坦福大学十分重视教学与科研的基础性工作，重视学术研究，并致力于教学与科研的创新。斯坦福大学的教授认为，一流的基础研究是达到一流科学研究成果的基石，而一流的科研成果必定能为推动高新技术发展起到巨大作用。斯坦福大学配备了全球一流的实验设备、教学设备，并聘请各个领域的专家和学者来到斯坦福大学，为其基础性教学和研究共同努力。这一基础性研究吸引了来自美国政府及企业的资金支持，得到快速的发展，涌现出一批又一批具有重要科学意义的教学成果和科研成果。

（2）开放互动式的创新创业教育。斯坦福大学坚持科学研究的开放性。在这里，教授和学生可以自由选择自己的研究问题。斯坦福大学管理层认为，高校通过教学和科研相融合的方式培养出来的学生，对基础知识和技能掌握良好，并能有效完成知识和技术的转化。通过开放互动式的教学和研究方式，斯坦福大学收获的远远大于科学家们的专利发明。开放互动式的创新创业教育包括了多个学科之间的合作交流，将教学和科学研究有机融合，并带动企业，完成产学研一体机制的多方互动，形成一个开放式的、网络式的有效模式。学生在此过程中获得了应用基本原理并进行深入思考的能力，这种能力的培养可以产生更多更优秀的种子。

（3）建立大学与企业的联系。斯坦福大学持续不断地与企业发展合作交流的传统一直被保留下来，这不仅为学校获得较高水平的学术研究做支持，同时还有助于社会公共服务事业的发展。企业和学校多种合作模式中，斯坦福大学首创了"科技工业园区"模式，这是一种互动互利式的关系。一方面，企业得到最新的科研成果高速发展；另一方面，学校得到企业支持更好更快地完成科学研究项目，持续为企业服务，斯坦福大学和硅谷之间就存在着这样互利互惠的良性循环中。斯坦福大学同企业签订长期的合作计划，不仅鼓励学校内部研究人员的科研成果商业化，还为企业提供不同等级和层次的教育培训服务，帮助传播最新科研成果以及培养高等技术型人才。企业通过斯坦福大学引入最近的科学研究成果以及尖端的技术人才，企业效益得到进一步的扩大。

（二）国外创新创业教育模式的启示

目前我国创新创业教育正如火如荼地展开，各大高校的目标是建立一个教育手段相互包容的，并使得学生、学校和社会三者利益得到统一的可持续发展的教育模式。从1998年清华大学举办第一次大学生创业计划大赛到现在，创新创业教育得到了巨大的发展，当前已经形成三种经典的模式。

第一种提倡将第一课堂和第二课堂结合起来开展创新创业教育，强调创新创业教育的意识培养和知识构建，以完善学生的综合能力。这一类模式以中国人民大学为代表，通过开展创新创业教育专题讲座、创业计划大赛、创新赛等活动，为第一课堂作依托，同时以创业项目和社会组织教育实践活动，鼓励学生积极投入社会实践中去。

第二种提倡创新创业知识和技能培养与实践的教育模式，以北京航空航天大学和浙江大学为典型代表。此类模式认为创新创业基本素质的培养是帮助学生提升个人能力迅速成长的良好途径。北京航空航天大学的创新创业教育在基础教学的基础上，进行商业化运作，通过校园结合创业园的方式指导学生如何在社会中站稳脚跟。

第三种提倡以上海交通大学、清华大学为代表，此类模式更加系统科学，在专注培养大学生的创新精神和创业能力的同时，为学生提供创业所需资金和必要的技术咨询服务。此类模式提倡学生在实战环节中，学习并培养创新创业基本素质。

纵览这三种典型的模式，创新创业教育发展已经粗具规模，但是还存在着不少问题：一是创新创业教育的形式较为单一，尚未形成一定的规模，在培养机制上也不够完善；二是国内的创新创业教育的体系尚不完善，还在初级阶段，急需上升至理论学科层面；三是高校推行的产学研模式发展不够，成果转化率不高，尚未建立有效的三方联系。创新创业教育符合我国改革的大方向，是未来培养人才的新趋势，因此高校创新创业教育已成为社会热点问题。创新创业教育能提升学生的综合实践技能，更好地推动素质教育，推进高新技术产业化，实现科教兴国。本书结合国外创新创业教育模式的启示和国内发展现状提出以下几点建议。

（1）培养校园创新创业文化及理念。高校应注重培育良好的校园创新创业教育文化及理念。国内的大学生创业率低下的原因很大程度上是因为创业认同度低、创新创业风险大，不像公务员是个稳定的"铁饭碗"，朝气蓬勃的年轻人千军万马都去考公务员其实是社会的导向不正确。因此在学校中营造良性的创新创业文化非常重要，让学生们浸泡在创新创业的环境里，激发创业激情。

从前面国外案例分析中，我们可以了解到百森商学院和斯坦福大学都将创新创业作为基础课程编入学生培养计划中。我国也要力推从基础教育就开始进行创新创业教育，同时将第一课堂和第二课堂结合起来共同开展创新创业教育。

创新创业乃兼容并包、求本务实的精神。推行创新创业教育，不但要教师时时用"以人为本"的标准要求自己，而且要使所有的学生养成优良的基本创新素质和个人创业能力。

（2）构建创新创业教育多级组织架构。为保障高校创新创业教育的规范化和持续化发展，应建立高校创新创业教育多级组织架构，在校级层面成立校创新创业管理中心，在院级和专业层面成立若干学科或专业特色的创新实践基地，在学生层面组织学生成立各种创新创业实践协会。学习百森商学院创新教育师资建设经验，打造一支专职教师、兼职教师、特聘企业教官、社会企业家组成的师资队伍，为高校创新创业教育深入化和常态化发展提供保障。

笔者所在学校自2004年就成立了校创新实践管理中心、13个特色创新实践基地，初步组建了多层次的创新教育师资队伍，创新实践活动开展得有声有色，在2012年第3届校大学生创新实践成果展示交流会上就有200多项学生创新成果进行展示，许多高校师生前来参观和交流。其中，企业经验与电子商务创新实践基地在活动开展上，就充分借助团组织和学校社团、学生会的资源和力量，组织学生成立了企业经验与电子商务创新协会（学生社团），搭建师生科研项目沟通平台，广泛与企业合作，以创新创业比赛、团队建设等活动以及相关项目为载体，协会承办的方式，发挥学生的主观能动性和积极性，使得创新创业教育开展得更加高效和深入。

（3）完善创新创业教学环节。如图3-3所示，创新创业课程体系和教学环节的设计，首先要承载高校自身的办学理念，将专业教育同创新创业教育相结合，在培养学生扎实的专业基础知识的同时培养学生的综合应用能力和学科之间融会贯通的能力。同时课程体系和教学环节要符合学生认知，从浅到深，循序渐进，借鉴百森商学院的创新创业课程体系，结合我国高校创新创业教学环节设置的一些成功经验，可以从基础性实验教学、创意性实验教学、社会性实践教学和合作性实践教学四大方面完善创新创业课程体系。

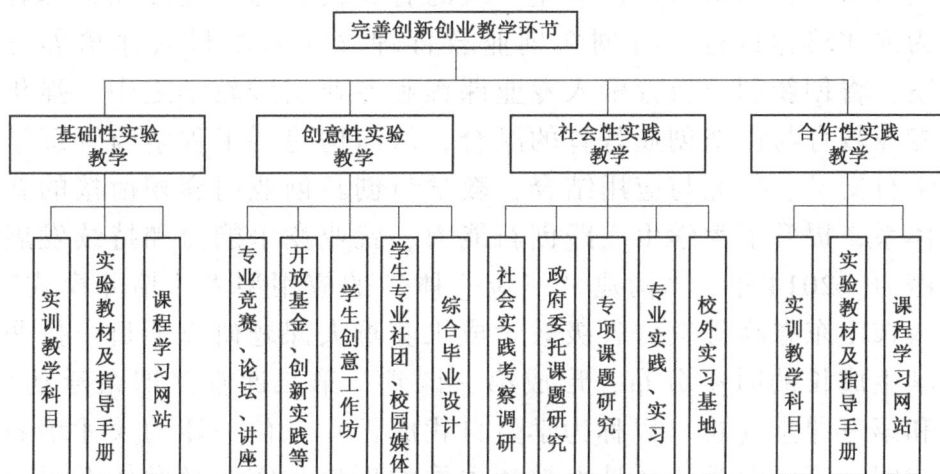

图 3-3　创新创业课程体系结构

（4）以市场为导向，走产学研结合之路。校企合作是产学研结合的有效途径，经实践检验，校企合作是维持创新基地良好发展的重要手段之一，同时也是培养学生创新实践能力的主要场所。学校将理论教学、实践教学与科学研究三者有机结合，鼓励创新，提倡学生在实践基地自主学习和联系企业开展针对性研究学习，增强了创新创业等实践教学的效果，培养学生的创新意识和创业实践能力。

二、国内高校创新创业教育改革的方案尝试

（一）创新创业教育与专业教育深度融合——以山东交通学院为例

大学生创新创业能力的培养，是高等教育面向社会、面向市场经济办学的重要举措。近年来，党和国家高度重视大学生创新创业教育，教育部先后启动了"大学生创新创业计划训练""大学生人才培养模式创新试验区"等建设项目，以促进创新、创业和管理高层次人才的培养。为此，山东交通学院以工、理、经、管、文、艺、法等优势交叉学科资源为基础，以课程改革与人才培养方案改革为重点，以创新创业人才培养机制为引导，以培养交通事业一线的有成长力的工程师和管理者为人才培养目标，将创新创业教育理念融入本科人才培养方案，将创新创业教育融入专业课程和专业实践教学之中，强化专业教育与创新创业教育的融合，从而构建了工程学与管理学学科交叉、研究与应用结合、教学与创新创业内容相衔接的新体系，提升了大学生实践创新能力、就业竞争能力和持续发展潜力。2014年，"构建'三位一体'的应用型人才培养模式"入选山东省高等教育省级教学成果奖重大课题研究项目。按照学生成长的时空分布，形成第一课堂、第二课堂（课余活动）和第三课堂（也可以称为学生自我成长）三位一体的人才培养空间。第一课堂体系是由教师主导的理论与实践教学体系，要求所有专业课教师、基础课教师、辅导员全程参与。第二课堂体系主要是由辅导员引导的非课堂教学所能做到的知识、能力、素质培养的体系。第二课堂内容丰富，包括文艺活动、体育活动、科技活动、社团活动，校内活动、校外活动，学校活动、学院活动、班级活动、小组活动、网络活动等。第三课堂体系是由专业导师主导的、以自考执业资格证书为载体的学生终身教育能力培养的体系。成才离不开自己努力学习和探索，本次改革加强了专业导师对学生自我教育的引导，建立了学生自我管理、自我教育机制，促进了学生自我教育意识、自我服务能力的提高。强化实践教学，加强校内外实践教学基地建设，建立适应创新创业人才成长的实践教育体系与方法，加强学生应用实践创新能力的培养。为此按照"学科交叉、共建共享、模块设课、分类培养、教研贯通"的原则，进一步整合教学、科研及社会优质资源，优化课程内容，建立融业务培养与创新创业教育为一体、融知识传授与能力培养为一体、融教学与科研生产为一体的"三个融合"人才培养体系，培养具备"大交通"行业的研究与开发、生产与管理、创业与经营等的高层次人才。

1. 创新创业实践教育贯穿大学教育全过程

多年实践证明，交通事业创新人才培养应遵循以下规律：要强化学科交叉。坚持学研结合、学产结合、上下游结合的原则。学生创新创业实践是提高大学生实践创新能力的重要途径，需要贯穿大学实践教育始终。大一学生通过校内外认知实习，了解交通事业的研发、生产和经营管理的过程，激发学生对交通行业专业的兴趣；大二开始综合实验，培养学生综合运用交叉学科知识、技术与方法，分析解决实际问题的能力；大三开始校内产学研结合训练，启迪学生创新思维，提高综合分析解决科研生产实际问题的能力；大四开始研发生产实习基地实际训练，强化与科研、生产相结合，提升学生实践创新和社会适应能力、团队合作和爱岗敬业精神，逐步强化创新创业能力的培养。

对接交通行业产业链，形成优势学科专业群，"大交通"特色的学科专业结构。学校结合山东省汽车、船舶、现代物流在内的十大重点产业调整振兴规划与大路网、大港航、大物流、公共服务、四化管理五大体系建设，结合区域经济发展，主动服务于"蓝黄"发展战略，济南两纵一横城市轨道交通项目的需要，重点发展交通行业急需的学科，强化建设交通运输工程、土木工程、机械工程、船舶与海洋工程四个一级学科，以及所属的载运工具运用工程、车辆工程、交通运输规划与管理、交通信息工程及控制、道路与铁道工程、桥梁与隧道工程、机械电子工程、航海技术、轮机工程、航空飞行技术等二级学科，构建起兼有理、工、文、法、经、管、艺七大学科门类与相关专业，学科专业明确功能定位，协调发展，共同促进"大交通"核心特色。表3-3所列为山东交通学院现有二级学院及其专业布局。

表 3-3 学院现有二级学院及其专业布局

序号	所属学院	专业名称
1	汽车工程学院	车辆工程▲◆
		汽车服务
		能源与动力工程
		交通运输★◆●☆
2	交通与物流工程学院	交通工程◆
		物联网工程
		交通设备与控制工程
		安全工程◆
		物流工程▲◆☆
3	交通土建工程学院	地理信息科学
		土木工程★◆☆
		城市地下空间工程
		港口航道与海岸工程◆
		测绘工程
		工程管理
		遥感科学与技术
4	海运学院	航海技术◆
		轮机工程◆
		船舶电子电气工程
		海事管理
5	航空学院	飞行器制造工程
		电子信息工程（航空电子设备维修）
6	船舶与海洋工程学院	工业设计
		船舶与海洋工程▲◆
7	工程机械学院	机械设计制造及其自动化▲◆
		材料成型及控制工程
		机械工程
		机械电子工程

（续）

序号	所 属 学 院	专 业 名 称
8	信息科学与电气工程学院	电气工程及其自动化◆
		电子信息工程
		计算机科学与技术◆
		信息管理与信息系统
9	材料科学与工程学院	材料科学与工程
		无机非金属材料工程
10	轨道交通学院	轨道交通信号与控制
		交通运输（轨道交通运营与管理）
		自动化
11	理学院	信息与计算科学
		应用物理学
12	管理学院	市场营销▲◆
		公共事业管理
		行政管理
		会展经济与管理
		交通管理
13	财经学院	金融学
		财务管理
		审计学
		电子商务
14	艺术与设计学院	视觉传达设计
		环境设计
		产品设计
15	外国语学院	英语
		俄语
		日语
16	交通法学系	法学◆

（续）

序号	所属学院	专业名称
17	国际教育学院	交通运输（中外合作）
		电气工程及其自动化（中外合作）

注：★—国家级特色专业；▲—省级特色专业；◆—特色名校工程重点建设专业；
●—国家级综合改革教育试点；☆—卓越工程师试点专业

2. 组建优势学科专业群

学院按照构建"路、海、空、轨"综合交通运输人才培养专业格局的学科专业发展思路，重点支持优势专业、改造普通专业、淘汰落后专业，形成了交通建设类、综合运输类和载运工具设计制造类三大优势学科专业群，初步构建了"路、海、空、轨"综合交通学科专业布局，实现了学院优势专业群与交通行业产业链的集群对接，提升了学院专业与行业产业的依存度和共享度，提高了专业建设和人才培养的社会满意度。学院现有三大专业群见表3-4。

表3-4 学院现有三大专业群

序号	专业群名称	专业名称	备注
1	交通建设类专业群	土木工程（道桥、检测、涉外方向）	国家级特色专业
		土木工程（轨道工程方向）	2013年新设
		交通工程	特色名校工程重点建设专业
		港口航道与海岸工程	特色名校工程重点建设专业
2	综合运输类专业群	交通运输	国家级特色专业
		物流工程	省级特色专业
		航海技术	特色名校工程重点建设专业
		飞行技术	2013年新设
		轨道交通信号与控制	
		安全工程	特色名校工程重点建设专业
		法学（交通法学方向）	特色名校工程重点建设专业
		交通管理	2014年新设
		海事管理	2015年新设

（续）

序号	专业群名称	专 业 名 称	备　注
3	载运工具设计制造类专业群	车辆工程	省级特色专业
		船舶与海洋工程	省级特色专业
		市场营销（汽车营销方向）	省级特色专业
		机械设计制造及其自动化	省级特色专业
		飞行器制造工程	2013 年新设
		轮机工程	特色名校工程重点建设专业
		船舶电子电气工程	2013 年新设
		电气工程及其自动化	特色名校工程重点建设专业
		机械工程	2014 年新设
		机械电子工程	2015 年新设

根据艾瑞深中国校友会网发布的《2015 中国大学本科专业评价报告》，在山东省 44 所公办本科高校中，山东交通学院位列"2015 山东省大学最佳专业排行榜"第 8 名，车辆工程、航海技术、交通运输、轮机工程、土木工程、船舶与海洋工程 6 个专业被评定为全国 4 星级专业，市场营销、物流工程两个专业被评定为全国 3 星级专业。

3. 创新创业教育与实践教育活动深度融合

（1）构建课内外相结合的创新创业实践教育体系。围绕创新创业实践，开设"四个一"的创新创业实践必修课程，实行开放式教学。即开设一门基于综合运用工程学知识、技术和方法分析解决工程学问题的"土木工程专业综合实验"课程；开设一门基于模拟科研生产实际训练的"交通工程校内实训实验"课程；开设一门基于交通运输专业项目的市场调研、创业计划书撰写的"创业计划训练"课程；开展一套创业技能实训体系，选拔具有创业兴趣与愿望、激情与潜质的学生参加基于创业实际情境下的 SIYB（Start & Improre Your Business，创业培训）、KAB（Know About Business，了解企业）创业培训课程，帮助学生系统学习创业知识与技能，培养创业精神与素质，了解创业过程与模式，掌握创业方法与步骤，提高自主创业意识与创业成功率。建立符合学生认知规律的创新创业实践教育方法。

（2）建立包括选题、收集资料、设计方案、方案评审、方案实施、总结讨论、撰写论文、成绩评定、总结交流大学生创新创业训练实施的9个程序，逐步培养学生实践能力、创新能力及科学思维；构建以技能竞赛、创新实验大赛、创业大赛为内容的学科竞赛体系，激发学生创新兴趣和潜能。目前，共举办省级竞赛140届，覆盖51所高校，21 700多名师生参加，极大地激发了师生参与创新创业实践的积极性，对于促进创新实践教育的推广起到了重要作用。同时，通过积极与社会建立"产、学、研"全面合作联盟，吸引政府、企业和科研院所为大学生创新创业提供场地、项目、经费、政策等支持，为学生提供更多参与应用创新和创业项目的锻炼机会，提高学生创新精神、创新思维和创新创业能力。

通过创新创业教育与专业教育深度融合体系的建立，在专业方向、课程层次、学习进度等方面，突出以学生为主体的个性化教学，通过学生的自我设计和跨专业选课，促进学生知识结构的文理渗透、理工结合、多学科交叉复合。并建立了课内外相结合、实践创新与专业实践教育融合的实践教学模式。积极推进高校与企业联合培养，学生实践创新能力显著提高。

创新创业教育是提高大学生社会适应和持续发展能力的必由之路，需要高校与社会协同创建互惠互利、资源共享、优势互补的机制，共同营造有利于创新创业人才培养的良好环境。更需要教育工作者进一步转变教育观念，不断加强教学内容和教学方法的改革，打破学科壁垒，实现课程内在的融通及立体化教学，将创新创业教育与专业教育深度融合，强化创新创业的实践训练，为大学生提供优良的创新创业发展空间，推进学生知识、能力和素质全面、协调发展。

（二）建立"四位一体"的实践教学体系

随着经济社会的发展和科技的不断更新，创业热潮不断受到人们的关注，创业研究在不断深化。在这背景之下，大学生的创新创业能力更是被社会和各类学者们所重视。将思维与实践相结合，将创新融入创业之中，已经成为现代社会的一个热点问题。

高等院校的四大职能是人才培养、传播知识、科学研究和服务社会，其中人才培养是主体，是最为重要的一个职能。在现有政策支持和引导之下，高校作为培养锻炼大学生创新创业能力的基地，尤其要注意在"四位一体"的基础上进行实践教学，从而培养大学生的创新创业能力。

创业竞赛对于提高大学生的基本素养、提升专业综合能力、培养大学生的创新创业思维、培养大学生发散性思维等各方面有着较大的影响力。通过竞赛锻炼可以使大学生在相互学习的基础上更能发挥自己的创新创业能力。各大高校应该重视学科竞赛这一方面，建立健全相关的管理制度，确保活动经费的充裕，配齐相应的师资队伍，形成良好的激励机制，从而使学生能够在创新能力方面有物质上和精神上的保障。举办相应的科技大赛、创业能力大赛等活动，有效吸引学生参与其中，将知识通过竞赛的形式得以体现和运用。"大众创业，万众创新"的政策提出，更是激励了一批大学生进行相关的创新创业。各大高校近些年来也纷纷举行一些相关的创业大赛，鼓励学生参加，例如，"挑战杯"大学生创业大赛、全国大学生创业设计暨沙盘模拟经营大赛等。并且设立相应的奖学金、奖品和"双创"学分等激励大学生进行创业。在落实国家政府相关的法律法规及政策的同时，也能更好地结合学校的实际情况进行相应的活动。相关企业也乐于扶持大学生进行创业活动。不少企业愿意在资金、技术上给予大学生以帮助，从而在促进企业思想创新活跃的同时，也能更好地为大学生提供相关的条件。政府部门的重视，学校的鼓励，企业的引导和鼓励，都为大学生创新创业提供了良好的条件。

知识学习的根本途径是通过课堂教学获得的，高校学习活动的基础也正是课堂教学。因而应当重视课堂教学，正视课堂教学中现有的一些弊端与不足。通过更新课件、多样化授课、及时跟进科技发展和社会需求进行知识的整合与课本的更新等途径，努力提高课堂教学的质量，使得学生能在课堂教学中获得真正能够被运用于实践的知识，能够有效地培养学生的创新创业能力。与此同时，对实践教学也应该高度重视。通过实践教学，使学生能够在实际操作环节熟悉操作要领，将课本知识转化为实际效果。这一方面能够检验课堂教学的成果；另一方面也能够锻炼学生的动手能力，促进学生创新创业能力的培养。这种应用创新能力，是要结合验证性实验、综合实验、课程设计等一系列相关实践训练模式，才能更好地根据学生的个性和能力进行培养。

项目培训作为培养和提升大学生动手能力和研究能力的重要方式，能够在项目实施的过程中对学生进行系统化的训练。在项目准备前期对项目可行性的研究、项目方案的制订、项目的规划，到项目的实施，甚至项目结束后的报告撰写、成果交流等环节，能够为大学生提供一个课堂之外的一些挑战。这类挑战能够让学生在团结协作中更好地锻炼自己的团队能力、协作能力、动手能力和思考能力。在项目进行的过程中，应当配备相关的教师进行参与和指导，给予学生在技术上、运行方面的支持，避免学生走过多的弯路。同样，学校也要给予一定的资金支持和政策支持，确保学生没有这方面的忧虑。通过这种方法，不仅能推动大学生进行积极的创新创业能力培养，更能使这类活动形成一个持续性的有效的延伸，从而形成一个良好的创新创业的氛围。

近期国家与政府相关部门对大学生创新创业型人才的期待和要求，都在推动创新创业型人才的培养。创新创业型人才的培养需要实践教学、竞赛锻炼、项目培育、创业扶持这"四位一体"的新型培育模式的实施。在此基础上，学校针对大学生的现实情况与可能存在的问题进行及时的反馈与调整，帮助大学生更好地进行创新创业。如此一来，学生的实践能力与创新思维都会有一个明显的提升，学校相关的竞赛成果也为之后进行更为长久的创新创业活动做出了良好的榜样作用。"四位一体"的培养模式能够为学校教育教学提供一个良好的出路，也能为如何提升大学生的实践能力与创新能力提供相应的借鉴作用。

（三）"互联网+"时代大学生创新创业教育

李克强在 2015 年《政府工作报告》中，多次强调"创新创业"，并首次提出制订"互联网+"行动计划。在"互联网+"经济模式长足发展的新形势下，如何实现"大众创新，万众创业"已成为政府工作的重点。"互联网+"经济发展模式将为大学生提供更多的创新创业机会，而如何借此加强大学生创业教育，培养大学生的创业能力，已成为高校的重要议题。

1. "互联网+"时代大学生创新创业教育的意义

（1）有利于拓宽大学生就业创业的路径。"互联网+"时代，各高校都投身于大学生创业教育培养和互联网平台等硬件设施建设，成立高校专业教师和创业企业家组成的"创业导师团"，开设创业教育的必修课程，搭建高校创业孵化基地，以及政府创建各类"创客联袂""众创空间"等创业服务平台，为大学生营造了良好的创业环境。

（2）有利于大学生创新精神培养。"互联网+"时代，大学生作为国家进步和创新的生力军，必须提升自身的创新能力和创新精神。创新创业教育是培养大学生的创新精神和能力的德育过程，旨在挖掘出每一名大学生的创新潜力，拓展就业视野，完善创业心理品质，提升精神境界和理想追求，最终提升其综合素质。

2. "互联网+"时代大学生创新创业教育存在的问题

目前，高校创业教育课程的教师结构主要是学生处、团委等教师和校外的创业导师，专业课程教师缺乏，师资队伍建设乏力。在某种程度上，高校的专业课程教师虽有扎实的理论基础，但创业实践经验缺乏，容易纸上谈兵；而校外创业导师固然有丰富的创业经验，但教学经验的缺乏及零散的经验传授也不利于学生创业意识的培养和创业综合素质的提升。

目前，高校创业教育大多是分学院或分专业进行，而创业教育是需要进行综合专业技能的培养，如法律、金融、财务、文学等多学科知识的融合教育。学校的创业教育通常没有进入大学生日常的专业学习，更没有纳入人才培养方案这种创业教育体系，割裂了专业教育与创业教育，导致了创业教育的孤立和传播的狭隘。

高校的创业教育的实施过程，一般是针对全校大学生而言的，没有具体的分阶段创业教育目标，创业能力培养缺乏科学评估。学生的创业意识培养可分为四个阶段：大学一年级创业意识萌芽期，大学二年级创业意识成长期，大学三年级创业意识完善期，大学四年级创业意识培育成果期。四个阶段的学生专业知识积累、思维等差异性较强，相应的创业兴趣、创业教育价值观、创业教育课程设置、创业教育的素质拓展等也要存在差异。

3. "互联网+"时代大学生创新创业教育的措施

高校教师要积极与时代接轨，一要改变传统的教学观念和教学手段，架构起"互联网+"思维模式。只有教师主动适应时代需求，以"互联网+"思维武装头脑，才能更好地引导学生去接受"互联网+"，运用互联网开展创业实践。二要强化高校创业专职教师的创业实践认知，可在理论课堂外开展"模拟创业"等实践性较强的活动，提高教师的创业实践能力。

线下教学主要采用课堂理论教学、讲座、素质拓展、创业团队辅导等传统方式。线下创业理论和实践教学虽然具有系统性和针对性，但是也存在局限性，包括知识更新慢、接受效果差等，尤其当网络已成为学生接收信息的新阵地，这种局限将被扩大。线上教学主要采用网络教育、网络模拟创业、创客教育等形式，信息不但多，而且传递快速、成本管理低、操作便捷，易于评估和管理，为学生接受知识和转化创业教育内容提供了更自由和宽松的空间，为创新营造了宽松的环境。

创业教育应立足高校自身学科和专业特色，以多样化的校园活动为载体，充分发挥"挑战杯"课外学术科技作品竞赛、"创青春"全国大学生创业大赛、大学生创新创业训练计划等赛事作用。学生活动融入"互联网+"、自媒体营销、社会公益创业等元素，推出符合高校自身发展的"互联网+"创新创业系列赛事，进一步孵化大学生创新创业项目，激发学生的"互联网+"思维，提升创新创业能力。

总之，加快经济发展方式转换和提高我国的创新能力，需要大量的创新创业人才来支撑局面。开展大学生创新创业教育的改革和研究，是适应国家经济和社会发展需求的。高校创新创业教育要以求真务实立本，以开拓创新求进，以质量立校，以特色求胜，促进高校与科技、经济、社会的紧密结合，谋求创新发展。

（四）创新创业工作室与大学生关键能力的培养

高等院校开办创新创业工作室能够激励学生自主创新创业，促进高等教育教学改革，加强学生创新创业能力的提升，完善学生关键能力的培养。关键能力是指被教育者从事任何一种职业都必不可少的基本能力。学生具有较强的关键能力，就可以轻松地从学生角色进入职业岗位角色，实现理论转化为实践的重要转换。创新创业工作室学习能够充分体现大学生在学习过程中的主体地位，可以培养学生的领导意识、社会技能和民主价值观，从而提高学生的关键能力。

1. 创新创业工作室的发展模式及教育理论

创新创业工作室以培养学生关键能力为核心，从创新创业工作室的建设与发展、创业团队合作与创业项目管理等方面着手，结合工业学院建设应用型本科院校的教育现状，构建高等院校创新创业培育体系。

首先，培养创新创业理念，努力提高创新创业的基础知识，从零开始，让每一名学生从主观上认为创新创业就是一门课程、一项技能，改变学生原有的错误思想。其次，建立更加适合学生的创新创业培养课程，并将课程纳入必修课程阶段。最后，要求学生了解创新创业工作室与关键能力之间的关系，并在实践中让关键能力得以提升。

2. 创新创业工作室的师资队伍及发展方式

创新能力强以及责任心强的教师队伍是创新工作室建立的核心。每一位教师自身应该具备创新意识和创业精神，自觉地将创新内涵和创业能力的培养渗透到每一节课中。高等院校必须组建专业而完整的创新创业指导教师队伍，健全一套高校教师创新能力培养和考核体系，与其他高等院校间建设交流平台，将能力高的教师请回来，将需要提高的教师送出去。

同时，要保证创业教育指导课程和创新创业教师队伍层次的多样化与合理化，避免师资队伍结构过于单一。创办与课程紧扣的创新工作室，将传统的实验教学改为创新工作室教学，让学生在创新中创业，在理论中实践，在实践中提高关键能力。如黑龙江工业学院为材料专业的学生创办手工蜡烛工作室和手工香皂工作室，从原材料的制备到产品批量生产，让学生亲自操作，经过每一个环节的多次实验和经验总结，确定最优生产方案，完善业务结构，在这个过程中，学生对创新创业的认知有了极大的提高，同时培养了学生关键能力。

3. 创新创业工作室的团队发展与基地建设

创新创业工作室应积极扶持创业团队等学生自发组织的创业型机构，并通过官方指导工作室的衔接、协调，使其定期开展活动。通过帮助创业团队开展项目引荐、项目指导、财务指导、甚至融资及资本运作服务等，吸引具有技术创新能力和科学研究能力的师生来开拓创业。创新创业工作室的发展壮大，可以同时组建校企合作共同体，创办校企合作实习基地。将学生校园内的实践教学活动，安排在模拟仿真的情境下展开，提高实训场地的使用效果。

4. 创新创业工作室在学生关键能力培养中的创新

（1）制订一套符合学生学习心理的培养实施方案。在培养方案制订中，除了要将高校学生关键能力培养目标与创新工作室课程的教学目标整合为一体外，更加要重视学生的心理，学校和教师要作为朋友去帮助他们。

（2）教育理念的转变。创新创业工作室的研究摒弃"以教师

为中心，以教材为中心，以课堂为中心"的传统观念，真正树立
"以学生创新工作为中心"的现代教育理念，同时，让每名学生都
能将创新创业看成是一门必修课程，当成是一项必不可少的生存
技能。

（3）教学研究模式的创新。突破"规律—原则—方法—模式—
策略"的教学，形成"理解沟通与参与互动"的新思路。教师要
成为创新创业过程中的"好导师"。

（4）教学分组的变革。创新创业工作室的学习打破了传统班
级教学的分组形式，建立在创新能力和团队合作基础上，在充分肯
定学生之间存在差异的情况下，发挥小组群体活动的主体功能和互
助功能。

总而言之，落实大学生在教育教学过程中的主体地位，使教师
的观念上从"独裁者"转变到"好导师"，使学生的观念上从"给
别人打工"转变到"自己创新创业"，把创新创业工作室作为学习
的场所，摆脱教材的限制，将学习内容开放到学生的整个创新过程
中，这才是创新创业工作室的灵魂。

（五）导师制与"大学生创新创业训练计划"

"大学生创新创业训练计划"是教育部关于高等院校教学质量
工程建设的重要组成部分，随着国家对社会经济结构的调整，创新
创业教育就成为高校人才培养的重要任务。如何提高大学生的创新
创业能力，提高当代大学生的创新创业本领，从而更好地适应社会
对人才培养的需求，这是教育管理部门、高等院校共同关注的问
题。高等院校通过实施"大学生创新创业训练计划"教育项目，
就是要广大教师转变思想观念，改革人才培养模式，强化创新、创
业能力的训练教育，把课堂教育与实践教育结合起来，以培养创新
创业型人才作为高等教育的目标和任务，使我们的大学生能主动适
应创新型国家建设发展需要，成为高素质创新人才。"大学生创新
创业训练计划"是一项有利于大学生成长成才的教育工程。上级
部门将根据获批级别，给予一定的经费资助，学校也提供相应的配
套经费。

在目前实际操作过程中，大多数高校的"大学生创新创业训练计划"是由教师结合自身教学、科研工作，设计出适合学生创新创业的训练项目，并以学生为中心开展研究和训练。项目设计、研究条件准备和项目实施管理由教师完成。教师将项目在学校公布，内容有项目名称、创新创业研究的内容概述、指导教师及联系电话、项目性质等，由学生根据对项目的兴趣、对导师的喜爱、对创新创业的自我要求，选择适合学生自己的训练项目报名参加。大多数高校是在教师引导下，由学习成绩较为突出、学有余力的学生参加。学校经过相关管理部门评审，上报教育厅或教育部备案。

由于"大学生创新创业训练计划"教育项目是教育部高等教育司倡导，基于大学生创新创业训练的教育项目，教育部、省教育厅有相应的经费资助，学校也提供了配套资金，因此，许多高校将该项目作为第一课堂来加以管理，这对项目立项、实施过程、完成验收等有了较为系统的监管。

创新创业训练项目是以学生为中心，充分发挥学生的主观能动性，提高学生创新创业能力的一项活动。但在实施过程中，存在着各种各样的问题：①从项目申请到教育厅、教育部批准立项周期过长，导致学生不能较早实施，甚至有部分学生不能按时完成项目任务；②项目负责人是学生，在经费使用管理上存在财务上的困惑；③创新训练项目，学生可以结合学业，在学校学习期间完成，但创业训练项目，往往会影响学生的学业，因此大多数高校创新项目较多，创业项目几乎没有设立；④许多高校对教师的考核，以科研成果为主，教学成果往往难以体现，教师不太愿意用较多的时间和精力指导学生，对大多数学生来说，如果没有教师指导，较好完成和实施项目计划有一定难度。

教学管理部门要把"大学生创新创业训练计划"教育作为大学教育、教学的重要内容来抓，在政策上对教师、学生要有相应的激励措施，在实施过程中要有监督管理办法。高校教师要把"大学生创新创业训练计划"教育作为研究项目来实施，引导、发现、挖掘大学生的创新思想，培养大学生的创新意识，充分发挥大学生个性特长，营造大学生创新、创业良好氛围，为大学生搭建可以施展才能的舞台。

导师制下的"大学生创新创业训练计划"教育项目的设立。以我校为例，大学生创新创业活动的开展已有多年，最早是校团委组织的"大学生创新实验室"，项目类似现在的大学生创新训练项目。项目管理以学生为主导，通过学生会、科协，学生报名参加，好的作品将推荐到"挑战杯"参加比赛。2004年，学校又设立了"实验室开放项目"，项目管理以教师为主导（导师制），由导师出题，学生报名参加，项目内容结合教师教学、科研工作设立。项目有提高型实验、应用型实验、创新型实验，学生参与"实验室开放项目"人数多、涉及面广。学校每年有近150个项目立项，参与学生上千名。项目实施时间为1年，每年进行一次结题，并进行评审、评奖。

导师制对"大学生创新创业训练计划"项目的设立具有可行性。我国高校教师的创新能力已超过了研究机构中的研究人员，我们可以从每一年度的三大科技奖的获奖名单中分析，2012年高校教师对科技的贡献率达68.8%。因此，在高校开展创新创业教育切实可行。由教师精心设计，设立适合大学生创新创业训练项目比较实际。教师利用教研项目、科研项目，吸收大学生参与创新创业训练计划，符合高等院校的教育理念。大学生有思想、有朝气、有敢于开拓创新的勇气，但缺乏探索科学前沿的具体目标，知识面不够广，因此如果有专业导师的指导和引领，就能较好地达到预期的目标，具体表现如下。

（1）导师制下的"大学生创新创业训练计划"项目负责人是教师，导师立项设题，学生选导师和选项目，有利于创新创业训练项目的开展；导师作为项目负责人，有利于创新创业实践项目的管理；导师设立创新创业训练项目，学生根据兴趣自主选题，有利于大学生个性化发展。

（2）导师制下的"大学生创新创业训练计划"项目主要适合

大二、大三学生的创新创业训练。大二、大三学生是开展科学研究的启智阶段，是培养学生严谨的思维方式、求真的学习态度、踏实的工作作风、科学的探索精神的最佳时期。通过创新创业训练实践教育，培养学生科学的世界观、人生观和正确的求知观，从而让大学生成人成才。

（3）导师制下的"大学生创新创业训练计划"项目，是根据导师工作实际，结合科研设立。项目具有实践性、创新性，导师对学生指导会比较用心，有利于训练项目的顺利完成。

导师制下的"大学生创新创业训练计划"教育项目设立有制度保证。学校要鼓励有教学科研项目和工作经验的教师参加，特别是鼓励青年教师积极参与"大学生创新创业训练计划"项目的组织。把青年教师指导"大学生创新创业训练计划"教学作为今后职称晋升的必要条件。青年教师有创新潜力，富于开拓性和创造力，与学生之间容易沟通，是激发大学生开展创新活动的重要因素。

"大学生创新与实验室开放"基金项目的申报办法如下。

（1）讲师（中级）及以上职称的教师、研究人员、实验技术人员均可设立相关创新实验项目，并作为项目负责人立项。鼓励45岁以下的年轻教师参与"大学生创新与实验室开放"基金项目的申报，学校每年进行一次结题评审，对效果好、成果突出的给予奖励。

（2）内容、形式、特色鲜明的项目，经学校评审，推荐为省级"大学生创新创业训练计划"项目。

（3）"大学生创新与实验室开放"基金项目在学校网站上公布，学生选导师、选项目。

（4）项目面向全校本科学生申报，原则上以二、三年级大学生为主；每个项目可以由2~5名学生组成团队参加，并确立1名学生作为主持人。为确保项目质量，每个学生限报1个项目。

（5）鼓励跨年级、跨专业、跨学科合作研究，同等条件下优先资助团队合作项目和跨年级、跨专业、跨学科合作项目。

（6）欢迎大学生自主立题，开展创新训练，项目选题要求思路新颖、目标明确、具有创新性和探索性。学生应独立做好项目过程记录和撰写总结报告。

（7）项目实施期限为1年，时间过半时需提交中期报告，项目完成需提交结题报告。申报者要对研究方案及技术路线进行可行性分析，并在实施过程中不断调整优化，保证在校期间完成。

导师是大学生创新训练教育的关键。许多教师只注重申报，不重视对学生的指导管理，导致项目完成质量下降。导师不仅要设计出适合学生创新创业训练的项目，更要有较强的责任心来精心指导学生。

创新训练项目要与学科竞赛相结合。学科竞赛对大学生的学业进步与成长成才有很大帮助，这已成为共识。高校创新创业训练项目要与学科竞赛相结合，要重视对学生创新成果的总结，把优秀的成果进行展示。学校要对学生的学业成果组织评比，鼓励大学生对创新创业优秀成果进行完善提高，参加各类学科竞赛。如果学生从二年级开始创新创业训练，三年级参加各类学科竞赛，四年级就会有优秀论文（设计）、专利等成果，今后走上社会创业就会有坚实的基础。因此，教学主管部门要把创新创业训练教育作为第一课堂来抓，积极鼓励教师、学生开展创新创业教育活动；制订符合学校教育发展的新机制，提高教师、学生的积极性；把有创意、能创新、敢创业的学生通过创新创业教育挖掘出来，为高等教育教学改革和高等教育事业的发展做出应有的贡献。

对开展"大学生创新创业训练计划"的思考如下。

（1）导师制下的创新创业训练项目，项目负责人是教师，学校对立项教师要有考核机制和办法。在项目验收后，根据完成质量评出10%～15%优秀项目给予奖励，鼓励教师、学生积极参与。

（2）大学生主观意识的驱动，是创新创业训练获取成果的主要条件。学校要对积极参与"大学生创新创业训练计划"项目的学生给予学分奖励。

（3）创新创业训练项目在二、三年级中开展为宜，学生可以结合创新创业训练项目，参加各类学科竞赛，并以此为基础在毕业设计（论文）过程中应用。

"大学生创新创业训练计划"项目的开展，各高校有不同的实施方法和措施。对于地方院校，受人、财、物等多种因素的影响，组织形式、体制机制、保障措施、计划实施等方面各有特色。导师制下的"大学生创新创业训练计划"项目对地方高校来说，比较有利于项目的实施和开展。在导师的指导下，学生在项目实施过程中，经过自主选题、项目研究、实验实践、报告撰写、成果（学术）交流等步骤，从"大学生创新创业训练计划"项目实践过程中得到锻炼，提升学生综合素质和能力，这样培养出的大学生一定会受到社会的欢迎。

（六）"广谱式"创新创业教育的体系架构与理论价值

"广谱式"创新创业教育是我国高校创新创业教育发展的主要趋势。目前，国务院和教育部层面三份关于创新创业教育的纲领性文件，均明确强调了"广谱式"价值取向。2010年5月，教育部《关于大力推进高等学校创新创业教育和大学生自主创业工作的意见》指出："创新创业教育要面向全体学生，人才培养全过程"，明确了广谱教育的价值定位；2012年8月，教育部《普通本科学校创业教育教学基本要求（试行）》提出了"面向全体、注重引导、广谱施教、结合专业、强化实践"的五条教学原则，强调实施"广谱式"创新创业教育；2015年5月，国务院办公厅印发了《关于深化高等学校创新创业教育改革的实施意见》，再次明确强调了"面向全体""融入人才培养体系""普及创新创业教育"的基本原则和总体目标，进一步确认了"广谱式"教育的政策导向。

面向全体学生开展创新创业教育，就是要将创新创业教育纳入教学主渠道，贯穿人才培养全过程，着眼于创新创业教育的广泛性和普及性，使之惠及每一个学生，着力提高全体学生的创新精神、创业意识和创业能力，使所有大学生成为高素质创新创业型人才，这是一种全新的教育理念和模式，即"广谱式"创新创业教育。

"广谱式"有"广义"和"普及"两层含义，可以涵盖大、中、小学各学段，本研究的"广谱式"（university-wide）特指在高等教育学段开展的，相对于只在商学院内部开展的"专业式"（business school-based）创新创业教育而言的重要教育模式。"广谱式"创新创业教育与经济发展"新常态"的基本内涵深度契合，是促进"大众创业、万众创新"成为推动中国经济发展调速不减势、量增质更优，实现中国经济提质、增效、升级"双引擎"之一的重要途径和载体，既是当前中国高校开展创新创业教育的政策导向，也是创新创业教育理论研究和实践探索的长期努力方向，成为当前高校创新创业教育的主要发展趋势。

之所以要深入开展"广谱式"创新创业教育，主要是因为当前一些高校实施的创新创业教育，或片面注重教育的覆盖面，却忽略了创新创业教育与学科教育的紧密结合；或更多关注教少数学生如何创办企业的"单纯的创业性教育"，却忘记了多数学生创业精神、创业意识的培养；或将创新创业教育扩展为"塑造气质的教育"，却忽略了少数学生在大学期间或毕业时就想进行创业的实际需求；或只关注在校大学生的创新创业教育，却缺乏对毕业后新创企业的毕业生进行持续教育、咨询、服务的重视和关照。"全覆盖"与"个性化"、"多数"与"少数"、"广谱"与"专业"、"在校时"与"离校后"成为多数高校无法破解的矛盾。"广谱式"创新创业教育就是要解决现存教育体系存在的不分阶段、不分层次所导致的目标不清、方向不明以及教育的性质、对象、途径、方法不正确的突出问题，推动高校创新创业教育迅速摆脱困境，实现深层次的拓深拓展。

1. "广谱式"创新创业教育的科学内涵

"广谱式"创新创业教育是在"广义的创新"和"广义的创业"两个概念基础上形成的综合性概念。从广义上来看，创新与创业是"双生关系"，二者天然地联系在一起，成功的创业离不开创新，成功的创新也往往在创业过程中产生。正如"创业教育之父"杰弗里·蒂蒙斯指出的："如果把创业比作美国经济的发动机，那么创新就是此发动机的汽缸，它带动了重要新发明和新技术的诞生。"有学者指出，2010年我国教育部把创业教育名称改为"创新创业教育"，这说明了我们对创新教育与创业教育的双生性认知已达成共识，我国的创新创业教育新理念亟待我们去丰富和发展。

"创新创业教育"在形式上的表现是在"创新"的后面加上了"创业"二字，其实质是内在规定了创新的应用属性，是指向创业的创新，重在应用的创新，促进创新成果的市场化、商业化。在"创业"的前面加上了"创新"二字，其实质是全面统领了创业的方向性，是创新型创业、机会型创业、高增长的创业，提高了创业的层次和水平。这就使得"创新创业教育"既内在包括"创新教育""创业教育"的科学内涵，又不与二者简单等同，是综合性、系统性的教育。其基本价值取向既包括创新创业精神、创新创业思维的培养，也包括创新创业行为方式、创新创业人生哲学的塑造，还包括创新创业型生活方式、创新创业型生涯选择。具体来说，"广谱式"创新创业教育与联合国教科文组织在东京会议报告中提出的"广义的创业教育"（与之相对应的概念是"狭义的创业教育"）概念相似，在于为学生灵活、持续和终身的学习打下基础。从广义上来说是培养具有开创性的个人，它对于拿薪水的人来说也同样重要。

2. "广谱式"有"广义"和"普及"两层含义

在教育内容方面可以解释为普及性的、广义的创业教育；在教育模式方面可以解释为是相对于面向商学院学生开展的"专业性"创新创业教育而提出的一种教育理念和教育模式；核心理念是"面向全体学生""结合专业教育""融入人才培养全过程"，也就是以全体学生作为教育对象，认为创业精神对任何个体都具有重大意义，任何对创业感兴趣的学生都应该有机会接受创业教育；创业教育不能脱离专业教育的根基，要将创业教育全面"嵌入"专业教育，实施深层次创业教育；教育的目的重在培养学生的创业观念、创业精神以及创业思维和创业能力，而不仅仅是传授创业知识和技巧。

创新创业教育的基本目标是"全覆盖""分层次"和"差异化"：一是面向全体学生开展"通识型"的创新创业启蒙教育，提高学生创新意识、创业精神与实践能力；二是结合各个专业的不同学科特点，引导学生根据专业特长进行创造、创新、创业，开展"嵌入型"创新创业教育；三是针对有明确创业愿望的学生开办创业精英班，进行"专业型"的创业管理教育，提升学生创业实战技能；四是对初创企业者进行"继续教育"，以职业化的教育培训体系帮助创业者度过企业初创期，开展"职业型"创新创业教育。"广谱式"创新创业教育是一个综合教育体系，既充分发挥传统商学院"专业型"教育在提升学生创业实战技能等方面积累的优长，也积极推动创业教育项目向商学院之外广泛拓展，融入专业教育之中，整合构建"专业型"教育与"广谱式"教育"双轨并行、相互助力"的运行机制。

3. "广谱式"创新创业教育的体系架构

"广谱式"创新创业教育的突出特点是面向全体学生，既考虑大多数，也不忽略极少数。为了达到这个目标，在高校深入开展"广谱式"创新创业教育时既需要从整体上进行顶层设计，更需要分层次、分阶段、分群体具体推进，整体包括四个层面的体系架构。

（1）"通识型"创新创业启蒙教育。面向全体学生开展的、主要定位为"通识型"启蒙教育，主要目标是培养"创业精神"、植入"创业意识"，培养学生"自主工作"和"持续学习"的能力。在这里，之所以高度重视创业精神和创业意识培养，是因为在人们缺乏创业精神准备，因此还不想自己创办企业的情况下，着重向他们讲怎样去创办企业是没有用的[54]。通过这些启蒙教育，在学生的头脑中植入强烈的创业愿望，种下对创业热心向往的种子，以期这粒种子在将来遇到合适的水分和土壤生根、发芽、开花、结果。

"通识型"启蒙教育主要通过"课堂教学"和"参与体验"来实现。课堂教学要重点解决两个问题：一是"教什么"——教学内容。要突出强调创设高度贴近企业家真实世界的学习环境，教学内容要"厚今薄古"，高度关注现实，将解决实际问题作为教学的中心内容。二是"如何教"——教学方法。在教学方法上，突出强调探究式教学方式，采取案例式教学方法。教学方法要重点突出学生的主体地位，通过引导学生进行自觉性决策和创造性实验来激励与培养学生的创业行为。参与体验的方式有很多，当前中国大学生创新创业教育的主要参与体验平台应当首推"挑战杯"中国大学生创业计划竞赛，通过这项比赛，每年有上万名大学生直接或间接地参与创业体验，竞赛的教育功能得到了各方面的充分认可。此外，可以通过孵化器、科学园作为教师和学生的研究与教学实验室，增加大学生衍生企业的数量，并提高企业的生存率；也可以通过支持学生社团或创业俱乐部、开办创业暑假学校、举办创业论坛、组织学生到企业进行创业实习、开展"一对一"的创业指导等方式，切实推动"广谱式"创新创业教育的深入开展。

（2）与相关专业结合的"嵌入型"教育。面向各学科专业学生开展的、主要定位为"嵌入型"创新创业教育，主要目标是根据不同学科特点，引导学生根据专业特长进行创业。当前，高校创新创业教育课程存在的共同缺点是与各学科专业教育的疏离。实践与研究多集中在"创业教育"和"专业教育"的各自领域，缺乏系统性研究，缺乏二者之间融合并使之融入学校整体教学体系之中的有效机制，这就使创业教育理念的灌输和创业教育实践的可持续发展缺乏支撑动力。为了切实解决这一难题，需要全面建设"嵌入型"创业教育课程体系，通过将创业教育的理念和思想"嵌入"各学科专业，开发多样化的学科创业课程，从而实现创业教育与专业教育的"捆携式发展"，以此达到面向全体学生开展创业教育的"全覆盖"和"个性化"目标。

在论证创业教育与专业教育的关系时，很多学者提出"渗透式""融入式"的思路，将创业教育的内容全面"融入"专业教育，或者是在专业教育中"渗透"创业意识、创业精神。这两种做法在设计时看似会减少创业教育与专业教育结合的难度，但实际运行过程中却会遇到非常大的困难，因为学科专业的课程由不同学科的教师开设，已经形成了固定的课程范式，在原有框架的基础上融入和渗透创业教育的意识与精神，往往会体现为教学大纲中的指导思想，却不会在实际教学中付诸实施。有学者运用生物学中的共生理论来探讨创业教育与专业教育的关系，认为二者既不是寄生条件下的"点共生"模式，也不是偏利共生条件下的"间歇共生"模式，而是对称互利共生条件下的"一体化共生"模式[55]。这也正是本书采用"嵌入型"，而没有采用"渗透式""融入式"的主要原因，因为"渗透"和"融入"都是以专业教育为主，将创业教育纳入其中，这容易使创业教育失去自身的主体地位，成为专业教育的"寄生物"。而"嵌入型"则不同，它是突出二者的相互促进和支持，优势互补和交叉渗透，最终目的在于形成新的教育体系。二者结合是一个互利共赢的过程，一方面以创业教育新理念为指导，深化专业教育改革，促进专业教育的发展；另一方面，通过在专业教育中开展创业教育，创业教育的嵌入并不影响现在已有的知识传授，这样就在实际上扩展了创业教育的实施平台和发力空间，使创业教育的"合法性"不断增强，从而获得可持续发展和进步。通过有效的结合，最终产生一个包括一般性创业课程、专业技术领域的课程、体验性创业课程三类创业型课程群，实现对本学科专业学生的个性化创业教育。

（3）"专业型"创业管理教育。面向有明确创业愿望、在大学期间就想创业或是下定决心毕业时就创业的学生开展的、主要定位为"专业型"创业管理教育，主要目标是提升学生创业实战技能，培养实际创办企业的能力，主要通过开设"创业先锋班"进行。通过专业性教育，使这些学生能够在大学期间系统地接受创办和管理中小企业的知识与技能，提高驾驭能力和规避风险能力，减少无谓的失败，从而提升创业成功率。

由于"专业型"创业管理教育是针对少数学生进行的，所以多采取开设"创业先锋班"的方式来开展有针对性的教育。在这方面，国内诸多高校已有成功的探索和实践，如中央财经大学开办的"创业先锋班"已成为该校落实创业教育的主要载体。"创业先锋班"在选拔学员方面的措施更为具体和周详，选拔的维度是创新和创业的意愿、协调性、意志品格，主要考查学生的思辨力、反应力（如进攻性、坚韧性、决断性、团队合作精神、控制欲、责任心）等。面对"创业先锋班"学生开设的必修课程，制订创业演习和课程讲授相结合、围绕创办新企业或新事业的过程展开的课程体系。改革教学方式，课程内容采用模块化结构，主要由基本理论、案例分析和模拟练习等模块组成；课程教学中设置互动和实际操作环节；创业教育与周围经济发展相联系，通过鲜活的案例，提高学生对市场的敏感度，避免眼高手低的通病；改变考核方式，没有死记硬背的考试，侧重平时参与的表现，奖励有创意的言行；搭建创业实践平台，实行"小班教育+双导师制"，争取学校各方力量协助，进行校园创业，使学生近距离接触创业。

（4）"职业型"创新创业"继续教育"。面向初创企业者开展的、主要定位是"职业型"创新创业"继续教育"，主要目标为以职业化的教育、咨询、培训、服务和力所能及的创业援助帮助创业者度过企业初创期。

以上所论四个层次的创新创业教育，都是针对在校大学生群体开展的。实际上，当前中国最为缺少的是针对另外一个群体的"继续教育与援助"，这个群体就是毕业时选择创业的群体。中国有句俗语，叫作"扶上马、送一程"，这是对这个群体进行创业援助的最为形象的描述。那些在毕业时选择创业的毕业生，会面临方方面面的困难，这是他们最需要帮助的时候，最坚实的靠山就是母校。如果说，经过大学的培养，毕业生已经现实地选择创业作为自身职业生涯的开端，这可比作"扶上马"的话，那么，这些毕业生是否会骑马？是否能够在马背上坐得住、坐得稳？还面临着考验。在这个时候，学校要通过力所能及的各种途径和方式，对新创企业的毕业生开展援助，为其快速走向正轨提供帮助，以期达到"送一程"的目的。

对创业初期的毕业生提供教育、咨询和服务，已经将高校的创业教育领域和范围适当延展到社会，在这个层面，很多问题就不只是高校一家能够独立解决的，需要政策体系、科研成果转化体系、社会服务体系的合力，才能为初创企业的大学生提供有效援助。当前，既需要依托科技园和孵化器促进大学生顺利创办创新型企业，也需要为大学生提供生活补贴和创业补助金，减轻生存压力，更需要高度重视大学生创业教育，在高校中传授创业知识、激发创业精神的创业教育教学体系，成立各级创业培训中心，免费为有意创业的大学生提供实战性较强的培训。建设和完善针对这一群体的创新创业教育机制是一个复杂的系统工程，需要方方面面的合力，高校必须成为协调多方力量的主体，切实负起应负的使命和责任，作为今后中国高校开展创新创业教育的重要努力方向。

　　"广谱式"创新创业教育的理论价值，确立追求实效的创新创业教育新观念。"广谱式"创新创业教育实现了从"两极"到"中介"的转化，确定了追求实效的创新创业教育新观念。"两极"是指现实推进创新创业教育过程中的两个极端：一个极端认为，创新创业教育就是教学生创业，把创新创业教育"狭化"为职业教育；另一个极端认为，创新创业教育就是培养学生创业意识，把创新创业教育"泛化"为素质教育。"广谱式"概念的提出，可以有效地推动"两极"思维向"中介"思维的转变。"中介"是指两个极端的中间地带，强调既不能把创新创业教育单纯地看作素质教育，不存在"不教创业的创业教育"，也不能把创新创业教育单纯地看作职业教育，不存在"只教创业的创业教育"。"广谱式"创新创业教育就是充分借鉴素质教育的理念和专业教育的方法，形成三维教育结构，为学生提供知识与技能、过程与方法、情感态度与价值观三个维度的教育。在"中介"观的指导下，创新创业教育远非仅是指导大学生设计、创办、经营和管理商业企业或公司，也不仅是解决大学生就业问题的权宜之计，它既是当前促进高等教育内涵发展，不断提高人才培养质量的重要途径，也是大学生充分实现人生价值、提升人生境界的重要途径；既是当前强力支撑创新驱动，服务职业变迁、产业升级和整个经济增长方式转变的重要方式，也是关系民族创新能力提升和创新型国家建设的重大战略问题。以"中介"观为理论基础，高校"广谱式"创新创业教育包括在校教育和继续教育两个阶段，在校教育阶段既有面向全体学生的通识教育，也有面向各个学科的嵌入教育，还有面向有明确创业意愿群体的专业教育；继续教育阶段既有面向准创业者的教育和培训，也有面向中小企业主的咨询与援助，还有面向岗位创业者的培养和提高。通过在两个阶段实施"广谱式"创新创业教育，既要实现全覆盖，又要体现差异化，实现分层次、分阶段、分群体施教。

实现创新创业教育与就业教育的衔接联动。"广谱式"创新创业教育理顺了创新创业教育与就业教育的关系，实现了二者的衔接联动。关于创新创业教育与就业教育的关系，主要有两种代表性观点。一种是对立关系，认为就业教育以填补现有的、显见的就业岗位为价值取向；创新创业教育以创造性就业和创造新的就业岗位为目的。创业教育在世界范围内的全面兴起，昭示着就业教育的衰落。另一种是包含关系，认为创业教育包含在就业教育范畴之内。有学者认为，就业其实是一种生活方式，就业或雇用不仅指被他人雇用，也包括被自己雇用，比如创业[56]。

在辨析创新创业教育与就业教育的关系时，很多学者在高度肯定创新创业教育的同时贬低了就业教育，这种学术观点具有一定的普遍性，已经不是一两个学者的个别看法。产生这种观点的深层次原因是对近年来就业教育的发展变化缺少全面把握所致。这种发展趋势从教育部2007年颁布的《大学生职业发展与就业指导课程教学要求》文件中可见一斑。该文件将职业生涯规划和就业指导作为独立课程，进入高校教育教学管理体系，明确规定了这门课程"既强调职业在人生发展中的重要地位，又关注学生的全面发展和终身发展。通过激发大学生职业生涯发展的自主意识，树立正确的就业观，促使大学生理性地规划自身未来的发展，并努力在学习过程中自觉地提高就业能力和生涯管理能力"的性质与目标。文件将就业指导与职业发展相结合，使得就业指导具有全新的理论基础和价值定位。与职业发展相结合的就业教育的精髓是突出学生的主体地位，唤醒学生的独立工作能力和创造性思维，在实践过程中，既注重以正确的价值观引导学生，又注重个人兴趣和创新能力的塑造，批判性思维和社会责任感的培养，实现了从传统的"就业指导"到"职业生涯教育"的转变，从帮学生找工作向教会学生找工作的转变。

基于以上分析，在"广谱式"创新创业教育体系框架内，创新创业教育与就业教育的科学关系体现在以下三个方面：第一，二者不是对立关系。创业是主动的，就业是被动的；创业是"创造性"的，就业是"适应性"的；创业教育的全面兴起必然昭示着就业教育的衰落，这些命题都缺乏必要的科学依据，不足以作为分析二者关系的基本前提。第二，二者不是包含关系。就业和创业都是大学生的职业选择方式，就业教育和创业教育可以统一为"出路教育"，我们可以把创业作为学生职业就业的一个具体"出路"，作为学生职业生涯规划的一个重要选项，但在进行教育的时候，创新创业教育必须从现有的就业教育体系中分离出来，给予应有的重视。第三，二者是"衔接联动"关系。对全体学生进行"广谱式"创新创业教育有利于促进学生就业；对学生进行就业教育并帮助其落实合适的工作岗位，有利于学生在工作岗位上积蓄力量，以就业为跳板，走一条"经由就业走向创业"的道路。就业可以成为创业的台阶和跳板，创业也可以作为就业的基础和平台，二者天然具有衔接性和联动性，将二者截然分开并对立起来既不科学也不明智。

夯实创新创业教育坚实的理论基础。"广谱式"创新创业教育贯通了创新创业教育与素质教育的本质、特征和目标，夯实了创新创业教育坚实的理论基础。全面实施素质教育是改革开放以来中国教育改革发展的总方向、总目标和总要求，创新创业教育是围绕素质教育这一主旋律跳动的音符。

首先，从科学本质来看，二者都是培育、提高全体受教育者素质的教育，素质教育重在培养综合素质，创新创业教育重在培养创新创业素质。"实施素质教育，就是全面贯彻党的教育方针，以提高国民素质为根本宗旨，以培养学生的创新精神和实践能力为重点[57]，培养学生的创新精神和实践能力，成为实施素质教育的重点。从这个角度出发，有学者明确指出创新创业教育是对素质教育的"具体化""新指认"，是一种高层次的素质教育。认为创业教育与素质教育有诸多相通之处，作为一种教育理念和模式，创业教育系属素质教育的范畴，二者的共同本质是恢复教育的本来意义和价值，即养成学生健康人格，促进学生全面发展。

其次，从主体特征来看，二者都是在教育改革与发展的大背景下提出的教育理念和模式。二者处在不断发展之中，具有鲜明的时代特征。素质教育具有主体性、全体性、全面性和长效性四个鲜明的时代特征。与此相应，"广谱式"创新创业教育突出强调"面向全体学生""结合专业教育""融入人才培养全过程"的核心指导理念，重在实现"全覆盖""分层次""差异化"的基本目标，深度契合了素质教育的主体性、全体性、全面性和长效性特征，使之更好地适应复杂多变的社会环境和应付未来世界的挑战。

最后，从培养目标来看，关注人的发展是二者共同的灵魂、核心和目标。素质教育将促进学生全面发展，培养德、智、体全面发展的合格公民作为最高目标。创新创业教育的目标是培养具有开创性的人，这样的人对于变化持积极的、灵活的和适应的态度，视变化为正常、为机会，而不视其为问题。从德、智、体全面发展的合格公民到具有开创性的个人，正是由于创新创业教育突出强调"开创性"的培养目标，充分彰显"开创性"的意义和价值，并围绕如何培养"开创性"这一核心素质，对素质教育要求全面发展的生理素质、心理素质、文化素质的构成要素进行了选择和归并，或突出重点，或赋予创新创业的内涵，由此重新建构了创新创业素质的结构和系统。这样，创新创业教育既紧密结合素质教育的内在要求，又以实现"开创性"的培养目标为切入点和突破口，实现人的全面发展的进一步延伸和扩展，使得创新创业教育具有与素质教育既相联系又相区别的教育内容体系。这就是为什么二者本质相同、特征相通、目标相合而又要同时存在的必要性。

三、应用型大学的创新创业教育

（一）应用型大学创新创业教育质量评价主体与方式选择

创新创业教育的主要目标是要实现教师的教育思想和理念的变革，学科结构、课程内容和功能的变革，学生学习方法的变革。基于此变革重点，并结合评价体系框架的核心内容分析和上述评价指标体系的构建，我们认为评价机制中最复杂和最核心的模块是对创新创业教育体系中的参与主体，主要是师资队伍的评价、学生群体的评价和课程体系的评价三个部分。

1. 师资队伍的评价方式

在以往的教师评价中，比较多的是将教师进行分等排队，目的是将其分成优秀、合格、基本合格和不合格几个等级，以对其做出奖励或处罚。针对创新创业教育的发展，我们对评价的功能有了新的认识，并意识到评价对象教师并不是被动的客体，而是评价活动的积极参与者，是评价中不可忽视的重要组成部分。因此，在评价中首先由教师进行自评，有利于提高收集到的评价信息的质量，做出客观、正确的判断，有利于被评价教师本人发现问题并主动改进和提高。同时，随着创新创业教育的发展，教师自身的专业技能、素质技能等也都应该跟上时代的步伐，做好教育方面的各种工作。所以，教师评价的目的已经不再是原来对教师工作的简单鉴定、认可、判断、证明和区分，而是注重为教师提供创新创业教育的信息、咨询和改进的建议。这样，既有工作数量、工作质量等指标，又有工作方法、工作态度、工作成效等指标，形成"态度、能力、实效"三位一体的评价机制。

在对教师的科研创新意识、能力及相关成果、教师创新创业教学能力等进行评价时，注重定性与定量、内部与外部、过程与结果的结合。随着评价机制的逐步规范，以前广泛运用的定量方法，并不能充分反映一个教师的实际情况，许多评价内容不能用数量关系予以清晰的表示，一味地用定量方法进行评价会影响评价的信度和效度。因此，我们在运用定量方法开展教师评价的同时，采用一些定性方法，如座谈、问卷调查、个别访谈等。这样更全面地了解教师的实际情况，更有利于给教师一个切合实际的评价。每个教师都需要有不断发展的空间，需要根据评价结果在工作中不断反思与总结、学习和培训，从而不断提升自我。

2. 学生群体的评价方式

教育过程的一个重要环节就是对学生进行评价，评价的发展性功能集中体现了"一切为了学生发展"的教育理念。学生的发展需要目标、引导和激励。但传统的学生评价太过于强调学科知识体系，把测试作为评价的唯一形式，忽视了人文性，制约了学生综合能力的发展。创新创业教育的意义在于促进学生提高其创新创业素质和能力，引导其不断发展和完善。在评价中，要通过对学生注意状态、参与状态等方面观察和了解学生，评价学生，促使其在课堂中全身心投入学习，并在创新创业实践中体验满足、成功、喜悦等的感受，从而对后续学习和实践更有兴趣和信心。在评价方式选择上要注意以下几个方面。

（1）明确学生创新创业学习和实践的目标。贴近学生实际，来设计和制订与其相关的发展目标和方向，进而确定评价的内容、方法，不断反思并改善教师的教和学生的学，发挥评价的发展性功能。

（2）注重评价过程。学生的发展是成长的过程，而促进学生发展也要经历一个过程。收集并保存学生发展状况的关键资料，呈现和分析这些资料，形成对学生发展变化的认知，在此基础上，针对学生的优势和不足给予学生有针对性的改进建议。而且，在这个过程中，学生的自我反思、自我认知更为重要，在自评、互评和他评的过程中不断发挥长处，纠正不足，实现发展、进步和提高的目标。

（3）关注学生个体差异。每个学生都具有自己不同的素质和生活环境，爱好、长处和不足也都是各有不同。学生的差异包括考试成绩的差异，以及生理特点、心理特征、兴趣爱好等各个方面的不同特点，这些不同使得每个学生发展的速度和轨迹不同。因而要依据学生的不同背景和特点，正确判断每个学生的不同优势及其发展潜力，提出适合其发展的有针对性的具体建议。

（4）在评价过程中，应实现考核方式的多样化，鼓励教师改革考试制度。要根据创新创业教育课程的性质、特点、内容，结合教学大纲的要求，采取闭卷与开卷、半开卷，集中考试与阶段考核，场内完成与场外完成，个人独立完成与小组集体完成相结合的方式。通过评价，鼓励学生思考、尝试、创新和实践。

3. 课程体系的评价方式

课程体系的评价从总体上来说，就是要由原来的主要针对教师的"教"切换到现在的主要针对学生的"学"，具体方式如下。

（1）针对教学任务的评价。好的课堂要指导学生有效的学习，这对教师的要求很高。教师要明确地提出学习任务及目标，要让学生明白这堂课要学什么，达到什么样的要求与目的。在评价过程中，根据学习任务及目标提出明确与否，恰当与否，有针对性与否及学生完成情况和效果的好差给予适当评价，分出等级。

（2）针对教学过程的评价。教学过程要看教师发挥其主导作用及学生主体作用的表现情况，同时，教师课堂授课内容的组织设计和表达、学生对所学内容的参与活动和消化也要引起关注。此外，还得注意在教学过程中养成良好的学习习惯，教师引导与学生活动的时间比例、学生自主学习的体现等方面。在评价过程中，要针对师生双边互动情况，给予适当的评价和合理的分类。

（3）针对课堂教学的安排情况的评价。教师要注意课堂教学的组织安排不能一味地追求教学任务的完成密度，要有张有弛地给学生必要的时间，以便他们能充分思考、讨论、提问及放松休息。在此过程中，还要充分考虑学生的年龄特征，避免学生在疲劳的状态下学习。所以，在评价时应视具体情况分析，不可盲目与单一。

（4）针对引导学生提出问题及解决问题的情况的评价。在课程改革的新形势下，对教师的要求就更加严格了，不仅要能设疑和解疑，还要能启疑和导疑，转变教学方法，即把过去的"教知识"转为"教方法"。即要求学生能找到提出问题、探究问题的方法。因此，评课时，应注意学生能不能提出有代表性的问题，能不能通过探究合作等方式实质性地解决问题。

（5）针对教学效果的评价。教学效果，它是将课本知识、教师本身的知识及师生互动所产生的知识融为一体。除此之外，学生的认可程度也是反映教学效果优劣的一个表现。平等地、实事求是地评价教师，并鼓励学生评说自己所学的课程，体现了民主意识。另外，评课时除了要对常规的知识掌握程度、能力培养程度、学生中学会的比率等做出评价外，还应多接触学生，从学生中得到公正的结果。

（二）应用型大学创新创业教育质量评价指标体系设计

鉴于应用型大学创新创业教育工作本身的复杂性，其评价机制用单一维度难以进行客观、精确而全面的概括和测算，因而需要将被评价的诸多内容和对象看成是一个彼此相关联的系统构成要素的价值实现形式，通过构建一套合理可行的综合评价指标体系，用"要素+关系"的形式来进行客观地表述。

创新创业教育是一项政府、学校和社会等组织协同运作的教育系统工程，涉及教育教学、实践平台、师资队伍、社会支撑等内容，因此其影响因素众多。本书全面分析了创新创业教育内涵及国内外研究成果，在指标体系构建上主要遵循以下原则：战略目标导向性、系统统一随调性、全面完成性、客观科学性、动态灵活性及可比可操作性等，并综合分析应用型大学创新创业教育的级别、特点、目标、内容、结构等，同时考虑学生的个性特征、家庭背景及学校创新创业环境对教育体系的影响来进行指标设计和评价方法确定，从结果评价及过程投入两个角度提出了创新创业教育评价指标体系结构图，从创新创业教育的政府层面、高校层面、学生层面、社会层面四个维度来确立评价的内容。

1. 政府层面

政府在创新创业教育中承担着引导以及支持等不可或缺的作用，政府层面上要包括增加经费投入、出台相关政策和优惠措施积极引导学生创新创业，成立专门的教育管理组织机构、规定相应的管理制度措施，积极引导高校学生创新创业，并对其进行有效的管理，如出台税收优惠或信贷融资政策等。

2. 高校层面

高校是创新创业教育实施的主体，是主要单位和场所，也是实现创新创业教育的主要力量。主要包括学校制订积极的创新创业教育办学理念和教育规划，成立专门的创新创业教育管理机构和设立相应的管理制度，培育优秀的创新创业教育师资队伍，设置合理的课程体系和课程内容，并且加大投入建立相应配套的教育设施和实践基地，在全校乃至全社会营造创新创业教育的良好氛围。

（1）高校环境。环境体现了应用型大学为创新创业教育提供的组织支持和资源投入，主要包含硬环境和软环境两个方面。硬环境是指学校在创新创业经费、基础设施等物质方面的各种保障措施，如设立创业中心等；软环境是指学校鼓励创新、推崇创业、宽容失败的学术、氛围及文化，通过相关政策和措施激发学生的创新创业精神和热情，为创新创业教育提供内在物质保证。

（2）教学环节。教学是创新创业教育的实施环节，其主要评价方面在于：学科建设，即创业意识、知识、策略、能力、素质等相关的理论和实操课程的设计和安排；教学方法，除了传统的课堂、教师、课本教学外，还应当增加社会调查、案例分析、讲座互动、创业模拟、商业实战等模式。通过在课程内容及形式上的创新，来提升学生的创新创业能力。

（3）师资队伍。应用型大学的创新创业教育最终是要通过各位教师去实施，因而师资队伍是教育质量评价的重要因素，主要包含教师背景，即高校教师进行创新创业教育所应具备的学历职称、专业知识、素质技能、工作经历等基本条件。其中，以教师的政治素质、业务知识素质、能力素质等为评价重点；教师创新创业能力，即教师的科研创新意识、能力及相关成果；教师创新创业教学能力，即对创新创业教育理论及教学方法等的掌握。

3. 学生层面

学生是创新创业教育的对象，创新创业教育旨在培育适应新时代发展的综合素质人才，提高学生的创新创业能力，因此学生的表现是创新创业教育效果的直接表现形式。学生层面主要包括学生的科研能力、创新成果、创业率以及参加创新创业教育实践活动的情况，如科研人数、次数、科研成果发表、创新作品以及竞赛参与获奖表现等。学生素质主要包含学生的自身背景、表现及其对创新创业教育体系的满意度。其中，学生背景是指其进行创新创业的家庭背景、学历经历、观念意识、个性品质、能力素质等信息；学生表现则是指其在创新创业学习、实践等方面的结果成效；学生满意度，即学生对高校的创新创业教育课程及方式的认同感、主动性和参与程度。

4. 社会层面

社会是创新创业教育的有力支撑，主要包括社会声誉和社会氛围，即社会对创新创业教育的赞同和认可及全社会所形成的创新创业氛围。社会团体及企业组织是否积极支持高校学生创业，为其提供大力的创业服务和支持，这主要看高校在创新创业领域的社会影响、学术地位，与外界创新学术上的一系列联系和成果及毕业生进行创新创业成效的评价。

本书以上述评价内容为主线，采用专家调查法进行筛选后构建了一套包含 5 个一级指标、13 个二级指标的创新创业教育评价指标体系，见表 3-5。

表 3-5　创新创业教育评价指标体系

评价指标体系	一级指标	二级指标	三 级 指 标
创新创业教育评价指标体系 A	高校环境 A1	软环境 A11	创业社团数量 A111
			专题讨论会举办数量 A112
			创业比赛的开展数量 A113
			学校与企业合作的项目数 A114
		硬环境 A12	创新创业中心或类似机构数 A121
			获得创业活动经费的学生覆盖率 A122
			参加创业教育课程后的学生创业比率 A123
			孵化器及配套服务对学生的开放比率 A124
			创新创业实习基地接待学生的数量 A125
			创新成果转化率 A126

（续）

评价体系	一级指标	二级指标	三 级 指 标
创新创业教育评价指标体系 A	教学环节 A2	课程设计 A21	核心课程开出率 A211
			实践课程的学时数 A212
			实践课程的学生参加率 A213
			跨学科课程的开设率 A214
			创业知识在现有课程的渗透程度 A215
		教学方法 A22	企业家访问演讲数 A221
			商业计划、调研报告、案例教学比例 A222
	师资队伍 A3	教师背景 A31	有创业经历教师比例 A311
			有创业及工商管理等培训经历教师比例 A312
			高学历教育人数比例 A313
		创新创业能力 A32	高级职称人数比例 A321
			论文被引用及相关政府部门采纳次数 A322
			创新成果转化的比例 A323
			教师到企业挂职锻炼 A324
			创新创业相关知识考核 A325
		创新创业教学能力 A33	发表的创新创业教育理论成果 A331
			创新创业教育案例挖掘能力 A332
			教师参与社会行业创新创业实践 A333
	学生评价 A4	学生背景 A41	有工作经验学生所占比例 A411
			家庭经营企业的学生所占比例 A412
			兼职学生的比例 A413
			有相关培训经历的学生占比例 A414
		学生表现 A42	学生创新成果的增加率 A421
			把创业作为职业选择的学生比例 A422
			学生创新创业知识考试成绩 A423
			创新或创业计划书质量 A424
		学生满意度 A43	创业课程的出勤率 A431
			学生参加科研活动的增加率 A432
			学生对创业课程教学质量评价 A433

（续）

评价体系	一级指标	二级指标	三 级 指 标
创新创业教育评价指标体系 A	社会声誉 A5	社会影响 A51	社会影响、学术影响、学术地位 A511
		外部学术联系 A52	举办创新创业领域的重要学术会议 A521
			出版创新创业领域相关学术期刊 A522
		毕业生评价 A53	学生创业成功率 A531
			学生一次就业增加率 A532

（三）应用型大学创新创业教育体系的运行机制

从一定意义上来看，创新创业教育的体系框架仅仅是一种静态模式，而机制则是一种动态的运行过程，是规律的作用方式和利用方式。创新创业教育的长期性、多学科的交叉性、复杂的系统性及其对国家人才战略的重要性决定了应用型大学要建立一套具有规范力、执行力的运行和推进机制才能促进其更好地发展。某些高校现有创新创业教育实践收效不大的主要原因就是新体系与旧机制不协调，出现了一些混乱现象。因此，建立有效的运行机制，是应用型大学创新创业教育体系成功运转和不断发展完善的重要保证。

从性质和功能来看，应用型大学的创新创业教育体系的运行机制主要有评价、激励和保障三类，而从机制的主体来看，则可分为外部与内部两类。其中，评价机制主要是指大学内部的评价制度体系，而激励和保障体系则涉及政府的政策保障、社会舆论环境、企业合作和家庭背景及其他支持等。

1. 应用型大学创新创业教育体系的教育管理机制

应用型大学能够快速发展的根本原因就是创新，只有通过创新才能激发学生的创业意识，培养学生的创业能力。因此有必要加强应用型大学的创新创业教育管理体制。

（1）构建完善的创新创业教育模式群。应用型大学必须本着对大学教育进行综合分析为基础，全面开展和推广创新教育与创业教育，实现传统教育模式的转变，把创新和创业作为教育的目标，如可以进行不同专业之间的教育融合，基础课程教育间的内在渗透，实践教学的外在辐射等模式，以自己学校实际情况为依托，积极探索与本校教育环境与资源相匹配的培养模式和教学机制，把创新创业教育理念通过教学融入学生的知识框架中，引导学生形成良好的创新思维和创业能力，并为以后的发展打好基础。

（2）以培养大学生创新创业能力为中心。学校相关部门应当在制度的设定和落实上把好关，注重制度的实用性和导向功能，形成"良性对接"。对涉及教师和学生利益的评价与激励机制要予以重视，积极配合学生开展创新和创业活动，如科研基金管理办法的制订与实施、奖惩机制、实习与实践教育等一系列规定，把对学生的教学活动作为教育的重点，注重学生的个性化培养，调动学生的积极主动性，逐步培养其创新能力。对指导学生开展科技活动的教师，采取定性和定量相结合的考核方法，既对其指导获奖的作品进行表彰，同时又对其所做的指导工作量进行计算，作为其晋升晋级、评优评先的必备条件，全面提高指导教师的积极创新实践性。

（3）深化高校教育改革。为培养大学生的创造能力奠定基础，培养适应社会主义市场经济发展需要的创造性人才，必须对高教深化改革。但改革是一个渐进过程，创新教育是迫在眉睫的事情。学校可以从抓课外科技活动入手，把它作为培养创造性人才的一个十分重要的环节。想要顺利开展实践活动与科技研究需要考虑的方面非常多，涉及的问题也非常广。因此，学校应建立相关的机构来处理这些问题，以院领导班子挂帅，相关部门机构形成领导小组，对日常事务进行管理，对遇见的问题进行一一解决。

此外，学校也应该考虑实践活动和科研所花费的经费支出，如课外实践活动、购置仪器设备、师资引进等，对此学校可以出台一些措施，如从科研经费、学生课题经费、教师教学经费等项目经费中挪出一部分作为学生课外实践活动基金与科技研究经费。对老旧仪器进行更新，对实践场地进行完善，并尽可能地让学生能够利用这些仪器和场地来开展实践活动与科技研究。目前，部分高校已经开始了在实践中探索，如将实践活动与科技研究相分离，以学分制来计算学生的课程学分，只有学分达到要求者才能够毕业，或者还可以允许在实践活动与科技研究任意方面取得突出成果的学生，免修相关课程，因此，备受学生关注的创新创业计划作为学生课外科技活动将会被推向更高的层次。

（4）系统性构建创新创业教育工程。对学生，从小要进行创新教育与创业教育培养；对学校，要改变目前现有的人才选拔和入学制度，高校在此发挥着巨大作用，必须承担创新思维与创业能力培养的双重任务。因为创新思维与创业能力无论在就业与自主创业两方面来说都是非常重要的，学校只有把创新、创业两者融入大学的教学中，才能够"授人以渔"，以方法与思维能力培养为重点，形成一种因子，这种因子可以嵌入教育的各个阶段，形成一种教学能力，一旦学校具备这种能力，加之目前就业情况不容乐观的现实，学生创业的火花也就"不点自燃"了。创业教育是一项涉及全社会的系统工程，必须在以政府为核心，学校为重点，系统性地制定出适合大学生自主创业的政策，给予他们更多的创业优惠和鼓励。

（5）遵循以国家利益为己任的教育中心。以国家利益为己任是创业教育必须把握的一个教学中心。在我国，包括研究生在内的大部分学生创业的目的都是为了挣钱，把自己的利益凌驾于国家利益之上，对国家和民族的奉献着实较少。经社会调查发现，认为以国家民族为目的的创业占25%，以挣钱为目的的创业占65%，而10%的人认为这是个人荣誉的表现。这是很不乐观的情况。我们必须注意到，创新创业教育必须以国家和民族为重，让学生除了能够取得成就之外，还能够灌输其内在的人格品质、公民义务与精神。以前，大学生都认为创业是非常艰难的一项事业，就是创业成功，守业也非常难。事实证明，在社会快速发展的今天，创业对年青一代而言，将显得更加重要，业不是守的，而是靠不断创业才能够稳住我们的事业，稳中求进，前辈创业，晚辈再创业，循序渐进，逐步发展。

（6）进行综合素质培养。自改革开放后，中国在世界舞台上与国际发展接轨，将整个国家的发展放入整个世界的发展竞争中。我们必须对大学生进行综合素质培养，使其能在国际竞争中接受全

118

球经济发展的考验。

首先，应懂得科学方法和其他探究方法，能利用获得的信息解决复杂的生活问题和工作问题。应具备扎实的知识基础和实践经验，不但要广而且要深。应具备接受过高等教育的人应该具有的品质和特征：高尚的审美观、敏锐的判断力、强大的心理承受能力和自信心，以及丰富的历史、人文知识，崇高的个人价值体系，再将这些特征结合起来去认真思考道德伦理问题，同时还应该具备优秀的语言表达能力和流利的沟通能力。这些方面与我们当前的教育目标有很多相似之处，然而以我们目前的教学模式来讲，仍然不适合这种全面性、能力性与创新精神相结合的教育目标。

其次，目前困扰着学校实现模式创新、结构创新、教学方法创新的两个主要"闸门"是"考试"和"成绩"。无论采用何种教学方法及模式，学生在学习考核时，最终仍然逃不过传统考试——以分数定成绩。所以，与原来的教学模式并没有本质区别。在对学生综合素质培养方面，需要考虑的问题比较多，培养的方法也是多样的，如既可以通过观察、采访、座谈、问卷调查、实践活动等方法来培养学生的综合素质，也可以让学生参与设计与研究实战训练，甚至可以通过一些创新创业教育的平台来锻炼和测试学生的心理素质。这些都是非常耗时的，也是必需的，对于学生来说，也是综合素质培养的必要手段，然而在以上阐述的教育模式下无法实施。

因此，必须探索、研究、寻找与尝试有别于以前的新的教育模式、教育结构和教育方法。这种新模式、新结构、新方法必须强调知识的全面性、针对性与基础性，凸显能力培养，注重创新、探索精神的培养。

2. 应用型大学创新创业教育体系的教育服务机制

为了完善应用型大学创新创业教育体系的教育服务机制，学校教育应注重培养学生的创业能力，以培养学生的自主创新、挑战自我、敢于怀疑的个性品质，只有这样才能够为大学创新创业教育奠定扎实的基础。这也是创业教育得以顺利开展的有效保证。必须充分重视学生的个性发展，允许学生成长的个性化，积极配合学生去发现、挖掘自身的创新意识，通过动手实践来培养他们的创新能力，将潜在意识变为实际能力，使我国的大学教育理念得到全面的改革和发展。

（1）要积极开展各种课外科技活动。课外科技活动的开展虽然不能直接使学生产生创造能力和积累创业经验，但是能够促进和增强其创新意识与品质的形成，其本质意义仍然是一种教育和学习方式，能够充分发挥学生自身的特色和长处。学校应该有针对性，依据科学性、实用性和适应性三个原则来积极组织学生开展各种课外科技活动，使其与学校的环境条件、学生现有的知识水平以及业余时间精力安排相协调。同时，学校既不能将其看成简单的形式化活动来应付了事，也不能像对待教师和专业科研人员的科技活动一样提出过高的成果创新和效益要求，而应当将其融入日常的课程学习中，实现其效果。

（2）要良性运用"导师带徒"机制。应用型大学的创新创业课题和项目主要来源于教师、研究小组或专业科技研究室提供或分解的子课题。因此，学校应当科学运用这种"导师带徒"的服务机制，使指导教师能够在"带徒"的过程中，提供创造性的指引和教导，在课题项目研究过程中，最大限度地提高学生的独立学习能力，培养其各种创造性的非智力素质，如观察能力、创新思维和实践能力等，并树立其敢于质疑、批判、探索和冒险的精神。使他们在完成科技攻关项目的同时，学会如何独立地完成一批课题项目或发明专利，为其进行更大的创新甚至毕业创业项目积累经验，打下基础。

（3）要提供点面结合的各类组织支持形式。创新是科学研究的精髓，创新意识和能力的培养是大学生课外科技活动培养目标的核心内容。为提高大学生的创新能力和意识，应当发挥点的示范影响工作，以点带面。点的工作各校因实际情况而异，但大多采用学校学生课外科技活动基金费申报立项，学生自立课题的办法。学校每年专门拨给一定经费，组织学生自立课题，并形成了申报、立项、开发、评审结题等一系列规范的运作程序和管理办法。对于有创造性成果的学生，学校除了给予物质奖励之外，应给予一定的学分，由此来提高广大学生的积极性，也能为更好地开展创新教育打下广泛的基础。一般以竞赛为龙头，形成良好的创新活动氛围，在竞争中构建激励机制。创新型人才必须在竞争中才能得以涌现。近年来，以"挑战杯"为活动品牌的全国大学生课外学术科技活动的推出无疑带动了全国各类院校的大学生科技创新活动，一项激活机制已经形成，通过各级组织的推荐申报，学生参与的过程就是一个创新教育的实践过程，其意义十分重大。通过组建和依托健全的学生科技组织网络来开展，广泛组织各类学生课题小组和科技社团吸引学生参加，为更多的学生接受创新教育提供条件。

此外，仅仅从指导层面实施教育服务机制是不完善的，加上应用型大学对学生的学术要求比较高，大部分高校实践教学管理与学生管理、招生就业管理相对独立，各自为政，所组织的课外实践教学活动没有纳入实践教学的内容统一管理，统一考核。如所组织的创新、创业实践教学活动没有系统性、计划性，很难从宏观上把握实践教学效果。所以，从教学实践层面来综合提出更加具体、统一和可操作性强的教学服务机制也是十分有必要的。

3. 应用型大学创新创业教育体系的内部激励机制

应用型大学创新创业教育体系的内部激励机制是推动其深入、均衡和有效运行并不断发展完善的重要制度基础。根据本书前期调查问卷所凸显出来的问题以及调查结论分析，应用型大学创新创业教育体系推进的激励机制可以采取以下方法。

（1）优化激励要素的配置。建立与完善高校大学生创新创业激励机制并不简单，其关键是要对各参与主体进行动机激励，动机受参与主体自身观念体系、个人素质及情感因素等的影响，而参与主体，主要是教师和学生的个人素质状况又受到学校管理水平、校园文化氛围、硬件设施建设等的影响。因而，在创新创业教育过程中，首先要发挥情感教育的动机激发功能，引发学生自身的学习和创造激情；其次要通过学校内部的各种奖惩机制构建与优化、课程改革与学分设置等来激发教师及学生之间的创新创业互动行为。在发挥显性课程激励作用的同时，还要特别注意发挥校园文化等隐性课程的育人功能，建立课堂内外的创新创业动机激励机制。

（2）创新学分具有激励的功能、评鉴的功能。创新创业活动要科学化、规范化，那么，高校在实施创新学分的过程中就要注意以下几点：一是明确规定创新学分的内容及范围，使学生对它有一个清晰的概念；二是对创新学分的评定标准进行细化，对其研究成果能取得的学分作明确规定，如学生取得的创新学分可以冲抵教学计划总学分中的哪部分等。规范化的创新学分运作制度，可以对大学生创新创业活动产生明显的激励效果。

（3）在资金允许的条件下，加强学校的硬件设施建设，建立创新创业基地，激励更多的创新创业活动。欢迎公司企业、社会基金进驻高校，建立创新实践基地、创业孵化基地，建立校内外相结合的课题组，指导学生开发研制新产品，创办新企业。

（4）注重物质激励与精神激励并举。有效的激励，必须通过适当的激励方式与手段来实现。在实施创新创业活动过程中，应该针对不同的对象给予不同的激励。传统的激励手段有物质激励和精神激励两种。任何物质激励都体现了一定的物质利益，但现在学生激励机制运行中仍然存在着过去那种只有象征意义而无实在利益的"虚奖"，不利于对学生的激励。有些学生必须经过激烈角逐才能获得竞赛一等奖，但得到的只是一个荣誉，大大削弱了激励的作用。

创新科研经费是最基本的物质保证，学校若只在表面鼓励学生参加科研创新活动，却没有提供相应的科研经费，很容易使学生陷入艰难的境地。因此，高校应强化相应的物质激励。与此同时，在整个激励过程中，还需要把物质激励和精神激励有机地结合起来，评出真正的优秀者，给予一定的褒扬，这样就会起到更大的激励作用。这种实行公开、隆重的激励有它自身的好处：其一，便于监督，从而抑制激励过程中的不公正现象，增强奖励的公正性和合理性；其二，使榜样具有更好、更广泛的示范效应，把对"点"的激励扩大为对"面"的激励。

针对在校大学生创新创业，高校不仅要在政策上给予一定的支持，还要在创业启动资金以及相关的设施和场地上给予一定的支持，这样才能切实减小大学生创新创业的压力和困难，更加坚定他们创新创业的信心。

在大学生创新创业活动中，要认真深入地对学生主体的需要类型、动机及追求特点等进行准确分析，然后综合有效地运用各种激励方法，有针对性地采取激励手段，使创新创业教育工作更加有效。

（5）保持激励过程的及时性、持续性。站在心理学的视角，在激励过程中，一个良好的信息沟通渠道非常重要，激励信息要及时、明确、连续地传送到需要获得者的手里。"及时"，即操作和强化之间时间段的最小化。换句话说，也就是值得表扬事迹的发生时间与表扬的时间差距越大则表扬的激励效果越小。在平时的活动中，学生参加创新创业活动所取得的成果，应获得相应的创新创业学分，而学校对此学分的认定程序应该流畅，而且应该及时，只有这样才能有效地激励学生。所谓的"持续"，则是指激励信息保持合理的频率。心理学家认为，对人们良好行为的及时激励很重要，能使人们迅速产生积极的心理反应，并且对自己获奖行为记忆深刻。那么在经过多次重复激励中，可以使人产生积极的心理动力定型，进而养成优秀的心理品质。从这个角度来说，增强激励的持续性，能更有效地发挥激励的效果。

4. 应用型大学创新创业教育实施的保障体系

一套科学、灵活、适应当代科学技术发展、社会发展和学生个体发展的保障机制，不但能够保障创新创业教学活动的顺利开展和运行，带动科学研究和社会服务功能的实现，而且能为创新创业教育体系提供明确的方向及改革的途径和方式，使其持续、健康、快速发展，并逐渐形成为理论，实践于社会，奉献于时代。

本书从政府、社会、企业及家庭等多个视角入手，以应用型大学创新创业教育的规律和特点为基本依据，来建立应用型创新创业教育的保障机制。

（1）政府的政策支撑。各级政府是政策的制定部门，在应用型大学创新创业教育体系的实施过程中扮演着倡导者和扶持者的角色。高校开展的创新创业教育以及学生毕业后的创业实践，都有赖于各级政府在政策、资金及社会服务机构等方面的协调与努力。

政府相关部门在制定政策方针时，不能单单从推动大学生就业这一个角度来理解应用型大学的创新创业教育，而应该从市场经济需求的高度出发，为大学生提供更为良好的创新创业环境，给予优惠的扶持政策，没有政府政策法规的扶持，创新创业教育只能流于形式。

具体来看，首先应当加强相关法律法规制度的建设，为创新创业教育提供相应的法制保证。有关部门要简化创业审批手续，制定相应的税收减免等优惠政策。组织相关部门提供创业培训指导、政策咨询、项目论证、跟踪辅导等相关服务。不断制定、完善关于应用型大学创新创业教育实施的目标、方法、制度、投入等相关规定，进一步搭建信用平台和融资平台，降低企业准入门槛，扩大市场准入范围。进一步放宽大学生创办中小企业的标准，为大学生接受创新创业教育，开展创业实践提供可能。

从制约大学生创新创业的因素来分析，启动资金及后续资金的缺乏是制约其创新创业活动和事业发展的瓶颈。资金同时也是应用型大学开展创新创业教育实践的核心要素，因而，政府要建立各种创业基金，加大对创业教育的资金注入，鼓励大学生创业。政府带头进行投资，并提供债务资本，加强对大学生创业小额贷款基金的支持力度，扩大贷款的辐射范围，有效支持大学生创业。同时对为大学生科技创新创业服务的高新技术企业服务中心（科技孵化器）、生产力促进中心、重点实验室和工程技术研究中心等各类技术创新及服务平台，相关科技计划要给予优先扶持。

（2）免费培训指导。对大学生的创业技能进行培训，进行相关市场拓展，优先提供场地、项目咨询、商务及市场开拓服务。省级以上高新区、农高区建立大学生科技创业辅导制度，选聘省内外成功企业家、高等院校和科研院所管理专家、科技工作者、政府有关部门专家等作为大学生科技创业导师，采取单个指导、授课指导、会诊指导、陪伴指导、咨询指导等方式，帮助大学生提高创业实践能力。

（3）建立创业教育中介组织。政府要尽快扶持各种形式的非营利第三者组织，对创新创业教育进行理论与实践上的指导。积极创造条件，支持大学生科技创新创业。比如，有条件的要划出专门场地，由政府教育行政主管部门和有关教育科研机构组织全国性专门的创新创业教育研究机构，广泛开展创新创业教育研究，尽快形成具有中国特色的创业教育理论体系，在我国各高校普遍开设创新创业教育课程。鼓励和支持民办力量举办专门的创新创业教育机构，可以单独也可以与高校联合开展创新创业教育。积极扶持大学生创业中介组织，设立大学生科技创业基地或创业园，使之为大学生在创办企业、产品开发、科研成果转化中寻求相关企业、资金支持和法律、政策咨询架通桥梁，搭建平台。同时，对大学生的创业项目进行评估，协助办理政府小额创业贷款，承担创业贷款担保等分担政府的风险，为学校的创新创业教育提供非政府支持，分解其教育工作压力，对其实施的创新创业教育进行客观、公正的评估，起到了监督作用。

总之，建立面向新时代的国家创新体系是一项紧迫的任务，也是应用型大学创新创业教育能够顺利实施的保证。国家创新体系强调创新要素或主体之间的联系和相互作用，更强调这一体系有效地使新的知识在创新体系内部流动起来。建立和完善具有中国特色的国家创新体系，加强高等学校与企业的联系，提高科技成果转换，发挥高校的主体性作用，也有助于加强高校培养具有创新精神和实践能力的人才。

（4）社会的舆论保障。创新创业教育的发展离不开一个有利于创新型人才培养的社会环境。几千年的中国传统文化对创新型人才培养有着重要影响。在继承和发扬优秀传统文化的同时，去掉与时代发展不相称的旧观念，从而在整个社会营造开放的、宽容的、鼓励创新的社会风气。同时，利用有效的舆论手段来引导全社会建立人才评价标准，弘扬和表彰创新人才和精神，形成重视创新的社会风气。与此同时，通过政策及法律法规的制定来促进和保护人们的创新激情与创新成果，制定创新型人才培养政策和创新奖励政策等，全面保障和推进民族创新风气的形成。

目前，创新创业教育的研究和推广还主要局限在教育界特别是高校内部，社会各界对创新创业教育的认知还有限，在全社会范围内还未引起广泛反响和有力回应，高校"孤军奋进"，显得力不从心。而且，创新创业教育地区发展也不平衡，有的地方搞得有声有色，有的地方却悄无声息。因此，要发展好创新创业教育，就要形成以政府为主导，高校为主体，全社会关注与支持的创新创业教育新格局。应当通过各种大众传播媒体，向全社会广泛宣传创新创业教育，使"敢于创业，创业光荣"成为社会的普遍共识，使创新创业教育成为社会的责任，高校的使命，家庭及个人的自觉行动，从而为创新创业教育营造一个良好的社会氛围和环境，为创新创业教育的开展培育出肥沃的社会土壤。

（5）企业的合作支持。不能将创新创业教育简单地理解为就业服务，同样的，也不能将创新创业教育简单地理解为其目的是都要培养学生自主创业，企业在大学生的创新创业教育过程中同样扮演着重要角色。在应用型大学创新创业教育过程中，很重要的一部分就是实践环节，这一个环节更多的是需要得到企业家们的支持。企业及各单位组织能够为大学生的创新研究和创业实践活动开展提供方向指引、项目支持、实践岗位、场所、实践指导及资金援助等各方面的支持和服务。目前大多数高校在进行创新创业教育的过程中都得到了部分企业的支持，然而绝大多数是从资金上的帮助，更多的目的在于企业的宣传效应，而对大学生创新创业教育的实际效果并不关心。如果企业能够不单从资金上，而且能提供实践环节的帮助和全方位的创新创业支持，将极大地有利于创新创业教育的实施，同时对企业自身的长远发展有益，达到双赢效果。因此，应用型大学应与一些企业建立长期稳定的合作关系，要让企业明白，支持创新创业是自身发展的重要举措。再由企业提供好的创新研发项目和实践课题，并向学校派送一些具有丰富创新实践和创业经验的人员担任兼职教师，为创新创业教育的顺利实施创造更多的机会和外部条件。此外，企业还可以发扬其文化价值观，利用在社会上的影响力来改变社会舆论及家庭等对大学生搞创新研究和创业实践的否定或观望态度，能够对创新创业教育给学生、企业及社会所带来的价值重新认识和定位，从而为应用型大学开展创新创业教育营造良好的社会氛围。

（6）家庭的支持配合。在当今中国，家庭是大学生成长的重要经济支持和精神支撑，对学生的世界观、人生观、价值观的形成和发展有着至关重要的影响，学生要自主进行创新创业实践活动既有赖于自身的创新精神、创业意识、知识、素质和能力，也与家庭的配合与支持密切相关。家庭背景对学生的就业观、创业观及创业素质和创造性的人格培养具有潜移默化的直接或间接的作用。此外，家庭特别是家长对学生开展创新创业实践的态度十分重要，如果十分支持，经常鼓励，则会使学生对创新创业实践充满热情和信心；反之，学生一旦遇到挫折，就极有可能一蹶不振，灰心丧气。因此，学校要积极沟通并争取学生家庭特别是学生家长对学生创业的支持与配合，充分发挥家庭教育的作用。

目前影响家庭支持学生进行创新创业实践的因素主要体现在：一是思想观念问题，认为培养孩子读书这么多年，到头来还得自己创业，易被人误解为孩子学习不行，没出息；二是资金问题，孩子受教育已耗资很多，现在自主创业还需大量投入，资金压力大。针对家长的种种顾虑和想法，创业导师、辅导员和就业创业中心、学生工作处的相关人员要通过多种方式，加强与学生家长的沟通，积极宣传创业的意义和各种优惠政策，使其摒弃单一的价值观、狭隘的传统教育观、片面的事业观及陈旧的人才观等，摒弃那些陈旧的、世俗的"养儿包办"观念，放手支持孩子个性地自主发展成长。认识到大学生不仅是求职者，还应是工作机会的创造者，开始接受并逐渐重视学校开展的创新创业教育，并努力营造一个"平等、自由、宽松、民主"的家庭环境，协助学校一起培养孩子的创新、进取、独立和勇于承担风险的素质，并为其提供更多的自主选择机会。另外，社会或学校应该加强与家长的沟通联系，组织家长培训，尤其针对一些观念意识相对传统落后的农民家长，在教育方法上要给予重点培训，以实现学校创新创业教育与家庭教育的有效衔接，必要时可协助学生和家长办理创业信贷，最大限度地争取学生家长的配合与支持，以推动创新创业教育的积极开展。

综上所述，我们应当建立起以政府为主导，以高校为重点，社会广泛参与，家庭全力配合的创新创业教育保障机制，通过新闻媒体的大力宣传，社会民间力量的广泛介入，尽快在全国范围内形成创新创业教育的高潮，使我国创新创业教育迈上一个新台阶，从而有力地服务于社会主义市场经济的建立和完善。

四、关于创新创业教育的政策建议

1. 加快推进大学创新创业教育模式和标准的构建

创新创业教育模式本质上就是把大学生的创业能力和创新精神的培养看作一项综合的系统工程，改革大学教育教学目标、教育方式、教学方法以及专业课程体系等，形成一种在过程和结果上都具有创新特征的教育环境，并在不断的教育实践中，以一套具有固定行为特征的教育表达方式和标准呈现出来。而教育主管部门、大学、社会组织、教师及学生应多方积极参与，共同努力，研究创新创业教育的特点，加快推进我国大学创新创业教育模式和标准的构建，让大学在创新创业教育具体执行过程中有据可依，消除目前执行标准不统一、途径差异大的现状。改变阻碍学生主动学习和创新精神培养的教育模式，以培养大学生的创新精神为核心，树立正确的创新创业价值观念，建立多样化和个性化相结合的科学合理的人才培养模式。

2. 促进创新创业教育与专业教育体系的有效融合

目前，创新创业教育在我国大学教育中的学科地位呈现边缘化，多数学校将其包含于技术经济学科或企业管理学科，许多大学对创新创业教育的学科定位模糊。而大学的创新创业教育普遍与专业教育分离，尽管许多大学开始重视创新创业教育，一些大学在人才培养目标和师生激励导向方面已经涉及了创新创业教育内容，但是创新创业教育一般没有纳入学科建设规划和质量评价体系之中。

创新创业教育学科地位的边缘化问题使得各个大学创新创业教育的执行标准不一致，形式多样，不利于创新创业教育的发展。因此，教育主管部门应该积极推进设立创新创业教育学科，明确创新创业教育的学科地位，同时，将创新创业教育思想与知识逐步融入专业教育的过程之中。在统一的创新创业教育框架下，进行师资建设、课程设置和学生培养。创新创业教育学科应以学生的全面发展为导向，培养学生创新精神、创业能力，提高学生的综合素质，贯穿于教育管理的全过程，使全体学生都成为创新创业教育的受益对象。

3. 打造多元化的高素质创新创业教育师资队伍

师资是大学创新创业教育的关键，创新创业教育的特点决定了教师既要有广博的创新创业教育理论知识，又要具有一定的创业经验。而我国大学创新创业教育教师的数量严重不足，往往由其他专业教师兼职讲授创新创业课程，其知识结构和能力无法满足创新创业教育的师资素质要求，同时，大学对创新创业教师的激励措施不到位，教师缺乏积极性。因此，需要建设既有理论知识又有实践经验、专兼职结合的创新创业教育教师队伍。对于原来的教师应积极开展创新创业教育理论研究和实践探索，加强教学经验交流，改进教学手段和方法，在专业教育中灌输创新创业教育的知识。大学应从经费支持、教学考核和职称评定等方面给予创新创业教师一定的政策倾斜，提高教师参与创新创业理论研究和实践的积极性；充分利用社会资源和校友资源，聘请具有丰富行业经验的企业界人士和创业者作为兼职的创新创业教师，为学生开设创新创业课程和讲座，并为专职教师进行短期企业实践、提供实训搭建平台，同时积极培养、培训和录用富有创新创业活力的新生代教师，构建专兼职结合、理论与实践互补的多元化的创新创业教育师资队伍。

4. 设计科学合理的创新创业教育课程体系

创新创业教育涉及多学科交叉融合，需要从跨学科的视角进行课程体系的设计。创新创业教育的课程体系设计首先要考虑如何将创新创业的理念有效地融入专业教学体系之中，使创新精神和创业能力的培养成为专业教学的导向之一；在具体实施上还应重视学科的互补性和课程教学的特点，强调理论课程和实践课程的有机结合，建立可操作性强、内容多样化的创新创业教育课程体系；逐步凝练创新创业教育课程体系标准，强调规范化，减少课程设置随意性。与欧美大学相比，我国大学的创新创业教育课程体系设计不够合理，存在课程形式单一、课程数量不足、课程细分不够等问题。如我国107所"211"大学中仅有41所大学开设了创新创业相关的课程，而美国有1600所以上的大学提供了2200门以上的创业课程。与美国斯坦福大学、加州大学伯克利分校（分别开设21门和23门创业课程）等大学相比，我国大学创新创业教育课程设置仍存在课程细分不够（最多不超过10门），对不同类型和层次的学生培养支撑不足。教学方法和手段、教材等也是创新创业教育课程体系的重要组成部分。目前，斯坦福大学、MIT等创新创业教育开展较早的大学已经开发出一些优质适用的创新创业教育教材；而我国大学的本土化创新创业教育课程教材不多，教材选用的随意性较大，缺乏系统性和科学性。我国教育主管部门和大学应积极开展创新创业教育的相关理论研究，通过课题立项和经费资助的方式鼓励教师将理论研究成果和教学经验进行凝练，形成具有特色的创新创业教育教材，探索行之有效的教学模式和教学方法，为创新创业教育的广泛开展提供参考。

5. 加强大学与产业界的合作，搭建创新创业教育实践平台

创新创业教育具有理论与实践相结合的特点，突出实践性。创意思维、创新精神和创业意识需要经过实践活动才能转化为创新创业能力。因此，大学创新创业教育的实施过程要以实践活动为载体，创新创业教育开展可以包括实验教学、毕业设计、实习实践以及创新创业竞赛等多种形式。大学创新创业教育的开展离不开产业界的支持和参与，以美国为例，产业界为大学创新创业教育提供了大量的人才支持、实践场地和实习岗位，与大学建立联合创新创业教育研究中心、设立捐赠创新创业教师席位等方式支持大学开展创

新创业教育。同时，大学的创新创业教育也孕育了许多世界知名企业，如惠普、谷歌、雅虎、思科、SUN等高科技公司就是在斯坦福校园的创新创业氛围中诞生的，正是这些创新型的高科技企业为"硅谷"的发展注入了生机，使美国的大学创新创业教育与产业发展形成了良性的互动。借鉴国外成功经验，我国大学应积极探索产学合作创新创业教育模式，搭建创新创业实践平台，建立政府、大学和科技产业园区的联动机制，推进创新创业实习实践基地和创业孵化基地建设。通过科技产业园区的实习实践，学生可以亲身经历大量的创业案例，结合企业界人士的现身说法可以从操作层面为学生提供更为直接的指导，开阔学生的眼界、拓宽学生的思路、激发学生的创新创业兴趣。创业孵化基地可以在设备、资金、场地等方面提供创业扶持，并提供专业的创业咨询和创业服务，使创新创业教育真正落到实处。

6. 完善制度环境建设，培育崇尚创新的文化

国外创新创业教育的发展在很大程度上得益于政府部门的政策引导。美国、日本、英国等创新创业教育较为发达的国家都采取了积极措施鼓励和引导创新创业教育的开展。如美国颁布的《贝多法案》《史蒂文森—魏德勒技术创新法》《小企业创新发展法》等支持科技创新转化和小企业发展的政策法案，为美国的创新创业教育提供了良好的政策环境和制度环境；日本颁布了《推动具有创新创业精神的人才培养》报告、《大学技术转移促进法》《中小企业有责法》《中小企业新事业活动促进法》等政策文件；英国则启动了"大学生创业项目"，设立了"科学创业挑战基金""高等教育创新基金"等促进创新创业教育发展的措施。我国应该充分借鉴先进国家的做法，加强政府政策的引导和支持，建立各级创新创业教育管理机构，不断完善制度环境，促进创新创业教育的深入开展，并在全社会形成有利于大学生创新创业的环境。同时，还要进行文化机制上的创新，培育提倡独立思考、弘扬个性、允许失败、允许犯错等有利于人才成长的包容性的创新文化和氛围。

五、高校创新创业教育人才培养体系构建的路径选择

1. 科学定位创新创业教育学科，促进其专业教育体系的有机融合

创新创业教育学科地位的边缘化造成了高校创新创业教育的执行标准不一和受重视程度不高的现象。因此，教育主管部门应该尽快明确创新创业教育的学科地位，设立创新创业教育学科，促进创新创业教育与专业教育体系的有机融合，使高校对创新创业教育的具体执行有据可依，在一个统一的框架下，进行课程设置、师资建设和学生培养。创新创业教育学科应以学生的全面发展为本，逐步纳入素质教育范畴之中，贯穿于教育管理的全过程，使全体学生都成为创新创业教育的受益对象，培养学生创新精神、创业能力，提高学生的综合素质。

2. 探索改进，形成具有特色的、多样化的创新创业教育模式

在推进高校创新创业教育过程中，应该不断探索改进，强调多样化，从学校类型、教育发展阶段以及所处区域差异出发，形成具有特色、多样化的创新创业教育模式。从学校类型来看，综合性应用型高校的创新创业教育应重点进行学生创新精神和创业意识的培养，打造高素质拔尖创新人才，为国家层面的创新体系建设承担重任；普通教学型高校的创新创业教育重点关注创业知识和创业能力的培养，为区域层面的经济社会发展做出贡献。从教育发展阶段来看，创新创业教育基础薄弱的高校重点应放在创新创业教育观念的普及和相关社会资源的挖掘；具有创新创业教育经验的高校应侧重相关资源的整合和优质资源的利用，重点开展创新创业教育的理论与实践研究。从高校所在区域差异来看，东部沿海地区的民营经济发达，中小企业众多，高校的创新创业教育应该充分利用这些优势，重点培养学生的创业能力和创业实务，建立面向第三产业的创业引导模式；京津地区的高新技术产业发达，优质高等教育资源集中，高校的创新创业教育重点应培养学生的创新精神和创业意识，建立技术型创业引导模式；中西部地区经济比较落后，传统产业占主导，高校的创新创业教育重点是在教学过程中不断引入创新创业

元素，积极整合社会资源，营造良好的创新创业社会环境。

3. 建设多元化的高素质创新创业教育师资队伍

建设一支既有理论知识又有实践经验、专兼职结合的教师队伍，是影响高校创新创业教育效果的关键要素。教师应积极开展理论及实践研究，及时反馈教学经验，不断提高在专业教育中渗透创新创业教育理念的意识和能力。高校应从教学考核、职称评定、经费支持等方面给予大力支持，鼓励教师参与创新创业实践，有计划地组织教师到创新创业教育开展得比较成熟的高校进行学习和经验交流；积极整合校友资源、社会资源，聘请各个行业实践经验丰富的企业家、创业成功人士作为兼职的创新创业指导教师，并为专职教师进行短期企业实践和企业任职搭建平台，形成多元化的创新创业教育师资队伍。

4. 构建多学科支撑的、系统化的创新创业教育课程体系

创新创业教育是一个多学科交叉的综合学科，需要进行跨学科、创造性的课程设计。创新创业教育课程体系建设，不仅要把创新、创业的理念融入专业教学之中，还应重视学科的互补性和教学的综合性，强调理论课程和实践课程的有机结合，形成内容丰富、可操作性强的创新创业教育课程体系。同时，优质适用的教材和先进的教学方法也是创新创业教育课程体系的重要组成部分。高校应积极引导和鼓励教师开展创新创业教育理论研究，开发本土化的优质创新创业教育教材，探索行之有效的教学模式和教学方法，充分调动学生学习和参与的积极性，达到培养学生创新精神与创业意识的目的。

5. 推进产学合作，打造创新创业教育实践平台

创新创业教育是理论与实践的结合，而其实践性特点更为突出。高校的创新创业教育教学过程应以实践活动为载体，将创新创业教育与实验教学、实习和见习、毕业设计以及多种形式的创业计划大赛等第二课堂活动相结合。同时，要积极推进大学科技园区和创业孵化基地建设，充分发挥科技园连接高校与社会的桥梁作用。大学科技园区的创业课程突出实例教学，大量成功与失败的案例成

为教案，同时贯穿着谋略、技巧与方法，可以从操作层面为学生提供指导。大学科技园区也可以在资金、场地、设备等硬件设施上提供创业扶持，并提供专业的创业咨询和创业服务，使创新创业教育真正落到实处。创新创业教育的发展也离不开产业界的参与和支持，以美国为例，企业界通过为高校创新创业教育提供大量的人才支持和实习岗位，资助创业教育研究中心或者设立捐赠创业教师席位，成为高校创新创业教育的重要支持力量。我国高校也应积极探索校企合作教育模式，促进产学合作，进一步加强高校学生科技创业实习基地建设，使之成为高校开展创新创业教育的重要实践平台。

伴随着知识经济的兴起，国家在国际上的核心竞争力主要表现在人才上的竞争。创新创业能力是反映人才竞争力的重要因素，因此很多国家都把培养创新型人才摆在战略的高度加以重视。美国、日本、德国、瑞士等国家的知名学府都在学生创新能力的培养方面获得了显著的成果。提高自主创新能力，建设创新型国家作为我国中长期发展目标，促使我国新时期高等院校的战略任务转变为培养具有社会责任感、创业能力和创新精神，善于将创新成果转化为现实生产力的高素质人才。这是时代赋予高等教育的神圣使命，也是顺应高等教育发展重心转移和增强学生就业竞争力以及缓解大学生就业压力的必然要求。如何实现这个人才培养目标是目前各高校共同面对的问题，积极深入研究这一课题，建立创新型人才培养平台，构建科学的人才培养体系，为社会培养和输送高质量创新创业人才。

（1）创建"三进一出，内外兼修"实验实践教学体系。"三进"是指进入实验室、进入研究室、进入产学研基地；"一出"是指服务于企业；"内外兼修"是指课内与课外的结合，校内与校外的结合。机械工程学科现已发展成为不断与其他学科交叉、渗透、融合与集成的产物，在"大机械"的科技背景下，坚持以学生为本，培养具有扎实的理论知识和实践、创新能力相结合的高素质人才是实验实践教学理念和教学改革的指导思想，构建了"三进一出，内外兼修”的实验实践教学体系，努力培养学生的创新思维、创新意识，呵护个性成长，促进全面发展。

（2）克服传统实践教学体系的不足。在传统教学模式中，课堂注重理论知识的传授，实践与实验的学时比重较少，学生们仅停留在理论知识的学习上，没有运用所学的理论知识去解决实际问题，导致学生实践能力差、创新意识淡薄，更谈不上创业了。

转变教学观念，构建多体系的大学生创新实践模式，对本科生开放实验室、研究室和产学研基地，鼓励学生利用课外时间参加科研和实践，解决相关技术问题。在实验室和基地项目的训练中，学生们结合课堂所学的理论知识去解决实际问题，而且要不断地补充新知识，探索新思路、新方法，这些拓宽了学生的知识面，提升了学生的创新创业能力和综合素质。

“三进一出，内外兼修”是培养学生创新创业综合素质与能力的重要平台。该模式为师生提供了一个在高校保护下的面向社会的实践窗口，实现实验室、研究室和产学研基地的联动，搭建对大学生创新能力培养的平台。该平台致力于发展原创科技、推动科技成果转化，提供创业、创新、技术转移服务，使学生真正与社会接触，达到“没出校门先入社会”的校门与社会零门槛效果，是高校与企业交流合作的重要平台。

（3）采用项目教学法全面提升学生的创新能力和应用能力。项目教学法，即学生在教师指导下，通过完成一个完整的“工作项目”而进行学习的教学方法。训练学生的基本科研能力，查阅文献、收集和分析资料、了解学科的前沿；培养学生敏锐的观察力、思维力和想象力，同时发现问题和解决问题。使大学生真正具有创业品质，面对挑战，磨炼意志，积极探索，勇于攀登科学高峰。

项目教学法的具体实施方法：以竞赛题目作为项目，通过组织学生参加 ITAT 竞赛、中日韩模具大赛、机器人大赛、机械电子大赛、机械设计大赛、大学生工程实践能力竞赛、大学生创业大赛等，组织学生进行实践和训练；将参赛内容贯穿在平时的教学实验实践环节中，使所学理论和参赛内容有机结合，有效激发学生的学习主动性和创造性；把部分优秀的比赛作品直接转换为开放性、综合设计性和创新性实验，培养学生的工程实践能力和创新创业能力。

（4）探索学生自主管理开放实验室的新模式。目前机械学院已经建设了四个开放实验室：机电控制实验室、数控机床实验室、材料成型创新实验室和计算机实验室。实验室服务于大学生参与的各项大赛。目前这些实验室都是由学生自主管理，建立了实验室管理制度，建立了实验室负责人竞聘机制。学生负责实验室人员的培训、设备维护、作品制作、材料和配件的购买等工作。建立"创新团队"学生组织，开启了学生自主管理开放型实验室的新模式，由导师引导、启发，学生根据团队情况自主管理，高年级学生带动低年级学生，保证知识结构完整、队伍不断层。实验室为学生提供了研究创新的科研环境，提高了其工程实践、团队合作和组织协调能力，增强服务意识和奉献精神，培养了学生的高情商、社会适应性和创业能力。以机械实验室、教师研究室和产学研基地为依托，实现产学研共同发展。

（5）实验室研究室建设。学院根据大学生机械创新活动的实际需要，筹备建立了创新实验室，购置了电火花数控线切割机床、激光钻床、数控雕刻机等加工设备，对实验人员进行了培训，编写了实验指导书和设备操作规范，丰富了实验创新活动的教学内容。创新实验室在2015年成功举办机械科技作品制作大赛，使学生动手实践能力得到了提高。

科学的实践教学模式，需要一批具有较强实践能力和实践指导经验的教师进行实施。学院的各研究室都具有实际科研项目，教师团队积极为企业解决难题，提高自身的实践能力和创新能力。学院为各个研究室提供实验设备及实验场所，开展院内合作与交流，促进资源利用的最大化。对学生开放研究室，进行相关培训及科研项目研究，大学生参与项目的可行性得到了证实。

（6）产学研基地合作。发展与示范园区、公司和科研单位的合作关系，建立稳定长期的校内外实践实习基地。引进了企业的新技术，了解并学习科研单位新研究方向，使学生在学习阶段就能够接触和了解机械工程发展的主流技术、先进设备，为培养实践型、创新型和复合型人才奠定基础。机械学院与大连展远科技有限公司和大连保税区兴业达科技有限公司等十几家公司和企业建立了校内外产学研基地。校外实习实践平台，培养学生不畏艰难、敢于冒险、敢于竞争、乐观进取的创业精神。通过企业实践，学习企业管理模式和管理经验，使学生更早地了解自主创办企业的申办手续和企业运营中应具备的技术、管理和资金等基础条件，为学生自主创业打下了基础。

第四章 "工匠精神"与应用型高校创新创业人才的培养

第一节 应用型高校创新创业教育人才培养规格

创新创业教育人才培养规格是构建创新创业教育课程体系的重要依据。应用型本科高校创新创业教育人才培养规格应该结合学生个人未来发展定位和社会发展需要制订。在全面建设小康社会的关键时期，其核心是要实现国民经济建设的工业化和现代化。就需求而言，人才需求主要有技能型人才、工程技术型人才和专业管理型人才。除此之外，在工程技术领域还存在一些发现和研究客观自然规律的工作的人才，即学术型人才。上述四种类型的人才，其社会功能不同，要求的知识、能力与素质结构也不同。但是都应当具备"工匠精神"。"精益求精不断创新"是人才的核心。对于应用型本科高校而言，以培养高素质工程技术型人才和专业管理型人才，即以具有创新创业基本素质、具有"工匠精神"和开创型个性的人才为主。

2010 年教育部下发了《关于大力推进高等学校创新创业教育和大学生自主创业工作的意见》，明确提出高校把创新创业教育有效纳入专业教育和文化素质教育教学计划与学分体系，建立多层次、立体化的创新创业教育课程体系。要围绕专业特色进行课程改革，构建创新创业类课程与专业课程体系有机融合，创新创业实践活动与专业实践教学有效衔接为主的课程体系。该意见为高等院校开展创新创业教育课程体系建设指明了方向。创新创业课程体系是大学生创新创业教育理念转化为教育实践的重要载体，应遵循应用型本科高校教育教学规律，坚持理论讲授与案例分析相结合、经验传授与创业实践相结合，把专业知识传授和实践体验有机统一，调动学生学习积极性、主动性和创造性，是实现创新创业教育的关键。

创新创业教育课程类型从课程表现形式上可分为隐性课程和显性课程。隐性课程主要是指创新创业教育潜在课程；显性课程由通识类核心课程、专业或技术课程和技能实训课程组成。它们之间是相互联系、相互影响和相互作用的有机整体。

隐性课程是指在学校计划和课程方案中没有明确规定的教育实践和结果，但属于学校教育经常而有效的组成部分，可以看成是非计划的、隐含的、未被认识的或者不明确的课程，即通过班级环境和校园环境等物质环境、人际关系、文化环境建设，不同程度地体现创新创业教育的主旨和目的。通过黑板报、宣传栏、广播等载体形成创新创业教育的人文环境；学校通过制定相应的制度，形成创新创业教育的舆论、氛围，对学生的知识、情感、信念、意志、行为、价值观等方面起到了潜移默化的作用。

显性课程包括通识类核心课程、专业或技术课程和技能实训课程。创新创业通识课程除了一般的与本专业人才培养目标相适应的经济学、法律、环境、管理学、人文与伦理道德类等课程外，针对全体学生增设创新思维训练、职业生涯与就业指导等必修课程。目的是培养学生的综合素质，加强通识教育。创新创业教育通识类核心课程见表4-1。

表4-1　创新创业教育通识类核心课程

课程名称	课程内容与能力要求	参考学时（学分）
法律与公共关系系列课程	具有从事本专业相关方面的人文与科学素质，奠定经济、环境、法律、伦理等知识基础	160学时（10学分）
职业生涯与就业指导	通过案例教学法，引导学生正确认识自我，了解本专业职业与就业环境，帮助学生树立积极正确的择业观、就业观与创业观	32学时（2学分）

（续）

课程名称	课程内容与能力要求	参考学时（学分）
创新思维训练	围绕创造、创新与创业，贯彻"宽口径、厚基础、重能力、求创新"的通识教育理念，优化学生知识结构，培养学生的创新思维，增强学生的创新创业意识	32学时（2学分）
创业精神	通过多元化教学，使学生了解创业应具备的基本要素、必备知识和技能，企业家必备的精神，唤起学生的创新与创业意识	32学时（2学分）

通识类核心课程基本要求：通过系统学习与本专业培养目标相适应的创新创业教育通识类核心课程，达到具有从事本专业相关方面的人文与科学素质，奠定经济、环境、法律、伦理等知识基础，使学生具有应用本专业知识进行创新创业能力的基本素养。

在保证国家规定的教学内容的基础上，各高校可根据自身办学的特色以及人才培养目标，酌情增加某方面的教学内容。

专业或技术课程：创新创业教育专业或技术课程是指从某个具体的学科出发，设置符合各学科特点的创新创业理论和实践课程。此类课程除了学科基础课程、专业核心课程、专业方向课程三大模块外，增设项目研发课程和创业管理课程。

专业或技术课程基本要求：通过系统学习专业或技术课程，使学生具有在该学科领域中从事项目开发或工程管理等方面的素养和能力，为社会培养高素质创新创业型专业人才奠定扎实的研发或工程管理方面的基础知识。创新创业教育专业或技术课程见表4-2。

表4-2　创新创业教育专业或技术课程

课程名称	课程内容与能力要求	参考学时（学分）
学科基础课程	学科基础课程不仅包含本学科理论课程，也包含相应的实验、实习等实践性教学环节。系统地学习本专业的基础理论、基础知识和基本技能与方法，培养学生的基本能力与基本素质，为学生继续学习专业课程提供基础知识、基本理论与基础技能	160学时以上（10学分以上）

（续）

课程名称	课程内容与能力要求	参考学时（学分）
专业核心课程	教学内容鲜明呈现与社会经济文化发展需要的呼应关系，能有效引导学生掌握解决问题的思路、方法、规律与操作。主要包括知识突出，结构合理，体现专业特色的理论课程、实验课程和实践课程。培养掌握本专业及相关专业方面的基本知识、原理、方法与技能，具备从事本专业及相关专业工程的设计、施工及管理的能力，能在本专业及相关专业领域的设计、研究、施工、教育、管理、投资、开发部门从事技术或管理工作的应用型工程技术人才	192 学时以上（12 学分以上）
专业方向课程	专业方向课程主要包括各方向的选修课程。选修专长分组课程，使学生具备更深广的本专业知识，以满足未来创新、创业与就业需求	128 学时以上（8 学分以上）
项目研发课程	此类课程从学科专业与现实社会生产生活的关联入手，引导学生掌握项目研究路径与方法，参与专业的创新创业实践，提高学生发现问题、分析问题和解决问题的能力	32 学时（2 学分）
创业管理课程	通过专业创业管理课程学习，指导学生开展 8 项专业的市场调研，完成 8 份专业的创业计划书，引导学生了解创业基础知识、基本理论与基本流程，掌握创业计划书撰写技巧。培育学生创业意识、创业基本素质和基本技能	32 学时（2 学分）

　　技能实训课程：创新创业教育技能实训课程是指以学习、科研、实训、创新、创业相互促进为指导思路，以技能实训课程为载体，以知识、能力、素质协调发展为主线，以综合运用能力和创新创业能力培养为核心，以多元化教学、多样化训练、多渠道实践为手段，强化学生创新精神、创业意识和个性化发展的系列课程。

　　技能实训课程基本要求：通过创新创业教育技能实训课程的学

习和实训，使学生具有创业精神和技能，充分挖掘学生的创新能力，激发创业动机。

创新创业教育技能实训课程主要开设创业培训课程和实训环节。实训环节通过仿真实训教学和公司实训教学两种教学模式。选拔具有创业兴趣与愿望、激情与潜质的学生参加此类课程学习，帮助学生系统学习创业知识与技能，培养创业精神与素质，了解创业过程与模式，掌握创业方法与步骤，提高自主创业意识与创业成功率。创新创业教育技能实训课程见表4-3。

表4-3 创新创业教育技能实训课程

课程名称	课程内容与能力要求	参考学时（学分）
创业培训课程	SIYB、KAB 创业培训。系统学习创业知识与技能，培养创业精神与素质，让学生了解创业过程与模式、掌握创业方法与步骤	32 学时（2 学分）
仿真实训	让学生做与专业相关的仿真实训。模拟体验创新创业过程，使学生掌握创新创业方法与步骤	2 周（4 学分）
公司实训	让学生到专业相关的企业、公司实训。提高学生的自主创新创业意识和创新创业成功率	18 周（8 学分）

第二节　应用型高校开展创新创业教育的意义

随着高校的扩招，高等教育体制上矛盾的凸显，就业形势日益严峻，大学毕业生从社会精英成为迫切需要解决就业的弱势群体。高等教育作为科技发展和人才培育的重要结合点，有责任、有义务担当起创新创业教育的重担，这既是国家实施创新驱动发展战略、促进经济提质增效升级的迫切需要，又是推进高等教育综合改革、促进高校毕业生更高质量创业就业的重要举措，也是高校实施素质教育的核心内容。

2010 年中共中央、国务院印发的《国家中长期教育改革和发展规划纲要》提出加强就业创业教育的要求；2012 年教育部印发的《普通本科学校创业教育教学基本要求（试行）》提出应促进学生创业就业和全面发展；2015 年《国务院关于深化高等学校创新创业教育改革的实施意见》对高校加强创新创业教育提出明确要求。由此看来，加强和提高高校创业创新教育水平具有迫切的现实需求和意义。

介于应用型大学和技能型高职院校之间的应用型高校，以学生的学习能力、工作能力相结合和实践能力为人才培养的重点，以应用为目的，培养面向生产服务一线的人才，是我国高等教育体系的重要组成部分，对满足经济社会发展起到积极的促进作用。应用型高校创新创业教育能力的高低，对大学生创新创业能力的培养有至关重要的作用，直接影响着大学生创业就业的成功。

首先是满足大学生自我发展的需求。苏联教育家苏霍姆林斯基认为："创新是生活的最大乐趣，幸福寓于创新之中；如果一个人热爱自己所从事的劳动，就一定会竭尽全力使其劳动过程和劳动成果充满美好的东西，于是，生活的伟大和幸福也便蕴含在了这种劳动中。"从这个角度讲，创新创业能力的培养不仅利于大学生幸福感的获得，还满足了自身可持续发展的需求，是大学生实现人生价值的需要。面对严峻的就业形势，通过增强大学生的创新创业能力来适应社会需求，解决就业问题，不仅需要大力鼓励自主创业和灵活就业，更加需要更新大学生的就业思路，创新就业模式，加强创新理念。因此，在应用型高校开展创新创业教育，开辟多元化就业渠道，将是高校教育工作者的重点研讨课题，也是必须持续进行的长期任务。

其次是适应经济发展新常态的需求。创新创业教育是新时代的一种教育观念和教育形式，是以培养学生的创新精神、创业意识和创新创业能力为基本内容，注重实践，讲究创新，创新创业教育是高等教育在信息化和全球化背景下适应经济发展新常态的必然要求和有效途径。经济社会的飞速发展使得社会对应用型本科毕业生的需求日益多样化，面对严峻的就业形势，针对我国高等教育改革和创新型国家发展战略的需要，应用型高校应加强大学生的创新创业教育，鼓励学生自主创业，坚持创新引领创业、创业带动就业，主动适应经济发展新常态。

最后是缓解就业压力的需求。就业是当今世界各国都十分关注的重大经济问题和社会问题，我国每年有大批新增劳动力进入社会，农村劳动力不断涌入城市，再加上政府机关、事业单位减员增效，严峻的就业形势给高校毕业生就业带来了极大压力。在应用型高校开展创新创业教育，引导和鼓励更多的大学生加入创业就业的队伍中来，启发、挖掘学生的创新创业潜能，是为毕业生走向社会准备接受挑战的重要途径。这既可以促进人才培养与经济社会的发展，又可以增加创业就业需求的紧密对接，不仅可以提高大学生创新创业水平，还可以缓解社会的就业压力，是促进毕业生充分就业的重要措施。

第三节　应用型高校创新创业教育的现状与问题

一、应用型高校创新创业教育的现状

早在 2002 年，教育部就在清华大学等 9 所大学开展了创新创业教育试点工作。当前，创新创业教育已受到团中央、各级政府和各高校的普遍重视，在全国各个高校以各种方式开展着。虽然大学生创业数量有明显增长，但创业形式单一、创业领域狭窄、创业发展性弱等问题导致大学生创业经常呈现出昙花一现的现象。目前，我国应用型高校创新创业教育的发展势态良好，但总体水平不高，创新创业教育融入人才培养体系面临着几个障碍。

1. 创新创业意识薄弱

提到创新创业教育，有的人很自然地认为这是学校的事，与社会、家庭等因素关联不大；有的人对创新创业教育概念的内涵认识得还很不清楚，甚至错误地认为这是一种被迫的就业选择形式，是"被创业"和"被就业"；还有的人认为创新创业教育是对少数创

新创业能力比较强，有创业就业想法和商业头脑的学生开展的，等等，这些都是对创新创业教育内涵的误解。

受经济发展水平的影响，各地区创业就业的观念差别迥异，对创新创业教育重要性的认知程度也不尽相同。我国东部及沿海发达地区，经济发展状况良好，人们对新鲜事物的接受程度普遍较高，对自主创业持支持和推崇的态度。例如，温州地区具有浓厚的创新创业文化和思维，在市场经济的激发下，温州的商业文化精神被当地人加以发扬，形成了人人讲创业、人人做老板的创业精神。受环境的熏陶，温州的多数大学生都具有创业的意识和梦想。事实上，当前大学生参与自主创业的积极性总体还比较低，取得的成果也不明显，创新思维和创新创业意识相对淡薄，应用型高校的创新创业教育面临的形势还很严峻。

2. 与专业教育融合度低，针对性差

培养学生的创造性是教育中不可或缺的，大学阶段是培养学生各种基本能力和专业能力的重要时期，但是受传统基础教育的影响，我国的应用型高校的教育方式还比较落后，学生的主观能动性的发挥和思维的拓展受到了严重的阻碍。同时，由于创新创业教育的学科性质原因，学科体系不明确，学科地位较为边缘化，没有明确的专业和学科，在教学管理方面没有得到应有的重视，导致与大学生的专业教育融合度低，针对性差，效果不明显。

3. 创新创业教育实践环节薄弱

在创新创业教育过程中，应用型高校将注意力放在社会需求和促进社会发展上，这种想法和做法本身无可厚非，但是在实际操作过程中，往往会忽视大学生个体的发展，导致他们在走上工作岗位以后不能有效践行所学的技能，缺少继续发展的动力。同时，严重缺少既具有较高理论和科研水平，又具有一定实践经验的从事专业的创业就业的应用型高素质教师，这也是导致我国开展创新创业教育不理想的原因之一。

目前以全面提升创新能力为重要目标的"高等学校创新能力提升计划"正在实施，各高校纷纷响应积极开展大学生创业计划，但是创业计划的实施需要得以发展和成长的平台。一些地方政府为学生创业开办了创业园区，但很多创业园区、创业基地都是华而不实的，不能很好地为学生项目成长提供服务和支撑。

创新创业教育强调大学生创新创业能力的培养，体现了社会经济发展对人才的知识、素质、能力等的综合要求，特别是专注、诚信、创新等方面的素质要求。创新创业教育的核心是培养大学生创新精神和创业就业能力，而不单是技巧，它侧重于从注重知识传授向更加重视能力和素质培养的转变，注重大学生个性化和全面综合素质的发展，将理论知识与实践技能很好地结合起来，运用所学的知识创造性地解决实际问题，激发他们的青春能量，塑造他们务实地面对社会，精益求精地面对从事的工作。为此，应用型高校尝试采取了许多措施，并取得了一定成效。

（1）及时更新创新创业观念。应用型高校的教育观念应跟得上时代的脚步，及时更新，主动适应时代和市场经济发展的需求，切实把创新创业教育落到实处，要引导学生积极准备，注重积累。纵观社会各界创业成功的人士可以看出，创新能力和创业能力是促成个体创新创业成功的关键要素，只有具备很强的综合素质才有可能在以后的创业中有所成就。事实上，大学生完全可以成为创业的主体，也应该成为创业的主流群体。同时，应期待一部分学生将来成为自主创业者，为社会其他就业人员提供更多的就业岗位。大学教育所提供的东西绝不只是书本上的知识，各应用型高校应尽可能地丰富学生的在校经历，通过各种专题教育和讲座，宣传创新创业精神和相关政策，有针对性地进行创新创业理论教学，使他们对创业有信心，让他们在大学生活中尽情展现最美丽的青春。

（2）注重与专业教育的有机融合。与研究型高校不同，应用型高校的学生专业应用性更强，围绕专业开展创新创业教育，将专业教育和通识教育相结合，在创新创业教育理念的指导下进一步完善专业教育是非常必要和可行的。在相关的专业课程中，结合并渗透创新创业的实际操作性内容，通过各种类型的校内、校外实践活动来进行大学生创新创业教育，优化与专业教育的有机融合。首先，要科学完善课程建设体系，特别是将创新创业类知识内容纳入教学计划，强化与专业实践教学有效衔接的创新创业实践环节，着力培养学生的创业意识和企业家主人翁精神，发挥学生的主观能动性。其次，把创新创业教育与专业和学科优势相结合，提倡探究式学习，引导学生在研究和开发中学习，在实践中学习。注重创业基础、职业规划、就业指导类课程的学习，更强调与专业课程联系紧密的能够反映社会需求的创新创业知识内容的教学，搭建起实践与教学、企业与课堂互动互通的链接，建构能够适应社会发展所需要的知识体系，不断提高学习和更新知识的能力。最后，大胆尝试创业类体验教育。应用型高校应组织学生积极争取到创新创业项目，进一步实施孵化体验、强化专业技能体验、在创业学生团队训练体验、完成学生创新创业教育的锻炼成长。与此同时，应用型高校也可以利用自身办学优势，为学生提供创业就业实战演习的场所，鼓励学生利用课余时间尝试与社会的对接，让学生提前适应社会需求，在实践中积累经验。

（3）搭建创新创业实践教学平台。实践教学是培养学生实践能力和创新能力的重要环节，也是提高学生社会职业素养和就业竞争力的重要途径。只有在"实践—认知"的往复过程中，才能不断增强动手动脑的能力。创业是实践性很强的活动，除了要进行系统的理论学习外，还必须通过各种各样的创业实践活动来强化学生的创业意识，培育他们坚定的信念和顽强的意志，运用已学的创业理论转化为自身的创新创业技能。应用型高校可以适当加大资金投入，一方面，积极改善教学条件，组织有序的企业观摩、创业体验、企业文化教育，强化现场感受创业、亲身体验创业，调动学生创业就业的主动性；另一方面，强化学校和各类公司、工厂的联系，建设具有创业指导功能的校内实训基地和若干个校企合作、资源共享的校外实训基地，构建创新创业理念下的实践教学平台。在学校和学生社团的组织下，鼓励和帮助学生勇于走出校园，走向服务社会的最前线，直接为区域经济的发展提供劳务服务和技术支持。此外，还应深入开展各类勤工俭学活动，帮助学生培养自强自立、艰苦奋斗的创业精神和社会适应能力，让学生切身体会到创业的艰辛和乐趣，便于以后在岗位上开创新的技术和业绩。

（4）充分利用学生社团组织。在高校开展创新创业教育，学生社团组织应该且能够发挥重要作用。大学生社团是学生自愿形成的，是校园文化建设的重要载体，也是高校"第二课堂"的引领者，可以提高学生自我管理的能力。利用大学生社团开展创新创业教育活动，可以建立学校和社会之间的联系，让学生走向社会，为其学习、生活和工作提供服务，在实际锻炼中提升创新意识和能力。应用型高校应鼓励学生创立创新创业的社团组织，充分利用校园文化，营造积极健康的创业教育良好氛围。借助校园传媒的力量，调动学生的创业积极性。具体包括：宣讲国家和地方为促进大学生创业的优惠政策及相应措施的办理流程；开展形式多样的创业实践活动，如各级各类专业技能竞赛、创业类技能竞赛、创业设计活动等，促使学生思维多元化，提升学生的综合素质；各学生社团还可根据实际情况邀请成功创业人士走进校园，以创业报告的形式对学生进行个人成功创业经历的分享，进行现场辅导和讲授，起到积极示范作用。

（5）建设专业的师资队伍。创业的核心是创新，创新支撑着创业，通过一定的创新创业知识传授，提高学生的创新精神、创业意识、创业能力和动手实践能力，是造就高素质创新型和应用型人才的重点。创新创业教育成功的核心是"人"，师资队伍的建设直接决定着创新创业型人才的培养质量。教师只有在具有所学的知识和技能、个人素质、职业前景和工作动力的情况下，才能满足人对他们的期望[58]。由于创业教育内容涉及面广，实践性强，学科之间交叉性和联系性强，这对应用型高校承担创新创业教育的教师素质提出了更高的要求和标准。结合社会经济发展新常态来看，教师还需通晓现代企业管理制度和市场经济的运行规则。专业的创新创业教育教师，应该在教给学生创业必备知识的同时，通过

148

互动式、感悟式的教学方式，从思想上激发学生创新创业的欲望，调动他们的潜能，达到自觉提升综合素质和能力的目标。大学生创新创业能力的培养不是一蹴而就的，需要广大教师在教学过程中能够站在学生的立场上想他们所想，成为学生创业就业道路上的指路人和服务者。

二、应用型高校创新创业教育的问题

（一）创新创业教育的理念与体系相对滞后

大学生创新创业能力的提高是大力提升高等教育人才培养水平的迫切需求，也是推进高等教育改革发展、促进高等院校学科发展、提升科研水平的重要举措。当前我国大学生创新创业教育体系存在的问题主要表现在以下几个方面。

1. 创新创业教育的定位不明确

就目前而言，创新创业教育还远未成为我国高校一个独立的专业和学术领域，大多数高校没有把创新创业教育作为高等教育主流教育体系中的一部分，更没有形成相对成熟的理论体系和框架。在高校内部，虽然为学生开展了一些创新创业的工作，但仍旧普遍存在功利性创新创业的教育理念，一些高校教学管理人员认为创新创业教育就是为大学生的毕业就业或创业提供指导，创新创业教育就是为就业有困难的专业或者学生提供创业思路和方向。由此可以看出，大多数高校没有在教育层面上实施创新创业教育，也没有把它纳入学校的人才培养规划。部分措施还仅仅停留在技术创新和理论创新阶段，忽视了对创意型创业和社会创新的关注。

2. 大学生缺乏创新的观念和思维

近年来，教育部开展了一系列大学生创新创业的科技竞赛，在此背景下，各高校也逐步开始注意大学生创新创业能力的培养，积极激励和大力支持大学生参加各种各样的创新创业实践，从教育部到各省市都设立了各类科技竞赛、创业设计大赛、实践教育活动，鼓励学生自主创业。但是这种方式的刺激，往往是以短期收益为目标，竞赛和活动结束之后，学生获得了奖励，教师取得了荣誉，在后续的过程中很少有继续深入实践的，多数团队就此终止研究，同时指导教师也转向其他方面的科研中。再加上历史上流传下来的大学生就业和学习目的的旧观念的顽固影响，严重禁锢了大学生创新创业的主动性和积极性。由此可见，以科技竞赛带动的大学生创新实践项目虽然有助于调动教师和学生参与的积极性，但缺乏大学生创新创业能力培养的长效机制，短期行为严重，严重忽视了大学生创新观念、逻辑思维、逆向思维等能力的培养，严重影响其持续发展的能力。

3. 创新创业教育师资严重不足

创新创业教育的关键在于师资队伍建设，目前我国多数高校的创新创业师资主要是来自本校从事专业教学的教师或者是从事学生工作的辅导员和管理人员。由于这些教师的创业经验缺乏，只能进行理论教学，教师在此类课程中教学指导方式单一，更为重要的是，教师的知识结构单一，往往难以满足创新创业教育的多元化要求，创业课程尤其是优质课堂难以开设，教师自身的创新能力比较薄弱，也很难培养出创新型人才。虽然部分高校或者专业可以从外界请来政府部门的工作人员或企业管理人员进行讲学，甚至充当兼职教师，但这样仍旧缺乏系统的教育体系。在普通高校有限的办学经费中，各高校很难在创新创业教育方面投入大量的教学经费和配套资源，加之一些政策和措施落实不到位，教师指导或讲授创业课程的积极性普遍不高，在本来就繁重的科研、理论教学工作上，对此投入的精力和时间更是有限。

4. 创新创业教育与专业教育脱节

尽管目前我国许多高校也意识到创新创业教育的重要性，并开始推行创新创业教育，却大多限于操作和技能层面，还未将创新创业教育纳入专业教育的培养方案和体系之中。同时，也没有制订对创新创业教育的考量制度。高校一直以来是以就业率来评定教学质量的高低，没有动力将创新能力纳入学生的评价体系，从而导致创新创业教育与专业教育脱节。这种脱节造成很多从事高等教育的教师认为创新创业教育只需开展所谓的"第二课堂"

活动,其着眼点依旧是创业技能训练。很明显,创新创业教育体系并没有被纳入学校的学科建设规划、人才培养方案以及质量评价体系之中。此外,创新创业学科建设时间过短,建设内容也不够完善,课程设置在各高校随意性很大,大多是根据各自师资队伍的情况来设置相关创业课程,这也造成与专业教育体系的融合度不高,尚未形成以创新创业教育为目标的课程体系,阻碍了创新创业教育的推广。

(二)创新创业教育过程实施不够科学

目前,高校创新创业教育的顶层设计已经出炉,这既再次吹响了提升创新创业教育质量的集结号,也描绘了未来高校创新创业教育改革的美好蓝图。然而,透视当前高校创新创业教育的现状,推行高校创新创业教育改革依然面临着许多的困境和问题,也不同程度地制约着高校创新创业教育的改革与发展。

1. 基础教育的价值迷失对学生创新潜能的"抑制"和"阉割"

(1)应试教育模式对学生创新潜能的"抑制"和"阉割"。促进学生发展是教育应具有的价值追求和责任,但是,现实的教育生活中,基础教育阶段的孩子们并没有享受到应该属于他们的教育体验。事实上,每一个学生的心中都蕴藏着巨大的创新潜能,然而,应试教育模式和唯分数论价值导向下,无尽的题海和无休止的考试才是孩子们实际的生活历程。同时,课程多元化程度不高,作业苛求标准答案,学生的动手实践机会偏少,孩子们的创新欲望受到抑制,创造性欠缺,创新潜能被无情地"阉割",造成了孩子们不想创新、不敢创新、不会创新、不能创新。

(2)教师教育方式对学生创新热情的消磨和摧毁。基础教育阶段,学生的身心发展处在不成熟期,教师的主导地位往往凌驾于学生主体地位之上,教师成为绝对不容置疑的权威,学校教室的场域空间安排呈现教师权力中心性,学生在教育和生活过程中萌发的一些个人思考和"离经叛道"的想法只要不符合教师的教育观念,便会被否定、禁止,学生的创新热情被无数次地消磨和摧毁,久而久之,学生们便不敢怀疑权威、不会提出问题、不敢大胆想象、不想冒险行动,从而渐渐缺失了批判和否定思维,创新的天性与意识也逐渐进入了"冬眠期"。

2. 高校在大学生创新创业能力培养上的"缺位"和"失位"

(1) 高校创新创业文化氛围的缺失。首先,高校对创业教育的认知存在偏差,认为创业教育就是教学生如何创办企业,并且认为创业只是少数掌握各种资本者的事情,而缺乏各种资本和经验的学生很难创业成功;其次,高校缺乏创新创业文化的积淀,创业教育游离于高校人才培养模式之外,创新创业指标并没有真正纳入对高校和学校领导的考核,许多高校对于学生创业的态度都是"说起来重要,做起来次要,忙起来不要";最后,当前高等教育领域普遍存在"重学轻术,重普轻职"现象,重视理论学习而轻视实践锻炼,这显然与创新创业活动需要学生具备极强的动手实践能力的要求背道而驰,无形中扼杀了创新创业的文化基因。

(2) 创业教育教学实践体系不完善。首先,高校的创业课程体系不完善。创新创业教育没有上升到理论学科层面,没有形成科学体系,难以发挥合力;创业课程脱离实践,创业教育缺乏足够的实践平台(基地),学生的创业实践环节流于形式,导致多数学生的创业活动仅仅停留在"纸上谈兵"的层面。其次,实践型师资缺乏。目前,大多数高校严重缺乏既具备较高理论水平又具备一定实践经验的教师,受人事管理制度等因素的制约,使得高校在任用企业人才时存在许多障碍,这导致高校实战型创新创业师资极其缺乏。最后,教学内容及方式滞后。创业课授课教师本身是"学院派",缺乏企业锻炼和创业经历,教学以理论讲解和案例教学为主,讲授的就业指导课程基本集中于政策法规讲解、就业信息获取渠道和简历制作、面试技巧等方面。可见,高校传统的创业教育课程和教学体系十分缺乏实践元素,在很大程度上限制了高校创新创业人才的成长和发展。

(3) 学生创新创业意识淡薄,缺乏行动自觉。2013 年,全国各类高等教育学校在校生总数达到 3460 万人，高等教育毛入学率达到 34.5%，我国高等教育已经进入了大众化阶段。但是，多数大学生对大学功能的认知仍然停留在大学改变命运、大学培育精英分子的层面，对大学认知的偏差使得大学生走出"象牙塔"、萌发创业的意识非常薄弱。同时，在常规开设的就业创业指导课程之外，校园文化建设中，关于促进学生创新创业能力提升的隐性课程资源的开发和实践还十分匮乏，已有的创业项目和实践不同程度地存在低水平重复现象，大多数学生缺乏创新创业的精神，也缺乏创新创业的勇气和胆识，更缺乏创新创业行动的自觉性，其最终结果是学生创业率低，创业成功率更低。

3. 大学生创业支持体系薄弱

（1）创业支持体系较为薄弱。当前大学生创新创业资金的来源主要是政府和高校提供，创业资金来源渠道狭窄，社会和民间资金参与度不高。创业被认为是高校的工作，政府和社会在大学生创业工作中的主动性不强，角色作用发挥不明显，政策设计并没有真正考虑到创业者的实际诉求，其效力的发挥大打折扣。创业支持体系的薄弱限制了创新创业教育形成规模效益，也限制了创业质量的提升。

（2）创业评价体系导向存在偏差。一是我国高校创新创业教育相比于国外发达国家起步较晚，发展还处于初级阶段，没有形成政府、高校、社会、学生相结合的良性互动的创新创业教育生态培育体系，政府、高校、社会、学生等各个子系统的角色功能尚未充分发挥出来；二是大学生创新创业项目的评审过分关注创业项目的前期可行性分析，忽视了对立项支持项目实施情况的后期督查评价，对创业实践项目失败的宽容度偏低。

（三）创新创业教育保障体系不够健全

要实现创新创业能力的有效培养，除了硬件的支持及实践平台的搭建以外，相应的保障措施必不可少。学校研究出台有利于创业创新环境长效机制，着力放在政策制定和配套的全面创新上，解决了大学生创新的根本问题和深层问题。实施了 4 个主要方面的政策保障措施，包括创新创业组织机构、兴趣学分制度、创新创业教师职业生涯规划指导、创新创业"一站式"服务。

1. 缺乏创新创业教育专门机构

机构建设是创新创业教育的重要基础性工作，通过组织机构的建立，形成学校高度重视、多部门协调配合、师生积极参与的长效工作机制。在组织领导上，成立由校长亲自领军、分管教学工作的副校长具体负责、有关职能部门负责人参加的大学生创新创业教育工作领导小组。各学院、系也相应成立了由主要领导任组长的领导小组，具体负责本学院、系的创新创业工作，包括创新创业教育激励机制、项目申报、活动开展等。建立了大学生创业教育指导教师专家库，组建创业课程教师、创新创业项目指导教师和创业导师队伍，满足创业教育多层次、多样化需要。

2. 兴趣学分制度不健全

在国外，如美国麻省理工学院、加州大学伯克利分校等很早就创设了本科研究计划，鼓励支持达到一定条件的本科生参与教师的科学研究项目，并冲抵一定的学分。山东交通学院从 2009 年开始，学校为扩大学生受益面，将兴趣学分纳入本科生培养计划，大学生在校期间需要获得至少 10 个第二课堂学分方可毕业。兴趣学分可通过多种途径获得，包括学科竞赛、科学素养训练、技能训练等。实施全面的兴趣学分激励了学生参加课外科技创新活动，保护和发掘了学生的科研潜力，充分体现了学分制教学管理制度培养学生个性、开发创造力的本质特征。

3. 教师专业化体系建设任重道远

高水平的创业教育师资队伍是推进创业教育向深层次方向发展的核心所在，是培养高素质创业型人才的根本保障。经过多年的努力，学校逐步形成了校内优质师资与企业兼职导师、第一课堂与第二课堂相结合的创新创业教师队伍。通过整合经济与管理学院、交通法学院、艺术与设计学院、交通与物流学院和其他工科学院等优质教学资源，紧密围绕创新、创业主题，将所有创业实践所需要的知识分类，按照技术创新、市场

营销、项目管理、团队管理、财务投资、法律、创业实践课程
建设动态进行聘任。学校成立了青年创新创业教师工作站，为
大学生创新提供方向引领和技术支持，为创新基地带来"创新
种子"。另外，面向国内外聘请优秀专家学者来讲课。聘请优
秀校友和企业家成为学校的兼职教师和创业导师，参与课程教
学，到学校举办讲座等。

4. 需要提供创新创业"一站式"服务

为更好地给学生创新创业活动提供专业的服务，学校通过整
合校内、社会、校友企业等优质资源，建设"亮·交通"大学生
创新创业教育实践基地"一站式"服务平台，为大学生创业在技
术挖掘、作品创作、产品孵化、商品运营等方面实施全程配套服
务。2016 年，校团委启动包括"亮·交通创客空间""创新创业
生涯规划工作坊""创新创业服务中心""创新创业事务服务大
厅""青创社"等多功能中心在内的创新创业"一站式"服务平
台建设，组织开展各种创业赛事和创业文化活动，加强创新创业
服务管理。组建创业指导团队，为创业学生提供政策咨询、技术
指导等综合服务；建立创业保障激励机制，通过增加经费投入、
完善服务体系等措施，最大限度地调动学生开展创新创业的积
极性。

对创新创业教育进行了一系列探索，构建了具有普遍指导意义
的"三层次、四平台、四保障"的创新创业教育体系。丰富的科
技创新和社会实践活动，提升了学生创新实践能力，培养了学生创
业品质，大学生的社会适应能力和社会竞争力不断增强。近年来，
学生踊跃参加各种科技活动，取得了优异的创新成果，在历届全国
大学生电子设计竞赛、全国机械创新设计竞赛等大赛，获奖成绩始
终保持在前五名。山东交通学院为交通行业培养了一大批创新创业
能力强的工程应用型人才，受到了用人单位的高度评价。山东交通
学院为地方工科高校开展大学创新创业教育和培训工作积累了经
验，并发挥了示范辐射作用。

第四节　"工匠精神"与应用型高校创新创业人才培养的契合性

　　工匠一般是指从事器物制作的人；工匠精神狭义是指凝结在工匠身上、广义是指凝结在所有人身上所具有的、制作或工作中追求精益求精的态度与品质。它在中西方文明发展过程中均有所体现。那么，它们有什么样的具体含义与体现？在当代中国，我国政府提出了"中国制造2025"的战略性计划，希望实现由工业大国向工业强国的转变，并在社会主义核心价值观中要求人们具有"敬业"精神，那么，在这一过程中，工匠精神有何时代价值？这是本书欲探讨的问题之一。

　　在中华文明的发展过程中，作为文明的始祖黄帝就是一位伟大的工匠，传说他发明创造了房屋、衣裳、车船、阵法、音乐等；另一位始祖炎帝也据说发明了医药，制末相，种五谷，作陶器等。《周礼·考工记》曰："百工之事，皆圣人之作也。烁金以为刃，凝土以为器，作车以行陆，作舟行水，此皆圣人之所作也。"这些发明创造极大地便利了人们的日常生活，也是人们将这些创造型的能工巧匠视为"济世圣人"。中华文明的发展与繁荣也集中体现在能工巧匠创作的各种各样精致细腻的物品之中，比如，青铜器、丝绸、刺绣、陶瓷等。可以说，在整个中华文化发展演进的历史长河中，工匠因其职业的特殊性形成了独具一格的精神特质。体现在以下几个方面。

　　（1）"尚巧"的创造精神。追求技艺之巧，对于传统工匠具有极其特别的意义。首先，巧是工匠一词的基本内涵。《说文解字》曰："'上'，巧饰也。"段玉裁注曰："引伸之凡善其事曰工。"《汉书·食货志》曰："作巧成器曰工。"《公羊传》何休注云："巧心劳手以成器物曰工。"在某种程度上"巧"是工匠的代名词，能称为工匠的人就是一个心灵手巧的人。其次，"巧"构成了工匠区别于其他职业群体的鲜明特征。《荀子·荣辱》曰："农以力尽

156

田，贾以察尽财，百工以巧尽械器，士大夫以上至于公侯莫不以仁厚知能尽官职。"从事器械制造活动最需要的能力便是"巧"，所以为工必尚巧，它是工匠最基本的职业要求。再次，它是工匠努力追求的重要美德，当人们赞美一个工匠时，经常会用"巧夺天工""能工巧匠""鬼斧神工""巧同造化"之类的词语来表达对工匠的赞美之情。最后，它也是形成优良器物的必要条件。《周礼·考工记》曰："天有时，地有气，材有美，工有巧，合此四者，然后可以为良。""巧"并不只是一种简单模仿的手上操作技巧，它在本质上体现了创造性思维的特质。它要求人们敢于打破常规，别出心裁，不拘泥于传统。那些在中国历史上被称为"能工巧匠"的，不只是因为他们技艺的熟练，更重要的原因在于他们身上所具有的创造性品质即创新精神。鲁班就是以其发明创造了曲尺、墨斗、刨子等器物而被后人尊奉为土木建筑的祖师爷；奚仲因为造车而闻名于世；还有"虞驹作舟""仪狄作酒""夏鲧作城"等。这些工匠的创造发明，极大限度地改善了人们的生活条件，获得了民众的崇敬，被奉为"祖师爷"予以纪念。

（2）"求精"的工作态度。追求技艺的精湛与产品的精致细密是传统工匠精神的第二大特点。《诗经·卫风·淇奥》曰："如切如磋，如琢如磨"描述了工匠在切割，打磨，雕刻玉器、象牙、骨器时仔细认真、反复琢磨的工作态度。儒家借鉴了这一精神，将其作为治学和修身的方法。《大学》曰："如切如磋者，道学也；如琢如磨者，自修也。"朱熹进一步提炼出它的核心特质"言治骨角者，既切之而复磋之；治玉石者，既琢之而复磨之，治之已精，而益求其精也"。由此，产生了"精益求精"一词。由于它对为学、修身、做事所发挥的积极作用，使得它也因此获得道德意义，从而成为工匠所追求的一种重要美德。

这种精神集中体现在中国古人制造的器物上，它们以其精致细腻的工艺造型闻名于世。据《周礼·考工记》记载，战国编钟极其精致，可以做到"圆者中规，方者中矩，立者中县，衡者中水，直者如生焉，继者如附焉"。马王堆出土的汉代素纱禅衣丝缕极细，用料 2.6 平方米，而重仅 49 克，"薄如蝉翼""轻若烟雾"，是世界上最轻的素纱禅衣。著名的苏州园林以其意境深远、构筑精致而著称于世，被称为"咫尺之内再造乾坤"。中国的丝绸、陶瓷等工艺品以其精湛的技艺远销欧亚，号称"丝绸之国""陶器之都"。至宋代，冶炼、建筑、织造、陶瓷、茶、酒等工艺技术水平已经达到了相当高的水平，民间的许多传统手工艺制作，比如，剪纸、年画、雕刻、皮影、泥塑等也以精巧而著称。这些作品的背后都凝聚着中国工匠精益求精的工作精神。

（3）"道技合一"的人生境界。对技艺和作品精益求精的追求并不是那些高明工匠们的真正目的。娴熟的技巧对于他们而言，只不过是通往"道"的一种途径。他们希望通过手中的技艺领悟到"道"的真谛，从而实现人生意义的超越。庖丁解牛就是这一典型例子。《庄子·养生主》曰："庖丁为文惠君解牛，手之所触，肩之所倚，足之所履，膝之所踦，砉然向然，奏刀騞然，莫不中音。合于《桑林》之舞，乃中《经首》之会。"梁惠王赞叹他精湛的技艺，而庖丁则回答说："臣之所好者，道也，进乎技矣。"也就是掌握了"以无厚入有间"的规律，即道才会有游刃有余的技艺。在庄子笔下并不在少数，例如"轮扁斫轮""佝偻承蜩""运斤成风""大马捶钩""津人操舟"等，这些人的技艺可以说已经到了登峰造极、出神入化的地步。通过技艺理解生活世界，最终可以使我们从"游于艺"的状态，到达"心合于道"的境界。

综上所述，中国文化视域下的工匠精神将"巧"，即理智与实践相结合的创造精神，作为工匠所应当具备的职业基本要求与美德；在工作过程中，特别注重严谨细致的态度，力求做到技艺与制作品的精益求精，从而达到一种"道技合一"的人生理想状态。

西方文化视域下的工匠精神是非利唯艺的纯粹精神。在柏拉图看来，工匠制作产品的目的不是为了获得某种物质性报酬，而是为了追求作品自身的完美。因为"如果有一种利益是所有的匠人大家都享受的，那显然是因为大家运用了一种同样的而不是他们各自特有的技术"。报酬是所有工匠所享有的,那是因为大家都运用了自己特有技术之外的共有的"挣钱之术。"

但是"挣钱之术"并不同于技艺"医术产生健康,而挣钱之术产生了报酬,其他各行各业莫不如此,而每种技艺尽其本职,使受照管的对象得到利益"。工匠精湛的技艺也在于产生优良的作品,使得对象得到利益,而不是为了让制作者自身获益,因为"没有一种技艺或统治术,是为它本身的利益的……一切营运部署都是为了对象。因此,工匠的技艺全在于追求作品的完美与极致"。

"为了把大家的鞋子做好,我们不让鞋匠去当农夫,或织工,或瓦工。同样,我们选拔其他的人,按其天赋安排职业,弃其所短,用其所长,让他们集中毕生精力钻研一门,精益求精,不失时机。"这样才可能制造更好的作品。而如果让鞋匠做木匠的事情,木匠做鞋匠的事情,不仅不能制造出优良产品,还可能对城邦产生很大危害,更是对正义的侵犯。木匠做木匠的事,鞋匠做鞋匠的事,其他的人也都这样,各起各的天然作用,不起别种人的作用,这种正确的行为乃是正义的影子。这样依靠正义的原则与追求圆满为工匠的存在提供了道德上的正当性。

一、工匠精神与职业道德的培养

1. 至善尽美的目的追求

亚里士多德认为工匠对产品精益求精的追求,产生于对目的善的欲求以及对自我创作产品的热爱。目的的存在可以为工匠的"精益求精"提供动因。他指出对制作活动而言,目的(产品)比活动过程更为重要。因为无论谁要制作某物,总是预先有某种目的。制作活动本身不是目的,而是属于其他某个事物。而完成的器物则自身是一个目的,因为做得好的东西是一个目的,是欲求的对象。所以,选择可以或称为欲求的努力,或称为理智的欲求,人就是这样一个始因。

这个目的就是工匠在制作过程中竭力追求的那个称为"善"的东西。每一种职业都是以某种善为目的,这个善"就是人们在做其他每件事时所追求的那个东西。它在医术中是健康，在战术中是胜利，在建筑术中是一所房屋，在其他技艺中是某种其他东西，在每种活动和选择中就是那个目的，其他的一切都是为着它而做的"。工作之善就在于圆满实现了工作所要求的目的对于一个吹笛手、一个木匠或任何一个匠师，总而言之，对任何一个有某种活动或实践的人来说，他们的善或出色就在于那种活动的完善。对产品的精雕细琢与对技艺的精益求精，因为有助于职业目的的实现才具有"善"的意义。

在亚里士多德看来，除了对目的的追求之外，工匠对产品精益求精的追求，还体现为工匠对自己制作的产品的由衷地热爱。首先是因为存在对于一切生命都值得欲求和可爱，而我们是通过实现活动（生活与实践）而存在，而产品在某种意义上也就是在实现活动中的制作者自身。所以，制作者爱他的产品，因为他爱他的存在。其次制作者所制作的产品是持久的（因为高尚的东西是经久不衰的）。所以工匠精神体现了对永恒存在与高尚人格的不懈追求。

2. 对信仰负责的敬业作风

宗教改革的领袖马丁·路德金指出：任何世俗的工作都是为信仰服务的。一个人可以在任何行业中得到拯救；在短暂的人生历程中，一味计较职业的形式没有任何用处。可以坚信，信仰带给他们的工作不一定是最好的，但一定是最适合他们的。因此，当你把世俗的工作视为服务，这样你就能明白，当你在工作中感受到自己是在为信仰劳动时，实际上你是在用最卑贱的世俗行为敬畏信仰。这实际上是告诉人们，工作的目的不是为了追求个人享乐，而是为了荣耀信仰。因此，不必担心自己的工作过于卑贱或幼小，虽然人的社会地位有高有低，但是他们的信仰之路没有贵贱之分，只要认真努力地做好自己的工作，就有可能得到信仰的宠爱。

这样为工匠的制作活动予以了极大的精神力量，塑造了典型的工匠精神。首先，使得工匠更富有一种耐心和细心的精神品质，因为无论从事何种工作都是时势根据每个人的天赋而量身定做的，当下的就是适合的，另外，任何工作只是形式的不同而已，在本质上是一样的，都旨在完成自己在社会生活的任务。因此，做什么工作并不重要，重要的是能否圆满地完成自己的任务，能否将这份工作做到尽善尽美。因此，精益求精、追求完美与极致对于工匠而言是最为重要的。

3. 工匠精神的当代价值

随着现代机器化大生产对传统手工业的取代，传统工匠逐渐从历史舞台中退居一角，有些人认为，工匠精神已经过时了。事实并非如此，工匠精神是一种对工作精益求精、追求完美与极致的精神理念与工作伦理品质，它包含了严谨细致的工作态度，坚守专注的意志品质，自我否定的创新精神以及精益求精的工作品质。这些优秀的工匠精神品质在今天的社会中依旧具有重要的社会价值。

工匠精神是工业制造的灵魂。尽管传统的小作坊形式基本上被现代化的工业制造所取代，但是在人类历史中沉淀下来的工匠精神和文化传统，却依旧贯穿于现代化的工业制造之中，甚至成为现代工业制造的灵魂所在。历史经验表明，当今世界工业制造强国的形成与他们对工匠精神的重视密切相关。

众所周知，德国是当今世界上最重要的工业强国之一，其产品以精密优良而著称于世界，产生了保时捷、奔驰、宝马、西门子、阿迪达斯、麦德龙等一大批世界知名品牌。其制造业的发达与对工匠精神的重视程度密切相关。德国人素以严谨细致的工作态度而著称，有这样一篇报道，所有德国人农场生产出来的鸡蛋都有"身份证"，一串长长的号码告诉消费者它的产地、蛋鸡是圈养还是放养、鸡场及鸡圈的位置以及鸡产下这枚蛋的日期。因为德国的企业家首先是将自己定位为一个以技术改变世界的工程师，其次才是商人。在他们眼中，技术、工作本身的意义高于经济利益，有时他们甚至愿意为了追求精品而不计成本。他们的工人也以称为一名优秀的"工匠"为极大的荣耀。李上真在《德意志道路》一书中总结说，近两百年来的德国现代化道路，从外部看，是一条技术兴国、制造强国的道路；从内部看，支撑这一道路的是"工匠精神"对技术工艺宗教般的狂热追求远远超越了对利润的角逐。当欧盟其他国家经济处于衰退中时，德国经济却能持续增长，德国总理默克尔将之归功于德国人追求卓越的工匠精神。

日本制造的强大也与工匠精神密切相关。从江户时期，在日本的匠人间就已经形成了一股追求产品精益求精的精神。首先体现在日本人将产品的好坏与个人的荣辱紧密地联系起来。他们身上具有强烈的自尊感，认为制作一件优良的产品，是自己的极大荣耀，如果由于自己的疏漏而导致产品残缺，即便在市场上销量不错，也不以为荣，反以为耻。正是在这种"荣誉法则"的推动下，他们对产品质量严格要求，对技艺精致的追求达到了神经质般的狂热程度。在许多日本人看来，将一件小事做到极致就是一个人的成功，一个人生命的全部意义所在。因此，日本的很多中小型企业数十年如一日只生产一种产品，专攻一门技艺，其产品也就日趋完美。

在当代社会，最能体现工匠精神的就属"苹果"产品。"苹果"的创始人乔布斯就是工匠精神的坚守者，被誉为"当代最伟大的工匠"。他对工作精益求精的追求接近苛刻的程度，被称为"残酷的完美主义者"。在 iPhone 4 的整个设计过程中，他不断反复雕琢，始终在致力于追求完美与极致，甚至不惜付出高昂的成本。比如，他要求计算机内部的所有螺丝要用昂贵的镀层。为了清理机箱底盘留下的细纹，而直接飞往加工厂，要求铸模工人重做。不惜成本，将本来已经接近完美的 iPhone 的设计方案不断否定。正是因为对细节的这种"锱铢必较"贯穿于整个苹果设计团队之中，从而造就了一代精品。正如有人这样评价"苹果就像一间艺术家的工作室，而乔布斯则是一名熟练的工匠"。

综上所述，名牌产品的创立、工业强国的形成在很大程度上来自这种精益求精、追求完美与极致的工匠精神。没有最好，只有更好，将每个产品的每个细节尽可能地做到极致，矢志不渝地追求一种完美至善的理想状态，这是优良制造形成的关键所在。

现代机器化生产模式固然极大地提高了社会生产率，但是它对工作者自由的发展构成了威胁。因为它客观上阻碍了工作者"向内发展"，希望拥有一批缺乏一技之长的雇用工人，这样就可以降低成本，增加利润，使得以前那些具有一技之长兼具艺术气息的工匠被"肢解"成一个个只会进行简单操作的会说话的机器，工作者自身的价值因为自动化而被贬低。在这种生产方式中，普通工作者是被动的、消极的，其创造性是被压抑的。而传统的工匠虽然也从事制作活动，但是那并不是一般人所认为的一项简单机械的日复一日的重复性体力劳动，而是一种持续性的创造过程，是一个不断对技艺、产品进行提升完善的过程。他们的制造活动是建立在自由精神基础之上的，工匠可以随意左右自己的行动。因此，工匠可以从工作中学习，在劳动过程中使用并发展自己的能力及技能。正是这种具有创造性特征的工匠精神造就了一批杰出人士。

第一，工匠精神有助于工作者自我价值的实现。对于一个具有工匠精神的人而言，产品是工作者自由意志的表达。工作者对工作过程具有完全的控制权利，产品完全可以根据自己的意志自由构造，渗透在作品中的是自我想法的表露，体现了自我对世界的理解与认知，自我通过工匠精神获得了客观化的表达。以工匠的态度来做事，工作就不再是一件不得不做的痛苦事情，而变成了一种忘我的投入。因为"靠的是他的手艺，他是自由的"。工作过程本身就是生命活动的自主展开，整个生活就是一种"投入的人生状态"。工作本身就是生命的外在表达。自我的价值存在于自己双手所能控制的作品中，不依赖于其他外力，因此，在工作过程中能够获得真正的满足感。

第二，工匠精神有助于亲密情感的建立。一方面，有助于促进同事间的情感交流，使人们在工作中感受到人性的温暖。在现代化

163

的工业生产模式中，工人被分割在不同的车间，固定在不同的时空范围之内，同事之间不被允许自由交流，人们之间只有竞争，缺乏温情。而在传统的工匠生活中，并不是这样，香奈尔首席鞋匠有句名言"一切手上技艺，皆由口传心授"。师傅向学徒传授手艺的过程中，在一起朝夕的相处中，耳提面命，不仅传授的是技艺，还传授了做人的道理和坚韧、耐心、专注、精益求精的工匠精神。匠人的制作过程就是人与人之间的情感交流与行为感染的过程，在这一过程中，建立起了深厚的师生情谊，这是现代化的组织模式所无法替代的。

第三，工匠精神建立了人与物的亲密关系。现代化的工业大生产为人们提供了丰富的产品，但是都是以标准化、单一化的形式存在，缺乏商品的独特性、人情味，就像是一块冰冷而缺乏个性的石头，感受不到制造物所带来的亲切感。在传统社会中，产品与匠人是自然贴近的。对于匠人而言，在从产品的构思到完成的整个过程中，残留着自己双手的痕迹，渗透着绞尽脑汁的思虑。产品不仅是商品更是艺术品，它的好坏代表着自己的声誉、尊严与道德品格。对于消费者而言，通过触摸产品能够真切地感受到手上的痕迹，通过观看产品的机巧可以想象到匠人的专注与坚守，每个产品都是独一无二，展现着匠人的个性，精雕细琢展现的是人性的温暖。

当代中国制造呼吁工匠精神的回归。随着互联网技术在制造业、服务业等领域的广泛运用，世界工业格局面临着重大调整的历史机遇，于是西方发达国家纷纷加强了在移动互联网、3D打印、大数据等高精尖产业方面的研究。德国首先提出"工业规划"，希望能够在未来社会保持工业强国的领先地位。与此同时，中国政府也提出"中国制造2025"的战略计划，力争在未来十年实现由一个工业大国到工业强国的转型。

这一伟大目标的实现关键在于从根本上提升中国制造的质量，然而中国制造的困境问题也在于此。我国号称"世界工厂"，几乎可以生产世界上绝大部分产品，但就质量而论，不免令人担忧。据网上报道，有些新楼尚未交付业主就已出现裂缝，刚建好的大桥不到半年就已坍塌，防盗门是"纸夹芯"，奔赴日本购买马桶等怪现象层出不穷；食品安全方面，毒奶粉、纸馒头、瘦肉精、地沟油等更是屡禁不止；各种假冒伪劣、粗制滥造的商品充斥着市场，严重损坏了消费者的利益。出口国外的商品也多半是以廉价而非优质取胜，虽然产品众多，但是在世界上能拿得出手的名牌寥寥无几。

质量问题产生的根源在于经济理性的无限度扩展，代表人本主义的工匠精神的存在空间被严重压缩。正如卢卡奇认为，人类文明始终存在两种张力，一种是以弘扬人的主体性为特征的人本主义；一种是可计算化可定量的科学精神，科学精神与经济的结合在现代社会里，演变成了建立在被精细计算基础上的经济理性与技术理性。这两种力量始终处于激烈的冲突之中。但是现代社会里经济理性主义精神取代了人本主义成为工作社会中的主流价值观，以追求利益的最大化成为支撑当代中国工商业发展的内在驱动力，人们从事一切制造、生产、服务活动的最终目的是实现经济利益的最大化。历史表明，质量低劣的产品虽然暂时获得利益，但也只是昙花一现，最终难免被淘汰的厄运。世界名牌产品百年不衰的历史经验告诉我们，只有在工作中始终贯穿工匠精神，以追求完美与极致为目的，不断精雕细琢，精益求精，才可能赢得大众最终的信赖，工业强国的梦想才有可能得以实现。

工匠精神不仅涉及中国制造及其产品质量，更是人们普遍的职业和工作伦理的敬业精神的集中体现，对待工作精益求精不仅是工作者的优良品质，还是一个民族成员对待工作的优良品质，也是社会主义核心价值观中的"敬业"的要求，因此，在当前开展的培育社会主义核心价值观的活动中，特别是创新创业教育工作中更应该充分弘扬"工匠精神"。如果每位民族成员和单位工作者都能以精益求精的态度对待并从事工作，中华民族伟大复兴的"中国梦"才能落到实处。

二、工匠"匠心"与创新人才的培养

我国职业教育虽然规模大、就业率高，但就业质量不高，待遇偏低，在择业、升学、报考公务员等方面存在诸多限制和歧视。造成这种现象的主要原因是毕业生的质量不高，不能满足企业特别是高新技术产业对职业技术、技能型人才的需求。究其深层次的原因之一就是学生缺失"匠心"精神，不能成为企业的"能工巧匠"。当前，中国正在由"制造大国"向"制造强国"迈进，而具备"匠心"精神的职业劳动者是实现这一战略目标的必要条件。在这一目标的驱动下，西安理工大学高等技术学院采用"三全、两重、一高"法培养学生的"匠心"精神。即对学生实行"全员培养、全面培养、全程培养，重基础、重过程，具备一项高技能"的培养方法。

1. "匠心"精神的时代内涵

"匠心"就是工匠之心。从历史的维度来看，工匠是现代社会之前的一个群体，他们的工作和劳动主要依靠手工完成。当前的各类高等院校，虽然加强了实践能力的培养，但还是缺乏对学生"匠心"精神的培养。没有匠心精神，不可能成为一名合格的职业人，所以大力加强"匠心"精神的培养，让"心灵手巧"成为衡量人才的标准，尤其在职业教育与应用技术教育中要予以体现。以"工匠精神"杜绝和取代"浮躁"的蔓延，在机器化大生产的时代，更注重产品的精度和品质，这和工匠精神不谋而合，可以这么讲，科技越发达，工匠精神越重要，更需要大批具有"匠心"精神的人才来推动科技进步，技术创新。

2. 全员、全面、全程培养学生的"匠心"精神

全员是培养学生"匠心"精神的基础。学生进入高等院校，学校里每一位教职员工都肩负培养学生"匠心"精神的重任，正所谓"环境造就人才"。在课堂上，理论课教师渊博的知识、爱岗敬业的精神、严谨的治学态度等是"匠心"精神的体现；在实训场地，实训教师精湛的技能、一丝不苟的态度、规范严格的操作是"匠心"精神的体现；辅导员的精神面貌、高尚的道德、精湛的职

业能力是"匠心"精神的体现；后勤管理人员热情、熟练、规范的业务能力是"匠心"精神的体现。他们都是培养高等院校学生"匠心"精神的导师。因此我们要培养出具有"匠心"精神的学生，必须具有"匠心"精神的教职员工，只有这样才能做到全员培养学生的"匠心"精神。

全面、全程是培养学生"匠心"精神的保障。现代职业精神的基本要素包括职业理想、职业态度、职业责任、职业技能、职业纪律、职业良心、职业信誉和职业作风。而"匠心"精神是职业精神的最终体现。

要实现"匠心"精神的全面、全程培养，必须把"工匠精神"融会贯穿于"敬业精神"之中并且需要经过以下流程。步骤一：新生入学教育及专业介绍是学生树立职业理想的关键环节。榜样的力量是无穷的，通过本专业具有代表性真实案例讲解本专业特色及前景，使学生在了解本专业的基础上确立自己的职业理想。步骤二：通过一学期的学习和对学校学习氛围的了解，帮助学生制订出职业生涯规划。没有规划就没有目标，只有对自己进行正确的分析，确立了职业方向，也就准确定位了自己的职业目标。步骤三：以学生的职业生涯规划书为基础，采用"情境教育法"让学生学习职业态度、职业责任及职业纪律。学生的第二学期至第四学期的主要学习地点仍在学校，尚不具备顶岗实习的条件，但这并不妨碍学生接受现代职业精神的教育和熏陶。采用"情境教育法"使学生深切体会职业精神的内涵，将学生置于"职场"这一特定情境，可以使学生身临其境、闻其声、见其人，这无疑培养了学生的职业态度、职业责任及职业纪律。步骤四：有了职业理想和职业态度，职业技能的培养才有保障。职业技能的培养可以通过项目式教学、工学交替、生产性实习、顶岗实习等环节来完成。没有规矩不成方圆，要按照企业用人标准和岗位技能的要求进行严格指导，加强训练，在掌握一定实践技能的同时培养学生的职业作风和职业信誉。步骤五：职业教育的最终目标是培养学生的职业技能，根据专业特点和培养目标，在学生掌握了必要的基本技能的基础上，按照职业标准进行专业强化训练，提升学生的专业技能，使学生的"匠心"精神进一步得到完善，从而基本具备职业人的专业素养。

3. 重基础、重过程培养学生的"匠心"精神

重视基础教学是培养"匠心"精神的基础。"台上一分钟，台下十年功"，只有夯实基础，筑牢根基才有可能使培养出的学生具有"匠心"精神。学校不是培训机构，不是纯粹意义上的"师带徒"，更不是培养"救火员"，它是大众教育、是普及教育，是有专业培养目标的教育机构，必须根据教学目标，按照人才培养方案规范教学。没有扎实的理论基础作为支撑，不可能成为能工巧匠，因此要严格按照本专业的培养目标和方案实施专业基础教育，为培养"匠心"精神打下基础，使学生具备可持续发展的能力，最终成为企业的"可塑之才""高级工匠"。

重视教学过程是培养"匠心"精神的保障。"过程决定结果，细节决定成败"，要培养学生的"匠心"精神，必须注重细节和过程的培养。无论是理论教学还是实践技能指导，教师必须要求学生做到过程完整、精益求精、一丝不苟，让学生明白"细节差之毫厘，结果谬以千里"。这就要求教师严格执行课程标准并制订出完整的教学过程。只有过程完整，执行到位，才能使学生"匠心"精神的培养得到保障。

4. 一项高技能是"匠心"精神的最终体现

作为应用型教育，培养高端技能型人才是根本，也就是说合格的高职毕业生应该具有"高端技能"。通过前期职业素养的培养，为满足企业对人才的需求，尽快与企业接轨，根据学生的特长、爱好及就业意向，为学生"量体裁衣"，进行"模块式"的专项技能强化，为企业的岗位进行"量身打造"，从而使学生在走上工作岗位之前具备一项高技能，最终达到学生在就业时已具备了"匠心"精神和工匠技能。

要落实"中国制造2025"战略指导思想，实现"中国制造走向中国创造""制造大国走向制造强国"的梦想，急需"匠心"精神的回归。高等院校培养不出具有"匠心"精神的职业劳动者，

是高等教育的失败，是不合格的院校。西安理工大学高等技术学院通过"三全、两重、一高"法对学生"匠心"精神培养，得到了企业的认可和学生的认可，使学生的就业率得到很大提高，就业质量得到了大幅度提升。"打铁还需自身硬"，高校作为人才的输送终端，只有强化学生基础能力培养、提高综合能力水平、完善多层次多类型人才培养体系、注重学生"匠心"精神培养，才能培养合格的应用型人才。

第五节 "工匠精神"与应用型高校创新创业人才培养模式的构建

一、"项目贯穿式"与创新创业意识的培养

1. 基于三个层次专业训练项目的创新创业教育

专业训练项目是创新创业教育的具体载体，在创新创业教育中起到桥梁纽带的作用。构建以专业训练项目为载体，由简单到复杂的、操作性强的创新创业教育体系，具有极其重要的意义。

（1）要贯穿创新创业教育专业培训项目，传授创新创业知识。构建基于专业项目的、贯穿四年大学生涯的创新教育课程体系。新生在大学第一学期就进行"创业教育""专业教育""杰出校友面对面"，从第二学期到第五学期各专业各年级有针对性地开设创新创业课程、企业家讲坛、模拟项目训练等，毕业前的学期进行"就业创业指导""应用文撰写讲座""创新创业大赛"，四年八学期创新创业教育不间断，将创新创业意识的培养渗透到专业教学的各个方面。这一层次的专业训练项目有职业生涯规划比赛、专业训练项目申报书、专业训练项目实施计划、论文、专利的撰写等，逐步提升和固化学生的创新创业意识。

（2）校企共建共享创新创业培育实践基地，提升创新创业能力。为保障专业训练项目顺利实施，校企共建"专业导师工作室""工程中心""创新创业教育实践基地"，着力打造学生的创新创业实践基地，为创新创业大学生提供专业项目训练的相关软硬件条

件。这一层次的专业训练项目有专业技能培训、专业训练项目研究、创办企业策划、模拟创业、模拟企业运营与管理实训、创新创业挑战比赛、创新创业实践活动等。培养学生整体职业素养和创新意识，提高学生的专业动手能力和创业技能。

（3）打造"区园企校"四方联动的创新创业公共服务平台，创新创业成果孵化。为进一步促进专业训练项目的实践，学校与政府部门、行业、企业四方联动，先后成立"亮·交通"创新创业教育实践基地、"智·交通"创业中心、交通科技产业园、国际商学院、科技项目申报服务中心等多个公共服务单位和机构，为校内创业大学生提供技术支持、成果转化、创业培训、房租减免落实、税收返还、专利申请、知识产权保护等方面的保障，有效帮助校内大学生创业者在有创业项目、无资金、无经验的情况下进行"零"成本创业，在创业实战中获得创新创业能力，孵化创新创业成果。这一层次的专业训练项目有创办公司、企业运营与管理。培养学生跨专业综合创新能力，成为具有高附加值的专业人员与创业者。

（4）互联互通的创新创业精品资源开放课程网站，创新创业规范管理。采用先进的信息化网络技术，将创新创业教育课程视频、创新创业教育最新动态、项目申报、专业技能培训项目、创新创业实践活动、科技论文撰写、创新创业挑战比赛、企业策划、模拟企业运营与管理等，搭建在创新创业教育精品资源开放课程网站上。该课程网站平台将创新创业教学教育的管理分层次、质量监督分等级，成为学校与企事业单位、社会团体之间、专兼职导师之间、师生之间广泛交流的桥梁。依托精品资源开放课程网站平台，还可以开展创新创业教育教学、项目申报评审、项目管理、学生评价、企业评价、技术咨询服务等工作。确保三个层次专业训练项目的各项管理制度和激励评价制度落到实处，实现创新创业教育教学全方面管理、全过程管理、全方位管理，保障创新创业教育教学的质量和效果。

2. 专业训练项目对创新创业教育的作用

国家和各省市高度重视专业训练项目在大学生创新创业中的意

义和作用。例如，山东省每年根据教育部有关文件精神，申报大学生创新创业训练项目，根据项目的大小、研究的领域、研究的预期成果，将大学生创新创业训练计划项目分为四类：重点项目、一般项目、指导项目和校企合作基金项目，提供不同的资金资助，并对四类计划项目的申报、立项、建设、评价等都提出了明确要求。通过构建由简单到复杂、从单一到综合的专业训练项目，实施专业项目化训练，让学生参与项目的训练、研究、总结和提高，在"学中做""干中学""研中学"，以获得专业技能、创新意识和创业能力。

（1）有利于创新创业教育体制机制创新。专业训练项目的开展贯通第一课堂和第二课堂，融合理论教学和社会实践，连接学校、企业、行业和政府四方，它的管理有别于普通的实践教学管理模式。基于专业训练项目的创新创业教育实施过程，创新理论教育以校内专业教师为主，而创业实践教育以具有实战经验的创业成功者为主；由学校根据项目内容提供专业训练项目实施的部分费用，而对于优秀的、具有市场前景的、能够进行创业实践的项目，可以由创新创业基金扶持。专业训练项目起着桥梁纽带作用，由学校、政府、企业、行业等共同设立创新创业基金；实验实训室、工程技术研发中心、技能大师（导师）工作室、孵化基地、产业园区由"区园企校"四方合作，共建共管共享；创新创业师资队伍也是由校内外、专兼职教师混编而成。

（2）有利于创新创业教育课程体系和教学方法的改革。专业训练项目的实践，除了学习专业理论课程外，还要学习相关专业知识、会计知识、企业管理、人文社会、商业营销等，这是课程体系中必不可少的组成部分。专业训练项目的完成及创新创业教育都需要综合学习、多角度融合多种专业知识，只有通过系统全面的学习，才能逐渐形成创新创业的意识、理念，才能掌握创新创业的技术与方法。由于专业训练项目具有科学性和创新性，所以其所对应的课程体系也应具有创造性与特色性。根据大学生的专业特长、兴趣爱好及区域发展特点等，以学生感兴趣的专业项目为导向，开设相应的必修课和选修课，开展专题讲座、专题报告，实施有针对性的项目训练。实现专业训练项目的课程系统化建设，满足大学生创新创业的需要，对大学创新创业教育具有较大的促进作用。

（3）有利于打造多层次、高水平的混编教学团队。拥有高水平的混编教学团队是创新创业教育的关键。学校应引入社会资源，组成一支专兼结合的创新创业混编教学团队。邀请企业一线有实践经验，有一定理论知识的技术骨干、技术能手、企业家、企业管理者、中国创业智库专业人员、创业者等，为学生授课，给学生提供专业训练项目指导，担任学生的创新创业导师。在联合指导专业训练项目的过程中，专兼导师相互学习、相互了解，共同提高业务水平。同时，创新创业教学团队共同论证优秀的实践项目，让师生切实了解创业的基本步骤与基本模式，学会准确评估创业的风险，坚持把握创业的原则，锻炼创新创业的能力。

（4）有利于创新创业实践平台建设。专业训练项目是"教学做一体"的实践教学载体，创新创业教育的本质属性是实践性，应主要通过实践性教学来实现创新创业教育的目的，这与职业教育的内涵和目标完全一致。通过专业训练项目整合校内外资源，规划建设创新创业教育实践体验平台。"区园企校"四方合作共建实践硬件平台，同时构建"体验项目""入门项目""专业项目""虚拟项目""综合项目""实战项目"等创新创业实践的软件平台。

（5）有利于创新创业教育质量评价体系的建立。依托专业训练项目开展的创新创业教育实践，通过创新创业教育的在线开放精品课程，关注训练实施过程中的各个质量控制点，注重教师的指导与学生的参与，强调项目的市场调研，项目的作品设计、制作和推广，淡化项目的产品结果。强化专业项目实践训练过程，开展丰富多彩的专业训练实践活动，考察项目活动的各个阶段。结合专业训练项目的特点，通过课程网站的管理端口，跟踪质量评价体系的关键点，根据与训练效果的关联度，赋予评价点不同的权重，从而提高评价体系的支持度和回应度。同时，为了提高创新创业教育质量评价体系的可信度，第三方可以通过课程网站对项目的设置、申报、实施过程、实施效果等进行考核评价，既维护了创新创业教育相关制度的权威性，又切实规范了创新创业教育的实施过程，使创新创业教育质量评价体系可执行、可示范、可推广、可辐射。

二、"现代学徒制"与创新创业技能的培养

现代学徒制在国外许多发达国家已经取得了不错的成绩，对于培养符合企业实际需求的技能型人才有积极作用。而近几年我国的高等院校在不断扩大规模进行全日制教学，这种教学模式对于批量培养人才虽然有一定的优势，但是很难使学生学到有用的专业实践技能。国外的现代学徒制对我国高等院校人才培养模式有很深层次的启示，我们可以结合其经验对我国的人才培养模式进行合理、科学的改革。

现代学徒制最早于 16 世纪英国开始实施并发展起来的。1563 年时，英国就已经制定并通过相关的法律条例对学徒制做了规范，此后这种师傅带徒弟在做中学的职业教育模式得到了快速发展。但后来随着工业革命的迅速发展，生产过程进入机械化甚至自动化，对于人的技能要求也逐渐变低，这个时候学徒制在英国的重要性逐渐下降，到了 20 世纪初，英国 16 岁以上的年轻人则更多的接受了全日制教育，然而学校职业教育课程和生产实践、工作岗位严重脱离的模式让英国人民都质疑这种教学模式的意义。于是，20 世纪 90 年代英国政府正式宣布进行新一轮学徒制改革，即实施现代学徒制。

现代学徒制采用的是工学交替的教学模式，企业与学校一起制订人才培养计划，实现招工招生一体化。现代学徒制力求能够彻底解决学校教育和企业实践相脱离的不足。总的来说，现代学徒制具有以下优势。

（1）学制比较灵活。现代学徒制在学制上是比较灵活的，国家也不会对此制订统一的培训框架。其学制通常是 3~5 年的时间，具体学制是由企业和合作学校按照行业的岗位要求、培养的目标等实际情况来共同设计的，比如，英国的 FLB 航空公司的学徒制，其空乘服务专业学制是三年，但机械维修的专业学制则是四年。

（2）目标培养具有层次性。现代学徒制是由传统学徒制发展而来的，传统学徒制只是单纯地培养学徒的操作技能，而现代学徒制则根据培养目标的不同分成了两种，即基础现代学徒制和高级现代学徒制。基础现代学徒制和传统学徒制差不多，而高级现代学徒制则致力于培养职业技能熟练、具有一定理论知识的行业人员。

（3）课程体系更多样化。现代学徒制的课程体系更多样化，课程是其基本单位，各个课程体系之间既是独立存在的又是相互有联系的。比如，英国的现代学徒制有三种课程体系，包括关键技能课程、技术证书课程以及 NVQ 课程。其中，关键技能课程是其核心技能，也就是我们从事任何一种职业都应当具备的基本工作能力，如沟通能力、处理信息的能力等，这些关键技能大多通过脱产学习而习得。技术证书课程为评价学徒具体的职业知识与理解力的证书，这和普通高等教育是衔接的。NVQ 课程则是通过现场教学来实现的，一共有五个等级标准。

（4）缩短了企业培养人才的时间。现代学徒制的总体设计是以工作为中心，将教学内容渗透在工作中，让学徒通过完成工作来获取经验技能，同时注意理论知识的学习，这样一来学徒们就能够由简入难，直至掌握全部的工作技能。在这期间，在高校学习的学生至少有一半的时间是在企业工作，接受专业技能的实践指导。同时这些实践技能大都是专业领域内较先进、应用性较强的知识，如果高校独立培养人才则很难获取到这些知识和信息。可以说，现代学徒制培养人才的模式给企业的发展储备了一定数量的高技能的人才资源。同时学校根据自身的教育资源情况和企业进入深层次的合作，培养技能水平高的人才，提高学校的知名度和就业率，实现了学校和企业之间的双赢。

（5）"工学交替"更实用。现代学徒制的培养目标与课程内容大多是通过"工学交替"的教学模式来完成的，传统的只培养学生操作技能的学徒制和学校的全职课堂教学都已经很难适应现代化的生产方式。现代学徒制将两者结合，即现场教学和学校教育共同进行的"工学交替"的教学模式则很好地解决了上述问题。比如，英国的现代学徒制的具体做法就是第一年先在学校进行全日制的相关理论知识等内容的学习，而在接下来的2~4年时间里则一边工作一边学习，每周有一天或者两天的时间在学校进行带薪学习。

当前我国的高等教育为了获取更高的效益，大多扩大规模并进行统一的教学，这种同一性教育的方式在发展中存在的问题越来越突出。

（1）缺乏企业经验与职业道德。国内有少部分高等院校注重培养现代化的复合型人才，注重培养同时具备较高职业道德和专业技能强的人才，但这些院校大都未走上正轨，因此效果并不明显。而我国大多数的高等教育培养人才的方式更注重学位本位或者能力本位。实际上国内大部分的院校都是本科的压缩版，即在培养人才的过程中更偏重于给学生教授理论知识，忽略实践的重要性，导致许多高等院校的学生很难通过教育来获取企业真正所需要的先进的技术和技能。高等院校的学生在毕业之后往往还需要很长一段时间来实践并积累技能和经验，才能真正获得企业的认可。

（2）课程设计不合理。培养人才必须以市场作为导向，只有培养出市场和企业都需要的人才才是高等教育的成功。因此，在课程专业设计上一定要以市场导向为主，但当前我国的高等院校在设计专业课程时对市场的反映还比较滞后。许多学校在调整专业结构的时候都没有科学合理的论证，也跟不上产业结构调整的速度，无法满足企业新技术的要求。同时学校在设置专业课程的时候也未参照本地区经济发展的实际情况，学生只有学完一定的学分才能够获得毕业证书，因而会大大影响专业发展的水平，对于变化无常的市场需求来说也较难适应。

（3）培养人才模式改革不彻底。我国高等教育在培养人才上一直存在重理论轻实践的问题，因此这几年国家也非常重视高等院校对于人才培养模式的改革。然而从教育模式改革的结果来看，许多学校只是单纯地为了改革而去改革，在改革过程中没有深入研究改革的目标、目的，改革上没有创新，更多的是模仿其他国家或者其他学校的改革模式，治标不治本，导致改革效果不明显。

（4）学校和企业合作形式化。国内不少高等院校都比较重视和企业之间的合作，重视工学结合，也表现出了强烈的合作愿望，但对于怎样更好地实现校企合作、工学结合则没有制订行之有效的方案、制度、培养目标等；而企业则缺少政策法规等方面的支持，在校企合作方面仅仅是表面上肤浅的合作，很少和校方真正签订合作时间长的、定向的合作关系，深层次的合作办学更是少之又少。

现代学徒制对我国高等院校人才培养的启示如下。

（1）进行工学结合的改革。国内高等院校实施的工学结合的人才培养模式还有许多问题，比如，企业积极性低、培养人才的经费机制不合理、教学质量没有保证等。结合现代学徒制的成功经验可以对国内高等院校的工学结合进行改革，构建科学合理的人才培养制度和模式。其具体实施办法包括树立工学结合的办学思想理念、以市场为导向对专业课程进行调整、构建工学结合的教学管理制度、完善适合工学结合发展的评价体系、对工学结合人才培养的拨款机制进行优化，更注重对教育质量的拨款，同时通过给企业税收优惠等方式来鼓励企业积极参与工学结合的人才培养模式。

（2）制订职责明确的人才培养制度。现代学徒制要在我国取得健康、长远的发展，要培养出新型的复合型专业技能人才就需要参与其中的企业、学校、家长和政府等各个方面的责任人一起承担对学徒的教育工作，并将其职责明确下来。政府应该在宏观上给予支持，包括培训项目的专项经费的拨款支持，校企合作的政策支持等。而院方则应该根据市场、企业的具体需求分析和制订学徒制实施的专业领域，并做好专业的教学计划；为加强在校教师的专业教学技能，还应该鼓励和支持教师到企业进行在岗工作。在教学管理和手段上进行改革，使之更适应实际情况的需要。企业则应该根据自身发展的实际情况向学生和教师、校方准确传达自身对学生技能和知识等各方面的具体要求，对企业的用人制度进行改革，积极奖励校企合作中表现优秀的员工，并支持在校教师到企业进行学习。而学生家长则应该尊重学生的个性化发展，正确指导学生选择专业和课程等。

（3）建立我国现代学徒制人才培养模式框架。在结合国外现代学徒制的成功经验和我国实际情况的基础上建立一套符合我国高等院校现代学徒制人才培养的模式和框架。其主要内容包括人才培养的目标、内容、方式及质量评价。培养目标包括学生应该具备健全的人格及品德，遵守职业道德，具备必要的理论知识，同时培养学生较强的实践技能。培养内容则是以学习课程体系的方式来实现的，具体的课程设置按照各个专业的实际情况来设定，但所有专业都应该保证其在企业实践实习的课程占总课程的一半以上。鼓励和倡导在工作中习得更多实践技能。培养方式则采用理论教师和实践教师双管齐下，"双师"指导下进行，理论教师通过讲授与实验结合的方式使学生更直观地理解理论知识，而实践教师则在专业技术领域上对学生进行技能指导，拓宽学生的知识和技术范围。质量评价则根据实际情况设定不同的结果，通常要求学生获得学历、职业资格证书以及培训证书，以培养其成为综合素质高的技能型人才

（4）加大法律法规和政府政策支持的力度。政府在推进现代学徒制上有着重要作用，只有国家在法律法规和政府政策方面加大支持力度才能顺利推进现代学徒制的有效实施。政府应该在政策上进行引导，并制定全面的法律法规，切实保护学校和企业、学生的合法权益，对现代学徒制的试点工作及校企合作办学做引导与统筹，推进校方和企业的深入合作。政府还应该在政策扶持、监督检查等各方面做好相关工作，积极推进试点的建设工作，给现代学徒制的推广积累宝贵经验。政府还可以设立专门管理现代学徒制的有关单位部门，如现代学徒制服务中心等，这些单位的主要工作内容是给受训者提供服务。

（5）完善教学内容设计。要确保高等院校技术人才培养的质量就必须完善教学内容的设计。在设计教学内容方面一定要考虑并契合以下要求：符合课程学习与项目实践的一体化，实现工学结合一体化，坚持招生与招工一体化。学校和企业应该针对不同专业不同学生，在分析市场和企业实际需求的基础上共同制订和完善教学内容，让学生的理论知识和实践能力都能得到提高。

我国高等院校在人才培养上一直存在重理论轻实践的弱点，使得许多学生在毕业以后很难找到合适、对口的工作。我们应该积极引进国外现代学徒制，对国内高等院校的人才培养模式进行改革，构建一套具有中国特色的人才培养模式框架。通过努力推进工学结合的改革，加大政府政策和财政的支持力度，建立健全人才培养制度来推进我国高等院校的改革，培养出现代化的、高素质的复合型人才。

三、"阶梯式平台"与创新创业空间的打造

培养和造就创新型人才是建设创新型国家、实施科教兴国战略和人才强国战略的关键所在。创新创业教育作为高等教育发展阶段，反映社会经济发展需要的一个目标系列，有其自身内在的规律与特点，是一个有机构成体系，实施创新创业教育的方法、途径以及模式呈多样化。就大学来讲，创新创业教育是一项系统工程，是教育教学、学科科研、师资队伍、学生工作、后勤保障等多方面协同作战的一项综合性工作。它与传统教育的根本区别在于突出了学生创新和创业能力的培养，体现了社会经济发展对人才知识、素质、能力结构的根本性要求。我国高校在推行创新创业教育中至少面临三个方面的问题：一是缺乏相应的师资力量；二是没有形成权威的培养机制与体系；三是创新创业培养大多流于形式。因此，如何根据地方综合性大学特点和社会经济发展对创新创业人才的需要，改革人才培养模式，实施创新创业教育，将创新创业教育纳入学校人才培养体系，创新人才培养方式，构建基于培养创新精神和创业实践能力为重点的创新创业教育体系和管理与机制，是高校进一步深化教学改革，提高教学质量的关键。本书阐述了交通类专业的本科生创新创业能力培养体系的建设情况，并通过实践加以验证。

1. 总体方案与实施手段

基于阶梯式项目驱动的创新创业人才培养机制研究与实践，改革的总体思路是基于测绘工程专业现有的学生培养方案，将创新创

业教育贯穿到学生大学四年的学习活动中，制订了较为完善的学生创新创业能力培养机制方案，具体表现为将大学四年分为四个学习阶梯，在保证每个阶梯的专业教育基础上，辅助相关的创新创业教育环节（课程、项目实训），创新创业教育环节实施过程主要以项目驱动方式进行，全面提升学生理论与工程实践结合解决问题的能力，从而达到更好适应社会与企业需求的目的。

2. 创新创业人才培养机制

传统机制中高校多只注重专业知识的教育，学生毕业后所学知识不能适应社会和创新创业教育培养的阶梯体系见表4-4。企业需求。创新创业人才的培养，衔接于专业教育与就业之间，注重的是理论知识与实践技能的培养，最终目标是让学生毕业时符合社会的需求。因此，具体培养机制包含师资队伍的建设、创新创业类课程的讲授、创新创业实训的手段与具体实施方法，以及创新创业能力考核与评价机制，如图4-4所示。在整体方案的构建过程中，创新创业实训阶段采用"阶梯式项目互动"的方式进行，师资与创新创业课程要服务于"阶梯式项目互动"实训方案的整个过程。"阶梯式项目互动"是将本科四年划分为四个学习阶梯，在每个阶梯内学生要完成专业基础知识以及创新创业相关理论课程的学习，最终要通过实训项目提升与验证学生创新创业能力的培养情况。针对上述创新创业培养机制的主要环节，采用表4-5所列授课方案解决每个环节的具体问题。

表4-4 创新创业教育培养的阶梯体系

名称		年级	课程环节阶梯	项目驱动方案阶梯	实施手段阶梯
主线	创新创业能力培养阶梯	大一	基础课程	结课小项目	课程设计 创新实践周 年度项目实训 毕业综合设计 大创训练项目 竞赛与企业实习
		大二			
		大三	创新创业类课程	年度大项目	
		大四			

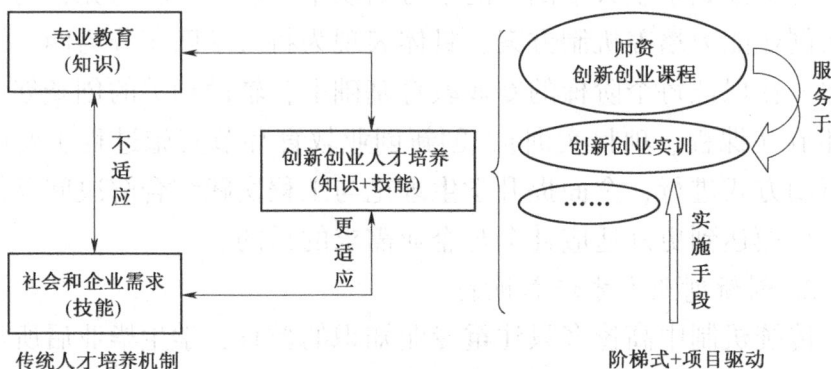

图 4-1　创新创业人才培养机制

表 4-5　阶梯式授课方案

阶　梯	内　容	实施手段	针对群体
课内台阶	基础知识，侧重于测控专业应用	阶梯式案例融合基础知识点	所有学生
课后台阶	侧重于实际应用的案例	难度高于课内案例的作业	分组的学生
竞赛台阶	竞赛类试题	参与校级、市级、省级的竞赛	若干组

　　阶梯式项目可以引导学生对核心专业课程产生浓厚的学习兴趣，从而达到能力培养、综合发展的目的，具体表现在：通过导论性的基础课程，从起始阶段就将工程实际引导入门，让学生尽早接触工程实际；在教学计划和教学实践中围绕项目设计将相关课程有机联系起来；通过贯穿专业学习全过程，让学生在学习专业知识的同时体验工程项目开发设计过程，在知识的学习和应用之间形成良性互动。

　　阶梯式创新创业能力培养方案的核心环节为将学生的创新创业培养划分为一条主线阶梯，围绕这一主线又分为课程环节阶梯、项目驱动方案阶梯和实施手段阶梯。围绕学生创新创业能力培养的主线阶梯，即将大学四年的学习时间划分为四个年度，每个年度对应有基础课程与创新创业类课程的教学过程，课程环节为了提高学生的技能水平采用项目互动方式，在课程结课环节采用专项的小型项目作为阶段性训练，同时，在每个年度阶梯内会贯穿一个年度大项目进行最终综合能力的训练。在实施手段上可以采用课程设计、创新实践周、年度项目训练、毕业综合设计、竞赛以及企业实习的形式进行，力争分层、渐进地提高学生的综合能力水平。

阶梯式课程环节梯度授课过程是对整体授课进程进行规划，分为课内台阶、课后台阶和竞赛台阶进行教学。首先是课内台阶，主要分解为两大模块：基础知识的讲解和测控专业需求知识讲解。具体实施手段是基于实际案例讲解，案例难度呈现梯度，针对的群体为每个学生个体。其次是课后台阶，主要是解决学生课后时间弥补课内学时短的问题，对课上讲解的内容进行复习与提高，实施手段是布置难度高于课内案例的作业，针对群体是学生小组。最后是竞赛台阶，主要是通过竞赛手段锻炼学生的实际编程能力与短时间内解决实际问题的能力。以项目设计为导向的综合培养方式采用阶梯式实施手段，整个方案的核心点就是在每个阶段实施"项目驱动"的学生训练方式。可以采用的方式有很多，项目训练也呈现阶梯式过程，在结课环节可以有项目结课作业、课程设计。现阶段部分课程已经实施，效果良好。在大二学生对基本理论知识掌握较全面时，拟开设专门的创新实践周来对学生进行集中训练。每个年度阶梯内的大项目则是针对当年所开始的课程情况进行的专项训练，是阶段性几门课程的综合训练，针对少数能力较强学生的大学生创新创业计划项目、各种类型大赛等形式。

"阶梯式项目驱动"是本书研究内容的特色所在，以培养学生的综合素质与创新创业能力为根本目标来系统构建大学生创新创业教育培养机制，基于"阶梯式项目驱动的方式"对学生创新创业能力进行训练，设置创新创业学分，纳入各专业人才培养方案。

第六节 "工匠精神"与应用型高校创新创业人才培养体系的优化

一、明确"双创型"人才的目标导向

目标对学生的成长具有巨大的导向作用，职业生涯规划是学生成长、成才和成功的起点。通过确定学生职业生涯规划的主要内容和实施途径，在人才培养过程中，引导学生的价值取向、行为准则、思想意识、学习规范和学习动因，帮助学生树立理想和职业生涯发展目标，学会选择与规划，引导学生个体通过循序渐进的方式逐步实现自己的职业理想。

"双创型"人才的目标特征基于两个方面：一是"双创型"人才的一般特征。"双创型"人才应具有扎实的知识根基和较完备的知识结构；具有良好的自主学习、再学习的习惯和能力；具有典型的创新创业意识和坚忍不拔的精神、意志；具有敏锐的洞察力、独到的思维方式，善于判断和把握机会；具有高超的创新能力，实践、实施和拓展能力；具有优秀的团队精神、合作能力和社会竞争力。二是专业人才的行业特征。以经管类人才为例，经济管理是人们在各类经济活动中，对人力、财力、物力及技术等各种要素资源进行合理组织和有效调配，以达到经济活动的有效运行和有效产出，既涉及管人、管事，又涉及管财、管物。所以，经管类"双创型"人才需要在"懂经营、善管理"的基础上具备制度创新、管理创新、组织创新、服务创新的能力，并能捕捉机会实现创新成果的潜在价值，具备敬业、求精的工匠精神的人才。

二、建立"双创型"人才的培养机制

人才培养模式是以相对稳定的教学内容和课程体系及与之相匹配的科学的教学方式、方法和手段实现人才培养目标和规格的教育过程与方式。"双创型"人才需要广博的知识面、良好的知识结构、扎实的知识根基，需要有一种能根据个性爱好激发学习兴趣、近距离或零距离接触社会生活的多元培养方式。

（1）根据行业发展的需要，特别是地方经济社会发展对多样化、多层次的人才需要，以及学生个性差异而产生的对教育需求的不同，积极探索多元化人才培养模式。建立由学校培养与学生自我发展相结合，第一课堂与第二课堂相结合，校内理论教学、模拟教学与校外实践教学相结合，国内经济社会形势教育与国际背景教育相结合的开放式教育教学模式，充分发挥学生、学校、行业在

"双创型"人才培养中的多元作用。

（2）强化学生自主学习机制和自我发展机制。尊重学生的选择、兴趣和爱好，扩大学生的学习自主权，培养学生的自主学习意识和自主学习能力，规划自己的学习计划，进一步完善弹性学制、分流培养、分级教学、分层教学，扩大学生自主选专业、自主选教师、自主选课程的空间。

（3）优化人才培养方案。一是加强通识教育，奠定厚实的基础；二是拓宽专业口径，增强专业适应性；三是增设交叉学科和边缘学科课程，培养学生多学科知识结构，提高人文底蕴和科学素养；四是引进发达国家的教学内容和课程体系，拓宽学生的国际视野；五是追踪学科发展前沿，紧跟科学技术发展和经济社会形势发展；六是设置创新创业教育模块或体系，有针对性开展创新创业教育；七是进一步完善实践教学体系，强化实践教学。

三、完善以教师为主导、学生为主体的教育教学模式

教学方法是制约学生创新能力发展的主要因素。培养"双创型"人才离不开改革与创新，以教育理念的创新，推动教学内容、教学方式以及教学技术的全面创新。教学方式实现从传统的以教师为中心的知识传授型向知识传授与创新、与实践相结合，师生互动、教学相长，并以调动学生自主学习、激发学生求知欲和创造性为主要目标的教学方式转变。

《国家中长期教育改革和发展规划纲要（2010—2020年)》指出："要以学生为主体，以教师为主导，充分发挥学生的主动性……"这是一个十分重要的现代教育思想。传统教育思想都是以教师为主体，学生为客体。无论是在学识教育方面，还是在德性教育方面，都是如此。总是教师教，学生听、学，甚至要求不走样。其结果，是学生的主动性、积极性受到抑制，创造性思维和潜能不能很好地发挥，很不利于创造性人才的培养。现在，这种情况应该改变。

1. 营造学习氛围，提高教学效率

教学中教师要想方设法调动学生的学习积极性，使学生有一种

情绪高昂、智力振奋的内心状态，才能提高课堂教学效率。一是要巧妙导入、自然引趣、言语激情 。言为心声，教师的语言导入，使课堂教学更加生动，提高了学生的学习注意力，比一味地平铺直叙的讲解更有效率。二是要捕捉学生的闪光点，及时鼓励、评价。在教学过程中，教师要尊重学生的主体性，就要在"导"字上下功夫。

2. 创设环境，培养语言表达能力

在教学过程中，学生是在教师的启发引导下进行认知活动的，处于受教育者的地位，是教育的客体，不能决定教学过程的进程和方向。首先，可以采取看图训练。在课堂教学过程中，教师要注重以图入手，巧妙地利用插图进行学生的创新创意思维的听和说训练，将看和说有机结合，相互促进。其次，可以采取阅读训练。创新创业教育教学离不开阅读，阅读是学生自我探究的过程。每个学生的阅读能力各不相同，不同层次学生的理解能力也不会相同，因此，教师可以让学生之间进行交流、探讨，形成差异化的学习模式。

总之，学生的创新创业学习积极性要靠教师来调动和激发，学生的创新思维能力要靠教师来设法启发和发散。在组织创新创业教学时，教师一定要充分考虑学生的主体地位，彻底改变以教师为中心的传统教法，使学生在教学过程中五官并用，积极主动地学习，使他们的创新意识和创造性能力得到锻炼与提高。

四、建立融校内模拟与校外实践于一体的实践教学模式

实践教育以职业技能训练为主要内容，以实践创新创业能力的培养为目标，采用教师指导、学生主动参与为主要教学方法，是学生将知识转化为能力、理论应用于实际的重要渠道。

（1）立足于能力培养，系统性地构建实践教学体系。在继承传统内容的基础上创新，通过对原有实践环节的整合，实现实践教学内容体系的整体优化，确立以课程实践、调查实习、论文设计和课外实践四个环节为重点，以公共实践、学科实践、专业实践、综合实践四个逐层递进的阶梯为层次，坚持实践教学四年不断线，把实践教学贯穿到本科阶段的整个学习过程的实践教学体系。

（2）不断更新和优化实践教学内容。为进一步加强对学生创新创业能力的培养，应构建以能力培养为主线的实践教学内容体系，根据经济社会发展形势和科学技术的进步不断更新与优化实践教学内容，科学设计实践教学大纲，增强学生进行创造性实践的能力。

（3）引社会进学校，加强校内模拟实践基地的建设。在校内设立一体化的、综合性、设计性实训教学平台和校内学生创新创业实习的模拟实践基地，如税务大厅、模拟银行、模拟股市、ERP实验教学平台，使学生不出校门就可以在一个仿真的环境中，开展模拟实践教学活动。

（4）推学生出校门，加强与企业生产、社会工作、行业科研的结合。高校应加强校企合作，开拓校企合作新模式，使学生有机会在一个真实的工作环境中，扮演一个工作人员的真实角色。

五、建立"双创型"人才培养的第二课堂

"第二课堂"以其教学组织的灵活性、管理的开放性、资源整合的广泛性、资源配置的自主性等方面凸显它的优势，是创新创业教育的有效途径和载体。"第二课堂"较少受时间和场地的限制，更注重的是实践和运用。学生在实践活动中，团队的组成及能力的培训过程跨学科、跨专业，知识交叉、渗透互补，具有综合性；运作过程中，有分工、有协作，取长补短，能力互补，凸显团队精神；与行业接轨较为紧密，有助于提高学生社会化程度；为学生提供了自由的思维空间，能够创设一种特殊的文化环境来实现"环境育人"的功能，达到"第一课堂"以外的教育目的和效果。这种教育目的和效果将潜移默化地影响学生，并逐步内化为学生的素质，增强学生的求知欲望，激发学生的创新创业意识和思维，提高学生的创新创业能力。

（1）开展创新创业论坛活动。学校应充分利用校内外资源，为学生组织举办高质量的创新创业报告会、创新创业论坛、沙龙、成功校友论坛等活动。

（2）培养学生的自主创新能力。营造浓厚的学校创新创业学术氛围，建立学生科研课题申报管理制度，加大经费投入，鼓励学生开展科学研究，发表高质量学术论文，大力扶持学术科技类社团的建设，鼓励学生办好学术性刊物。

（3）创造多样化的创新创业教育空间。组织学生开展丰富多彩的课外学术科技竞赛活动，使学生更多、更早地参与到科研、生产等实际工作中，增加培养动手能力和创新精神的机会。开放校内实验室，增加创新、创业类实验实践平台和创客空间，加大经费投入，探索开展校内学生跳蚤市场，市场化运作校内学生创业市场。

六、建立一支"以专为主、专兼结合"的师资队伍

培养"双创型"人才的基础的，关键是需要有一支具有"双创型"特征的教师队伍。"双创型"教师要具有较高的职业理想和健全的人格特征、创新创业的教育观、完备的知识结构和职业技能、较高的教学监控能力和较强的管理艺术；能吸收最新教育科学信息，创造性地发现和提出现实教育教学中存在的问题，创造性地计划、组织与实施教育教学活动，有独到见解并发现行之有效的教育教学新规律和新方法；能实践运用教育科研成果，善于把教学工作与科研课题的实证研究有机地结合在一起；能运用现代信息技术手段提高教育教学效率。

（1）实施人才培养工程，提升存量师资队伍素质，并使部分教师成功转型。加大对中青年教师培养的力度，进一步优化师资队伍结构，逐步形成高学位、高职称、高水平、低年龄的"三高一低"群体优势。完善教师进修、访学、公派出国等相关制度。教师到国内外知名大学访学、进修，奠定了他们坚实的知识根基和完备的知识结构；追踪学科前沿和经济社会发展前沿，建立具有创新精神和创新能力的教学科研团队。充分发挥优秀教师的传、帮、带作用，多渠道、多途径提高青年教师的教学技能和业务水平。同时，积极开展创业教育师资培训，聘请创业教育专家开设创业师资短训班，传授创业理论、知识、技能及创业教育方法。鼓励教师到行业机关、企事业单位进行社会实践或挂职锻炼。

（2）进一步加大优秀人才的引进力度，逐步实现师资队伍的多元化。采取特殊政策引进国内知名的高层次的学科专业带头人和学科建设方面的领军式高级人才，积极引进具有国际教育背景的学科专业带头人，形成一支符合学校定位和学科专业建设需要的学术团队，提升了学校整体的科技创新能力。加大有实践经验人才的引进力度，快速提升实践教学指导教师的整体素质和业务水平。逐步建立新进教师的实践制度，要求新引进的教师具备数年的社会实践经历，并作为应用型师资的必备条件。加强与企业家的合作，充分吸收、利用社会创业资源，特别是交通类学校，聘请行业相关创业成功人士、企业家、管理专家担任学校兼职教授，不定期地到学校进行演讲、开办讲座，使"双创型"师资队伍多元化。

第七节 "工匠精神"与应用型高校创新创业人才培养体系的保障

一、以培育"工匠精神"为引领，提供师资保障

1. 优化创新创业环境

创新创业需要一个良好的创业环境，因此，我们要改变认为实施创业教育仅仅是学校工作的观念，要把实施创业教育作为政府、社会和高校共同的责任与义务。高校创业教育的定位不仅仅在高校与学生个人之间，其根本在于社会的认同，在很大程度上取决于高校创业师资和大学生创业的外部环境。因此，我们需要培育和形成一整套完善的创业师资培养与服务的保障机制，为高校创业师资培养营造一个宽松的环境和良好的氛围。加强政府扶持职能，简化创业审批手续。可以说，政府在高校创业教育的实施过程中应担负起倡导者和扶持者的重要角色，没有政府相关政策体系的扶持与推动，高校创业教育将流于形式，无法取得实效。我国政府针对为高校创业师资培养及大学生创业和服务的相关职能还相对滞后，例如，各种相应审批手续烦琐，对创业者的各种相应限制太多，这导致创业者在创业过程中要花费太多的时间、精力去处理一些琐事，

增加了高校创业教育的实施成本。加大与风险投资领域的合作，拓展高校创业教育融资渠道。融资是决定高校创业教育能否顺利实施的重要环节。但目前风险投资的发展局限性也为高校开展创业教育设置了一定障碍，使大学生创业融资渠道太窄，难以使一些好的创业构思转化为现实的公司。政府部门要加强在支持高校创业教育实施方面的相关政策、法规的制定，为高校实施大学生创业活动扫清障碍，提供有效的政策支持。政府可以联合银行、高校和企业设置高校创业基金，对有发展潜力的高校创业项目提供资金上和技术上的支持。如银行开设由高校担保的创业基金小额贷款，企业提供创业项目可行性分析和所需的技术等。政府应加强和企业、高校的密切合作，加快对高校创业成果的转化。给予采纳大学生创业成果的企业一定的投资、税率方面的优惠。这样，不仅能够提高高校创业教育的热情，也能够推动企业转化高校创业成果的效率。

2. 完善高校创业制度保障建设

高校创业师资的培养，离不开高校的制度支持与保障，如果没有一个好的政策导向，就不会调动高校教师的积极性，引导他们走向创业师资的岗位。学校必须在激励和奖励政策上给予倾斜。落实创业师资的工资、福利等各项政策，切实保障创业师资的利益，让这些教师能体会到作为一名创业教师的好处与光荣，愿意到创业教师岗位上一试身手，才能有效地推进创业师资队伍的建设。建立二元、动态的跟踪考核评价方式。对创业师资的考核评价，必须改革传统课程考核方式，打破单纯以期末考试定成绩的做法，在课程考核方面要注重创业知识要点考核与学生创业能力考核相结合，考核贯穿于学习的全过程。创业教育不单单对教师个人的教学效果采取随堂评价的考核方式，而且还要以课程为单位对整支教学团队包括课程体系设计、课程资源实施、社会反馈效果等进行评价考核。结合创业教育课程体系设置中理论课程、实务课程、实践课程等不同模块的特点，制订针对性强、可操作性强的质量监控操作流程，形成一套完整的评价、监督与指导方案。同时，对创业教育的评价要从校内延伸到校外，从在学延展到毕业之后，建立毕业生就业创业情况跟踪调研反馈机制。这样二元、动态的考核评价方式才能为创业师资培养和发展提供有价值的决策依据。

3. 明确高校创新创业师资培养目标和遴选标准

随着创业教育的不断深入，加强创业师资培养越来越得到国家和高校的普遍重视，国内高校也竞相掀开了对创新创业教育进行研究和实践的热潮。教育部虽然已对加强高校创新创业师资培养提出了一些指导性意见，但对高校内部如何选择创业教师，创业教师应当具备哪些条件才能科学指导大学生的创业活动，并没有一个明确的标准和规范性文件，因此，明确一个创业师资选择标准是高校培养创业教师面临的首要问题。首先，明确高校创新创业师资培养目标责任制。配合当前高校创业师资培养现状，高校开展创业教育，首要问题是构建一支专业基础理论与创新实践能力较强的"双师型"创业师资队伍。因此，我国高校创业师资队伍的培养目标是以构建一支综合素质高、创新实践能力强，能科学指导大学生创业实践，并为大学生创业活动提供专业咨询和服务的师资队伍。其次明确高校创新创业师资遴选标准。对于高校创业师资的遴选要遵循"专业扎实、专兼结合、拓宽渠道、注重实践"的原则，创业教师不仅要从高校内部精心挑选，择优培养，还要结合学校专业发展，从社会上广招贤才。因此，高校的创业师资应符合以下标准：在专业领域内有一定学术造诣；有过创业成功经历或参与企业营销策划的成功实践经验；热爱大学生创业教育事业；在企业经营、风险投资、财务管理等创业核心领域有独到见解。符合以上标准的专业人士都可以充当到高校创业师资培养的行列。

4. 高校创新创业师资培养课程体系建设

加强高校创新创业师资培养课程体系建设，是我们培养优秀创业师资的前提和保障。目前，我国在创业师资领域并没有一个统一的教材和系统的课程体系。但国外高校早在20世纪早期就开展了对创业教育课程的探索。美国是最早开设创业课程的国家之一，其于1919年就开始在大学设立创业教育类课程。1947年，哈佛商学院开设了一门正式创业课程——"新创业管理"。国外很多高校不仅开设了创业课程，还不断改进教学方法，丰富教学内容，完善课程结构。在美国有 1600 所以上的大学提供了 2200 门以上的创业课程，277 个与创业有关的职位，44 种相关的学术刊物，核心的管理杂志也对创业非常关注，有 100 个以上的创业中心。美国斯坦福商学院创业研究中心已经开发了 21 门创业学科领域的课程，特别热门的课程有"创业管理""创业机会评价""创业和创业投资""投资管理和创业财务""管理成长型企业""高科技企业的战略管理"等。百森商学院开设 33 门课程，仁斯里尔理工大学开设了 20 门课程，伯克利大学开设了 23 门课程。因此，中国高校有必要加强与国外大学在创业培训领域的合作与交流，并引进国外先进的创业教材和课题，不断完善我国创业教材建设体系，不断提升我国创业教育的质量和进程。

5. 高校创新创业实践教学平台

配合教育部的有关精神，地方大学开始了关于加强校企联合，通过设立创业园、科技园、模拟公司等形式，积极开展创业教学的探索与实践。以山东交通学院为例。山东交通学院设立了创业教育改革试点班"成长课堂"，创业教育改革试点班吸收先进教学理念，突破传统教学常规，融入了多元化的教育方法，搭建了自己独特的创新创业实践教学平台，主要体现在以下几个方面。①设计模块化教学，形成师资的优势互补，校内师资偏重于理论课教学，企业兼职师资配合理论课教师侧重于创业实务教学。②实施项目制管理，引导不同专业学生依托各自知识背景，合理组建创业团队，参与实践学习。③穿插角色扮演法，模拟公司各职能部门开展试点班各项管理工作。④突出实践教学，依托校内大学生创业园学生创业工作室以及校外创业实践基地，分专题、有针对性地进行实习实践，指导学生自主撰写调查报告及编写创业案例。例如，组织学生到海尔集团、山东高速集团等，重点学习多元化的创业营销战略。⑤到山东网商集团，重点学习"虚拟经营"品牌连锁经营模式。强化创业实习实践环节。实习单位主要有三类：一是商会企业，如济南市中小企业，全国各地的山东商会；二是校友企业，主要是近年毕业的校友所创办的成功企业；三是在校生在学校创业园内创办的、粗具规模的企业。通过组织学生根据自身兴趣，选择担任商会会长助理、企业经理助理、企业主管助理、店长助理等形式进行创业实习、见习。鼓励学生结合毕业实习开展创业实习、实践活动。

总而言之，高校创新创业教育师资培养是一个系统工程，离不开政府、社会、高校、教师、学生多方面的支持。同时，我国的创业教育还刚刚开始，需要积极借鉴国外创业教育的先进经验，大胆创新，勇于实践，充分利用现有的资源，不断更新教育理念，强化实践教学，加强企业合作，只有这样，才能有效推进我国的创业师资培养和创业教育的进程。

二、以培育"工匠精神"为引领，提供机制保障

创新创业教育是一项系统工程，应主要做好创新创业教育课程体系建设，广泛开展创新创业实践活动、创新创业师资队伍建设等工作。此外，在创新创业教育体制建设上，应该采取灵活多样的政策措施，保证大学生创新创业教育的延续性。

1. 课程自修和免修学分置换的个性化培养机制

为尊重学生的个性化发展，鼓励学生在课外时间开展各类自主学习、创新创业实践活动，应建立课程自修机制和课程免修学分置换机制。课程自修机制：为倡导学生自主学习模式，允许自学能力强的学生开展课程自修。课程免修学分置换机制：当学生的实际能力达到或超过某门专业选修课程或某一实践环节的能力要求，且创新创业与素质拓展学分符合"课程免修学分置换实施办法"相关规定，经过学生申请，答辩合格后，可免修该门课程或实践环节，并取得对应学分。让学生感觉创新创业离自己并不遥远，只要有好的计划，自己的梦想就能实现，这样的激励机制可以使尽可能多的同学以更加积极的态度进行创新创业活动。

2. 以社会需求为导向的课程设置机制

创新创业人才的培养要与区域经济发展相适应，要研究区域经济和创新创业教育的关系，寻找区域经济与创新创业教育融合的切入点，适时调整创新创业教育的课程设置，合理设计创新创业教育

的知识结构，从而实现区域经济与创新创业教育的协调、互动和可持续发展。

3. 创新创业教育质量检测跟踪机制

要建立在校和离校学生创业信息跟踪系统，收集反馈信息，建立数据库，把创业成功率和创业质量作为评价创新创业教育的重要指标，反馈指导高等院校的创新创业教育教学，建立有利于创新创业人才脱颖而出的教育体系。

4. 第一课堂与第二课堂相互融合的教学运行机制

把以"培养创新精神、创业意识"为主的第一课堂教学和以"培养创新创业能力"为主的第二课堂教学有机结合，构建成可操作的、可持续的创新创业教育教学运行新机制，形成第一课堂与第二课堂"知识互补，机制互动"的良好状态。

5. 完全学分制的教学管理机制

随着高校招生规模的不断扩大，学生的个体差异越来越大，社会对人才规格的需求也愈加多样化。这就要求在创新创业教育过程中，尊重人的个性，努力开展基于个性差异的教育，完全学分制是适应这一要求的现代教学管理机制。完全学分制是以弹性学制和选课制为核心特征的教育体制，是以学分来衡量学生学习状况，用学科知识模块来培养学生的管理制度。比如，可以对正处在创业阶段的大学生采取弹性学制，允许他们分阶段地完成学业；对于那些有很强创造力的大学生，学校可以允许他们休学进入社会创业，学校为其保留学籍，以解决他们的后顾之忧。

6. 多视角评估的教学考评机制

在美国福特基金会召开的"21世纪理想大学模式"研讨会上，部分专家认为，理想的大学生不应整日坐在教室里研读别人的教科书，教师只会给分和学生被动接受的现象应彻底改变；学生的毕业成绩不能完全以课堂考试来衡量，而应将学生胜任工作的能力和是否具备创新意识的实质作为考评的重点。考核时要注重过程培养，重视能力提高。针对不同课程、不同实践环节的要求，采取闭卷、开卷、半开卷，口试、笔试，阶段测试、专题讨论、论文、小组研究项目、撰写报告、答辩等灵活多样的考核方式。

7. 以创造为价值导向的教学激励机制

创新创业激励机制是促进大学生创新创业活动深入开展的重要制度基础。高校应把培育大学生创新创业精神提高到办学宗旨和可持续发展的高度，全力帮助学生发展"创新创业式的思维方式、进取心、灵活性、创造力、冒险的愿望，抽象思维能力以及视市场变化为商机的能力"，并向人的全面发展目标迈进。完善以创造为价值导向的教学激励机制，发挥政策导向作用。健全的激励措施不仅仅对已做出一定成绩的创新创业项目进行表彰、奖励，还应对有发展潜力的创新创业计划给予一定的支持。

8. 高校与行业企业联合培养人才机制

针对创新创业教育实践性较强的特点，要改革仅由高校教师参与人才培养的机制。支持教师校外挂职锻炼，鼓励教师参与行业、企业、科研院所的创新创业实践。积极从社会各界聘请企业家、创业成功人士、专家学者等作为兼职教师。加强校企合作，建成学校与多个大型企业集团战略合作伙伴关系，形成学校和科研院所与行业和企业联合人才培养模式和运行机制。通过这些方式，使学生和教师接触到了相关行业的技术发展动态，也使工程项目和技术融入课堂教学，使更多学生能够享受到工程特色鲜明的教学资源，在学校期间就能够及时得到工程意识培养，实现从学校的内部培养走向开放的校企合作培养，通过邀请行业企业参与人才培养的实施过程，使企业由单纯的用人单位变成人才共同培养单位。

三、以培育"工匠精神"为引领，提供环境保障

大学科技园模式是高等院校、科研院所和企业相结合的产物，是集科工贸为一体，产学研结合的一种模式。20世纪70年代以来，国外许多著名大学就已创办了大学科技园区，我国也有很多高校进行了探索，陆续创办了大学科技园区，依托大学科技园区，可以创立大学生创业孵化器，建立大学生创业实践和孵化基地，从而培养创新创业型人才依托园区，可以让学生获得直接体验和接触创业的机会，让他们获得最近距离的学习与体验感受，深层次地了解企业创办的办法和运营管理的方法。这不仅可以帮助培养创业大学生的创业精神、创业理念和创业意志，还能提高其创新创业能力，并有力地支持和帮助了在校生与毕业生实现创业与就业。

1. 依托专业产业优势

学校近年来涌现出的创业大学生，多数来自计算机专业、电子商务专业、物流专业、环境艺术设计专业等几大专业。这几大专业有着独特的专业产业优势，大学生运用所学专业技术创办相应领域的企业，比如，计算机专业的大学生创业者多数创办了计算机设备检测公司；电子商务专业大学生创业者多数创办了网店，并已经形成规模；物流专业大学生创业者多数创办了邮差公司或者物流公司；环境设计专业大学生创业者多数创办了环境监测和治理公司。学校专业教师也会为他们提供相应的指导、服务和技术支持。学校可以凭借良好的专业背景和特色优势，立足地方优势产业，建立产学研结合的起点，积极引导和指导大学生创新创业能力的培养。

2. 依托产学研合作校外实习基地

为更好地适应社会对人才的需求，加强培养学生获取知识的能力、动手能力、实践能力、综合运用知识分析与解决问题的能力和创新能力，结合山东交通学院专业特色，积极走产学研结合之路，不断建立校外实践实训基地，先后与诸多企业建立了长期而又稳定的产学研合作关系，形成了分布合理、内外结合且具特色的校外实践教学基地群，构建了产、学、研、培一体化的创新创业人才培养平台，让学生近距离地到企业参观学习、参加实践，还可以深入公司管理和服务等部门和岗位进行学习与体验，为其参与创新创业活动搭建有效的平台，从而帮助提升大学生的创新与创业能力。

3. 建立专业化孵化器

在办学资源异常紧张的情况下，山东交通学院通过整合社会资源，建设了两大专业孵化器，为大学生创业提供了平台。

一是 2014 年学校在山东交通学院长清校区建立了"亮·交通"大学生创业孵化基地，引入商务服务、法律咨询、资产评估、专利申请、技术合同认定等服务机构，建立材料检验分析，化学、物理共用实验平台，设立了创业服务中心、物业中心、会议中心、党团活动中心等功能场所。学校支持具有创业意向的同学申请进入创业孵化基地，并为他们配备"创业指导专家团"，对创业团队进行"一对一"捆绑式指导帮助，创业团队在政策、金融、管理、税务、法律、财务等方面享受学校优惠政策。迄今，学校已成功孵化企业56家，其中技术研发应用型企业48家，推向社会35家，注册资金2800万元，年收入526万元，实现利税110万元，带动就业人数378人，到基地内企业实习的大学生265人，直接参与自主创业大学生团队47个，参与各类创新创业活动学生5000余人。

二是2014年结合山东交通学院无影山校区建设了"智·交通"大学生创新创业孵化园，占地8183平方米，为五层单体建筑，分为苗圃区、综合区、服务区、孵化区、实训企业区、"互联网+"实验室和创业学院。其中，一层是苗圃区、综合区和服务区，设有济南市中小企业服务中心分中心，一站式为创业者提供管理服务机构和相关中介服务；二层和三层是学校事业部、示范企业；四层是孵化区；五层是实训企业区。基地立足产业园区，依托山东交通学院机械厂等6家实践教学单位，形成了一个设施完善、功能齐全的大型项目孵化器。

山东交通学院将重点建设"一园一基地一中心"大学生创新创业专用场地。其中，"一园"即依托无影山校区产业园区建设约8000平方米的大学生创新创业孵化园；"一基地"即依托长清校区工程中心建设约8000平方米"亮·交通"创客空间，暨大学生创新创业教育实践基地（国家级众创空间）；"一中心"即在威海校区建设约10 000平方米的威海市大学生创新创业孵化中心，力争形成定位准确、布局合理、功能齐全、政校企共建、互动互补的具有特色的创业园孵化建设体系。加强专业实验室、实训中心建设，促进实验教学平台共享。主动与政府职能部门和社会机构对接，依托山东高速集团、齐鲁交通发展集团、齐鲁大学科技园和长清区高校师生创新创业联盟，共享济南市高新技术开发区、创新谷、西城集团、西联动力等资源。今后，学校将资助建设一批辐射面大、可跨院系共享的大学生创新创业实践教学基地，完善大学生创业园、创业孵化基地、创客空间等运作机制，为学生进一步研发提供资金和政策的支持，为企业创办和运行提供场地、融资服务及法律、财务等服务，通过真实的创业活动，使创业学生的潜能得到进一步的开发。

4. 实行订单式培养

校企共建实验室、专业，共同进行课程体系开发，共同制订人才培养方案，共同实施培养过程。2012 年，山东交通学院财经学院与山东网融公司联合开设金融外包专业方向，共同开发课程体系，在人才培养方案中嵌入了企业定制课程，增加企业实训等环节，使人才培养更加贴近企业需求。理学院信息与计算科学专业与北京甲骨文（Oracle）公司合作增设数据库技术方向；应用物理学专业与济南华恒兴通信科技有限公司合作增设智能电子方向。

海运学院与河北远洋运输集团、渤海轮渡有限公司、威海海大客运有限公司等企业建立深度合作，成立航海技术"专业发展指导委员会"，实施"531 工程"（五参与三服务一联合模式）：企业参与人才培养方案的修订和论证；参与本专科学生各类实习、毕业论文指导及接收毕业生；参与硕士研究生培养；参与大课堂教学、讲座；参与年轻专业教师培养，学校可以选派教师到合作企业进行人才培训服务、高新技术服务及企业管理服务；校企联合培训船员，形成学校服务企业，企业指导办学的长效合作机制，构建了校企合作深层次职业能力培养体系，如图 4-2 所示。

土木工程专业实施"3+1"卓越工程师教育培养，与企业联合开展，实行 3 年校内学习、1 年企业职业能力提升的培养模式（包括 7 个月工程项目实习、2 个月职业能力扩展教育、3 个月综合能力训练（毕业设计、论文撰写）），进一步缩短学生工作岗位适应期，尽早发挥人才作用。

交通土建工程学院与济南金日公司合作共建预制场。在预制场共建多媒体教室，济南金日公司建设教室、学生宿舍，学院投入计算机及多媒体设备。学院聘请公司工程师为实习学生上课，指导学

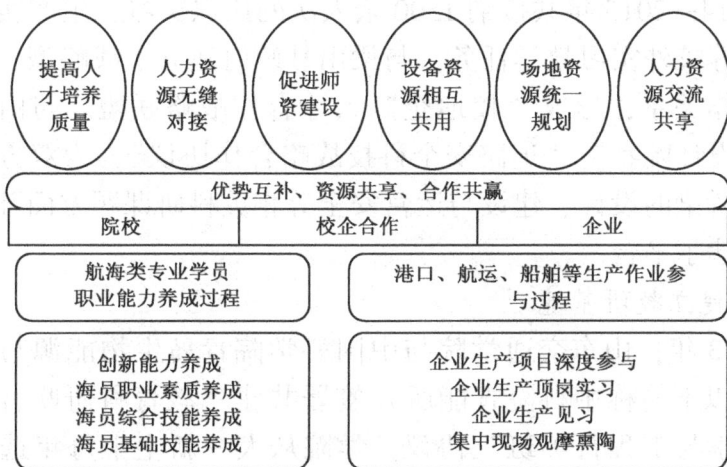

图4-2 校企合作深层次职业能力培养体系

生毕业设计，而学院教师为济南金日公司提供技术服务、业务培训。现公路科研院已迁入该地，为研究生培养提供实习实训基地。下一步建设的实习基地，将进一步对外校相关专业开放，提供实习实训服务。

山东高速建设材料有限公司于2013年3月将实验室迁至山东交通学院长清校区，结合美国海瑞集团强大的技术优势和学院雄厚的师资力量，成立了"山东高速海瑞研究发展中心"。该中心成立以来，与学院在教学方面进行了紧密合作，开展了沥青与沥青混合料等相关方面的实验教学、学生毕业设计及学生实习等方面的工作，共完成300余课时的教学工作，完成20余名学生毕业设计工作。

5. 开辟实习基地

积极探索实践"校企合作办学、合作育人、合作就业、合作发展"的人才培养模式，不断提高应用型人才培养质量，成为省内外交通人才培养的重要基地。成立山东交通科技园发展有限公司，整合、提升了现有的6个校内实践教学基地。在现有129个实践教学基地中，遴选并重点建设了中国重汽集团、山东高速集团、山东省交通科研所等60多个深度合作的实践教学基地。校外实习基地2014—2015年共接纳1500余人次的认识实习、生产实习、毕业实习等校外实习教学任务。与梁山县政府建立了战略型、紧密型人才合作关系，形成"校地企"人才合作战略联盟。与山东省交通规划设计院签署"道路安全科技战略合作协议"，为双方加强在道路、桥梁的设计、建设与运营安全等相关科研课题方面开展全面合作搭建了平台。

6. 建立教研基地

2013年，山东交通学院与中国科学院青岛生物能源与过程研究所（以下简称中科院青能所）签署共建"教育科研联合基地暨材料科学与工程菁英班"协议。学院从大一新生中每年选拔20～30名学生进入"菁英班"学习，采用本硕博连读方式，实行辅导员加导师的双轨制管理。中科院青能所每年提供25万元培养经费，用于设立奖学金、学生实验及学术活动。本科四年学籍属于山东交通学院，硕士、博士阶段学籍属于中科院青能所。以此共同探索校所联合、科教结合、协同创新的新模式、新机制，共同培养材料科学及相关学科领域具有扎实理论基础和鲜明专业特色的高水平应用型人才。

7. 举办专业竞赛

山东交通学院联合企业和研究机构，积极开展"挑战杯"学术科技大赛、机械产品设计大赛、数学建模竞赛、商业计划大赛、创业计划大赛、职业生涯规划大赛等赛事活动，坚持以操作支撑创意、以实践验证理论、以"真枪实弹"取代"纸上谈兵"，充分调动学生学习的积极性和创造性。近三年来，学生科技创新作品和创业计划共获得全国一等奖7项、二等奖13项、三等奖22项，成功转化生产力5项，学院连续5年在"挑战杯"全省大学生课外学术科技作品和创业计划竞赛中被评为"优秀组织单位"。

8. 加快产学研转化，师生共育校园创业氛围

学院与青岛立行车船公司合作成立研发中心，设计研发高级游艇；与济南市公共交通总公司建立工程示范中心，研发应用项目；与济南市政府、市交警部门联合攻关交通拥堵综合治理；与中国重

型汽车集团有限公司、中通客车、鲁峰集团（泰安交通车辆厂）、济钢集团汽车改装公司（济南第二汽车改装厂）等企业开展产学研合作，联合开发产品。

在产学研协同创新中，学院主持的国家自然科学基金项目"湿陷性黄土地基桥梁群桩负摩阻力效应及有效承载力研究"，其成果在国道327线郓巨河桥桩基工程中得到成功应用。近5年学校先后承担"隧道施工超前地质预报、监控量测、质量检测及桥梁桩基检测"等横向课题300多项。

在产学研合作过程中，教师们在自行开展技术转让和项目合作的同时，推荐学生到合作企业实习，让学生参与科研项目，将技术转让、校企合作与学生就业创业结合起来；而学生通过实践锻炼，提高了创业技能，积累了创业经验，形成了教师带领学生创业的可喜局面。经过全校师生的不懈努力，学院逐步形成了"科技创新、技术创业"的校园创业文化。在此文化的熏陶下，学生努力培养创新思维，不断加深对科技创业的认识，激发创新欲望和创造激情，发挥专业优势，把聪明才智集中到科技攻关和技术开发上来，自觉投身创业实践。多年来，山东交通学院先后涌现出一大批大学生创业典型。如中国经济百名杰出人物、全国劳动模范、山东省富民兴鲁劳动奖章、山东省劳动模范、山东改革开放30年（公共事业）十大杰出典型人物济南公交总公司党委书记、总经理薛兴海，中国工业经济十大风云人物、改革开放30年济南优秀企业家、民革济南市委主席济南重工集团董事长王伯之，全国建筑业优秀企业家蓝海建设集团有限公司董事长刘卫峰，国家第二批深海载人潜水器潜航员齐海滨等典型先进人物为代表的毕业生10万余名，为交通行业培训各种管理干部和工程技术人员9万余名，为山东经济社会发展和交通行业发展做出了积极贡献。

应用型本科院校只有将精益求精的"工匠精神"作为人才培养的价值所在，才能确保学生能够更好地创新创业。创新创业型人才培养是一项系统工程。实践证明，产学研结合培养创新创业型人才，是社会与学校共同培养人才、企业和研究机构参与办学的一种有效模式，有利于课堂与社会的有机结合，有利于理论与实践的紧密联系，有利于书本知识与操作技能的辩证统一。通过近几年的实践，山东交通学院依托产学研合作，在创新创业型人才培养方面取得了一些成功经验，但对于如何推进"政产学研"深度合作，进一步完善"政产学研"合作培育人才机制，促使培养目标、素质结构、师资配备与教学计划、课程建设、教材编撰、实践活动等方面交叉融合，实现创新创业的思维、知识、能力、素质四位一体等问题，仍然有待于进一步研究。

第五章 结 语

深化创新创业教育是我国全面深化改革的根本要求，是我国民族振兴的基调，也是我国加快实施创新驱动发展战略的迫切要求。2015 年国务院对外公布印发的推进大众创业万众创新的意见中明确指出，要通过扩大就业、促进收入分配的结构性调整，实现创新创业的支持认可，促进就业发展的良性互动。党中央、国务院高度重视高校创新创业教育，并明确了要将创新创业教育融入人才培养过程中，带动增强学生的创业意识和创新精神，并培养相应能力，为建成创新型国家提供源源不断的人才支持。

新时代的来临，不仅带来了经济飞速发展的机遇，也使我们国家和社会面临着创新型应用人才短缺的挑战。在欧美等发达国家，创新创业教育已经有几十年的历史，形成了一套相对成熟的体制和做法。我国的创新创业教育始于 20 世纪末期，经过多年的发展，已经成为高校教育的热门话题。但目前很多高校在开展创新创业教育的过程中，受到了资金短缺、课程设置、师资力量、实践平台等多方面因素的制约，在实施过程中困难重重。应用型本科院校是面向区域经济，以培养高层次应用型人才为目标的院校，本应通过积极有效的创新创业教育培养优秀的高层次应用型人才，服务地方经济的发展，然而在实际过程中，却受到了自身及外部各种因素的制约。应用型本科院校是我国高等教育发展的重要组成部分，加强创新创业型人才培养是我国深化教育改革的必然要求。当前，创业教育及创新人才培养模式不明确是应用型本科院校面临的重要问题。深入研究分析应用型本科院校在创业教育及创新型人才培养中面临的问题，针对性地提出应对之策，对提高其人才培养质量具有重要意义。

本书以创新创业教育的推行的背景为切入点，通过创新创业教育改革的导向趋势，势必会引发高校人才培养朝向职业型、应用型方向发展。本书首先梳理创新创业教育人才培养的国际潮流和我国政策导向，分析了应用型人才培养的现状及困境，同时以山东交通学院为范例，通过对应用型本科院校大学生创新创业教育发展历程、发展现状、取得成绩以及存在问题的研究，借鉴了国内外创新创业教育的先进做法，通过调查和访谈，结合应用型本科院校创新创业教育当前面临的主要问题，借鉴山东交通学院人才培养模式、教学管理模式等，综合分析其对应用型人才培养的经验借鉴，以及不足之处，整合提出本书的对策，即转变教育观念、建立课程体系、构建长效运行机制、加强师资队伍建设、拓展实践基地、构建全社会支持体系的建议，旨在为创新创业背景下高校培养应用型人才、深化转型的道路上添砖加瓦。

应用型本科教育的目标是为社会培养高素质高技能创新型应用型人才，而应用型本科大学生创新创业教育是大学生正式进入社会前期的专业知识的创新思维和创新创业能力的关键培养时期。"立德尚学""协同创新""精益求精"理念和精神是大学生创新创业教育的基石。探索研究应用型本科创新创业教育与工匠精神同时也是高校打造"核心竞争力"，创立"特色品牌"的重大战略举措，对促进高校教育改革和人才培养模式有着较好的借鉴、示范作用和现实意义。

附录A 打造实践育人平台 深化"双创"教育改革

——山东交通学院创新创业教育改革纪实

山东交通学院作为一所以培养"路、海、空、轨"交通专业人才为主的应用型本科院校、国家教育部门"应用技术大学改革试点战略研究"单位和全国高校毕业生就业50强典型经验高校，将创新创业教育改革作为学校综合改革的突破口，将创新创业教育融入人才培养全过程，成效显著，打造了具有良好示范和带动效应的实践育人创新创业基地与工作品牌。

1. 组织保障有力，建立务实高效的"双创"工作体系

学校领导高度重视"双创"工作，实施"双创"工作"一把手"工程，成立"双创"教育工作领导小组和创新创业学院，统筹全校"双创"工作，将学生"双创"活动成效纳入年度绩效考核、教师职称评审、学生综合素质测评、第二课堂成绩单系统中。学校出台《创业基金管理办法》等规章制度、优惠政策十余项，每年划拨充足经费专门用于创新创业教育工作，并指导学生申请创业扶持贷款和天使投资等投融资项目，为"双创"工作的顺利开展提供了政策和经费保障。

2. 打造"创业港湾"，从普及到提升全程"立体"培养

依托行业特色，以"挑战杯"系列竞赛为龙头，以大学生科技节为抓手，大力开展创新创业训练计划项目，建设了学院、校、省、国家四级"双创"竞赛平台，年参与学生总量达到2万余人次，学生参与"双创"活动进入普及化阶段。

广泛开展校地企合作，建成智能机器人、交通科技等129个"双创"实习基地，实行项目导师带领学生实践"双创"项目、校内"双创"导师对项目成员开展专业指导、校外"双创"导师对

项目运营方面予以指导的"三师制"指导实践。学生在"实践—学习—再实践"的过程中实现了学业专长与"双创"设想的无缝对接。

联合济南市科技部门、国际大学创新联盟等打造了 1.2 万平方米的"亮·交通""智·交通"众创空间群。建有创新项目种子库、法律服务、创业导师服务和信息服务等平台，帮助创业学生低成本获得各类社会资源，先后为 36 支团队提供场地及资金支持，为 32 支团队提供校内外订单支持。助力学生创业金点子落地，取得实效。

3. 将"双创"精神融入校园文化，形成有特色的校园文化建设新格局

通过积极培育和践行社会主义核心价值观，大力弘扬宣传"爱校敬业务实创新"的"交院人精神"，为"双创"教育构建了校园精神文化；开设创新教育和创业实践必修课，开办"亮·交通"众创大讲堂等"双创"讲座，为"双创"教育构建了校园学术文化；依托曾被央视新闻联播等主流媒体广泛宣传报道的"诚信驿站"，以诚信文化为主题，构建了"双创"教育校园行为文化。建成"一飞冲天"等"六一"文化景观，构成综合交通文化景观带，构建了"双创"教育校园环境文化。

4. "双创"成绩显著，社会影响力不断增强

近年来，本院学生共获得全国机械创新设计大赛一等奖等省级以上奖励 4600 余项。在第三方评价机构组织的中国大学创业竞争力排行榜中，学院名列第 159 位，"创业潜力"单项排名为全国的第 13 位。

2016 年，校内共有 100 余家企业成功注册，其中，教师公司 10 余家，学生项目 90 余个，成活 3 年以上的企业 20 余家，获得各类社会投融资 2000 余万元，5 家大学生企业获国家中小企业创新基金支持，创业项目孵化器年产值 6000 万元以上，形成了智能交通、路桥科技、交通材料、物联网、电子信息、教育培训、节能环保等交通产业集群式发展态势。其中，"亮·交通"创业团队负

责人分别获评 2015 年、2016 年全国创业英雄"100 强";集中攻克建筑助剂节能合成技术的山东江泰建材科技有限公司团队,被列入济南市 2016 年引进海内外高层次创新创业人才（团队）支持计划;科晋软件有限公司申报的《基于 BIM+GIS 的京沪改扩建工程建养一体化研究和示范应用》项目获批为交通部门智慧交通试点示范建设项目。学校先后获批为济南市科技孵化器、山东省创客之家和科技部国家级别众创空间,并与科技部国家技术转移中心东部中心签约共建,开展科技成果转化工作。

　　未来,山东交通学院将加速与政、企社会平台的融合,促进交通科技创新,引领交通行业创新、创业带动就业,努力探索构建出一条基于能力本位和应用型人才培养的"双创"育人体系,继续助力大学生创新创业事业走向新的辉煌。

附录 B 基于"工匠精神"的高校创新创业人才培养质量提升研究

随着中国特色社会主义进入新时代，创新创业教育也迈入新时代。当前我们面临的重要课题，就是"双创"走过轰轰烈烈的上半场后，下半场该往何处去？2018 年《政府工作报告》中，李克强强调："要促进大众创业、万众创新上水平，形成线上线下结合、产学研用协同、大中小企业融合的创新创业格局，打造'双创'升级版。"系统总结了党的十八大以来的"双创"工作，也为继续深入贯彻党的十九大精神和新时代"双创"工作深入推进指明了方向，更是对高校创新创业人才培养质量提出了更高要求。

为什么要在当下这个时间节点上提出这个要求？在新时代，新的历史方位下，应该积极领会国内外创新创业形势深刻变化带来的"双创"升级要求，把握"全方位、全过程、全要素"这条主线，推动"双创"向更大范围、更高层次、更深程度迈进。打造"双创"升级版是抢占新一轮国际竞争制高点和推动大国崛起的必然要求；是总结改革开放 40 年经验，实现创新引领发展的必然要求；更是不断满足人民美好生活需要，加快全面建成小康社会的必然要求。因此，有必要从更为高远的视角来重新审视"双创"升级版在新时代"中国梦"实现过程中的时代价值，从破解中国不平衡不充分发展的进程中对"双创"升级版进行更为宏大的阐释与提升。

1. "工匠精神"是新时代高校培养创新创业人才的基本要求

2016—2018 年，"工匠精神"三度被写入《政府工作报告》，分别是 2016 年《政府工作报告》"鼓励企业开展个性化定制、柔性化生产，培育精益求精的工匠精神，增品种、提品质、创品牌"；2017 年《政府工作报告》"大力弘扬'工匠精神'，厚植工匠文化，恪尽职业操守，崇尚精益求精，打造更多享誉世界的'中国品牌'，推动中国经济发展进入质量时代"；2018 年《政府工作报告》"全面开展质量提升行动，推进与国际先进水平对标达标，弘扬'工匠精神'，来一场中国制造的品质革命"。这其中蕴含着怎样的大国期盼？

笔者认为，在新时代，要使我国从制造大国变为制造强国，就必然需要在全社会弘扬"工匠精神"，大力培养和选树工匠人才与"双创"人才，叫响做实"大国工匠"品牌。"工匠精神"与"双创"人才培养可谓笙箫共勉。所谓工匠人才的创造能力和技艺不仅是衡量和决定其水平高低的条件，也是他们智慧和灵感的集中体现，创新创造的精神是"工匠精神"的灵魂。工匠们对产品独具匠心、对质量精益求精、对技艺不断追求的"精神"恰恰是我们高校创新创业教育和人才培养对能力的要求所需要的；"工匠精神"所强调的对职业的敬畏和对品牌的专注坚守是高校创新创业教育的职业道德的必然要求。

"打铁还需自身硬"，高校作为人才的输送者，应该强化培育"能工巧匠"的教师队伍、提供"独具匠心"的保障机制、构建"产学研合作"的生态系统，不断提升和完善创新创业人才培养体系，注重学生"匠心"精神培养，才能真正适应新时代对高校创新创业教育的需求，才能真正为打造"双创"升级版贡献自己的力量。

2. 培育"能工巧匠"式的教师队伍是提升的基础

笔者通过调研发现，目前高校创新创业教师队伍建设存在专业基础薄弱、"重教学、轻科研"、科研能力偏低、教师的创新创业实践经验和体验偏少、教育教学模式相对单一和传统等问题。

想要破题，一是要加强顶层设计，构建高校"能工巧匠"的教师队伍培养体系。高校要紧密围绕学生创新能力培养的目标，为创新创业专业教师或非专业教师设计构建实践育人体系，助力教师从创新人才的培养到社会服务、创业示范、创新研究各方面开展教学和指导，逐步形成理论与实践相结合，指导与服务相融入，知识传授与实践参与为一体的有利于创新创业教师专业发展的新体系。要结合学校自身实际，从社会上广招贤才。要真正把在专业领域内有一定学术造诣，有过科技创新、创业实践、参与企业营销策划或成果转化等经历，热爱大学生创新创业教育事业，在企业经营、风险投资、财务管理等创业核心领域有独到见解的人才，都汇聚吸引到高校创新创业师资培养的行列。

二是要明确师资培养的目标。应该建设一支什么样的创新创业师资骨干队伍？即打造一支专业基础理论与创新实践能力较强的"双师型"创新创业师资队伍。山东交通学院探索组建了由基础课教师、专业课教师和企业家构成的"三师制"创新创业骨干队伍，三类教师各司其职：基础课教师负责创新创业基础教学；专业课教师负责专业领域的创新创业教育；企业家负责创业经验和技能传授，通过实践教学让学生体验创业，并指导创业实践。"三师"既有机结合，又各有侧重，既全员参与，又专业覆盖。

三是加强师资培养课程体系建设，提升教师专业能力。这是培养优秀创新创业师资的前提和保障。高校应逐步建设形成从大一到大四连贯教育，形成涉及专业课程、实践课程、普及课程、兴趣课程、网络课程等完整的课程体系。通过校企合作、社会实践、专业学习、短期或长期培训等方式，逐步提升创新创业教师的教学评价能力、教学实施能力、教学设计能力、组织和管理能力和科研能力，从初创型逐步走向专业化。同时，对于起步比较晚的我国高校创新创业教育而言，有必要通过"走出去、请进来、引进来和送出去"的方式，加强与国外大学在创新创业师资培训领域的合作与交流，并引进国外先进的创业教材和课程，不断完善我国创新创业教材建设体系，不断提升我国创新创业教育的质量和进程。

四是扎实做好实践教学平台建设，加强产、学、研、用结合，创造、创意、创新、创业融合。高校要引导创新创业教师到企业挂职锻炼或兼职，搭建教师与企业间的桥梁，选派教师到企业进行灵活挂职锻炼，带队参加创业实践；高校开展教育教学方式方法的专题研讨，鼓励创新创业教师参与校外相关会议，将创新创业理论教学与创新创业实践问题的研究相结合，促进教师的学术研究，根据不同的教师情况，通过设计与之相适应的系列研究、实践、培训活动，促使高校创新创业教师在各自的"最擅长领域"得到不同层次的最佳发展，也可以利用教师专业特长与企业间形成长期的技术服务关系，在服务中得到实践锻炼，从而"反哺"学校教育。山东交通学院依托校内大学生创新创业园、创客空间以及校外创新创业实践基地等平台与企业进行"产学研用"深度合作，分专题、有针对性地进行互派人员交流，组织教师到海尔集团、山东高速集团、齐鲁交通发展集团、中国重汽集团等企业挂职锻炼，教师可根据自身专业优势和特长，选择担任科研或管理岗位进行实践锻炼，效果显著。

3. 创新创业教育机制是提升质量的必要保障

高校要在明确新时代新目标对高等教育创新创业教育的新要求的基础上，及时纠偏过往"双创"教育推进过程中的痛点和难点，多措并举，切实从单一层面的保障机制修修补补转到系统性制度的创新突破，从追求优惠激励机制到优化创新创业教育生态环境上来，进一步壮大发展高校创新创业教育提升的新动能。

一是加快建立高校创新创业教育制度创新的长效机制。进一步厘清在高校"双创"教育中政府、高校、教师、学生、家庭、企业、市场和社会等的边界，在课程自修和免修学分置换的个性化培养，创新创业教育质量检测，第一课堂与第二课堂相互融合，完全学分制的教学管理，多视角评估的教学考评，以创造为价值导向的教学激励，高校与行业企业、家庭、社会联合培养人才等方面进一步加大制度突破力度，建立以学生的普及与提升并重为导向的创新创业教育考核激励机制，形成"双创"制度创新的长效机制，使创新创业者"乐于创新、放心创业"，让"双创"不再孤单，让"双创"更加简单，让"双创"变得好玩。

二是改善现有"双创"人才培养模式。"双创"人才培养不同于传统职业人才培养，已有传统的学科培养和知识传授模式并不适用，需要更加强调创新者的跨学科跨专业知识和创新创建创造知识养成、机会把握能力和不确定性应对思维等核心素养培养。针对上述核心素养要求，必须创设针对不同行业、不同场域的虚拟—现实交互场景，解决高校前沿创新人才培养难题。要着力通过新工科建设、行业传承等手段破解大国工匠培养难题。

4. 构建"产学研"合作生态系统，能够加快促进质量提升

"双创"升级版的着力点，应从单一要素推动转向生态系统构建。全面开放新格局下的"双创"需要链接全球创新创业资源，构建政、产、学、研、资等各种关键资源深度融合的开放式创新创业生态。

一是加快完善各种共享型"双创"服务平台。政府、高校和企业要优化众创空间、孵化器、社区营造等各种线下平台资源，推动线上综合服务平台建设；发挥大企业优势，推动企业内部创业平台向社会开放，引导高校的人才向企业输送，促进大、中、小、幼企业融合发展。

二是推进区域创新"生态群落"的集聚发展。充分发挥创业投资的产业集聚和带动效应，促进创新创业要素的充分流动和耦合裂变，例如，红杉、KPCB等大型创业投资商，作为硅谷创新创业雨林的基石，恰恰是硅谷创新锦标赛的发动机和创新生态的捕鼠器。

三是大力推进"共性技术平台+共享创业服务+引导基金"的发展模式。要立足于"互联网+""中国制造2025"、新材料、人工智能等前沿领域，通过共性技术平台吸引新创企业，通过共享创业服务链接新创企业，通过引导资金加快赋能新兴产业。

四是要围绕高校周边打造创新创业生态圈。继续强化高校和科研院所在创新源头供给中的龙头作用，深化"产学研"合作协同创新机制，例如，环浙江大学、阿里巴巴创新中心和"梦想小镇"加速器已经逐步发展成为我国智能制造、文化创意、电子商务产业"双创"示范基地的重要引领示范中心。

五是大力推进区域一体化良性发展的"双创"模式。"双创"

升级也要与区域经济协调对接，着力从区域一体化角度破解各地“双创”政策竞争难题，引导区域“双创”生态的健康发展。当前，济南北跨新旧动能转化试验区，区域一体化发展正在走向深入，区域协同的“双创”政策应该逐步纳入政府视野，为打造“济南的新浦东”奠定良好的生态环境基础。

5. 结语

综上所述，“创业需给力，创新是重点”，打造“双创”升级版是新时代背景下国家的重大战略部署，重点要有新思维和新目标，从国际创新创业竞争新格局和大国崛起的战略高度把握，多举并进推进“双创”升级。创新创业人才培养是一项系统工程，为了确保大学生能够更好地创新创业，高校应该将精益求精的“工匠精神”作为人才培养的价值所在。高校的创新创业教育，离不开精益求精的“工匠精神”，只有两者的有机结合，不断加强和完善师资队伍、运行机制和生态系统，方能培育出更加优秀的创新创业人才，为实现“两个一百年”奋斗目标打下坚实基础。

附录 C 山东交通学院大学生创业园建设基本情况

山东交通学院始建于 1956 年，2000 年，由交通部划转山东省，实行中央与地方共建的管理体制，2011 年，经国务院学位委员会批准为培养硕士专业学位研究生试点工作单位，2013 年，获批为山东省高等教育应用型人才培养特色名校立项建设单位，是教育部应用技术大学改革试点战略研究单位，2017 年，获批山东省硕士学位授予立项建设单位（A 类）。山东交通学院是"全国高校毕业生就业 50 强"典型经验高校。

近年来，作为一所地方本科院校，学院主动适应经济发展新常态，坚持服务地方经济社会和交通事业发展的思路，结合行业、企业人才需求，引进行业、企业资源，积极探索实践"校企合作办学、合作育人、合作就业、合作发展"的人才培养模式，不断提高应用型人才培养质量，成为省内外交通人才培养的重要基地。学院成立山东交通科技园发展有限公司，整合、提升了现有的 6 个校内实践教学基地。在现有 129 个实践教学基地中，遴选并重点建设了中国重汽集团、山东高速集团、山东省交通科研所等 60 多个深度合作的实践教学基地，校外实习基地 2015—2016 年共接纳1500 余人次的校外实习教学任务。与梁山县政府建立了战略型、紧密型人才合作关系，形成校地企人才合作战略联盟。与山东省交通规划设计院签署"道路安全科技战略合作协议"，为双方加强在道路、桥梁的设计、建设与运营安全等相关科研课题方面开展全面合作搭建了平台。学院以"项目贯穿式"培养"双创"意识，以"现代学徒制"雕琢"双创"技能，以"阶梯式平台"打造"双创"空间，以"第三方评估"保证"双创"质量，构建了基于"工匠精神"的应用型高校"双创"人才的培养模式。学院共为国家培养了交通部重点学科学术带头人、全国交通系统优秀科技人员、山东省汽车行业十大学术带头人冯晋祥，中国经济百名杰出人物、全国劳动模范、山东省富民兴鲁劳动奖章、山东省劳动模范、山东改革开放 30 年（公共事业）十大杰出典型人物济南公交总公司党委书记、总经理薛兴海，中国工业经济十大风云人物、改革开放 30 年济南优秀企业家、民革济南市委主席济南重工集团董事长王伯之，全国建筑业优秀企业家蓝海建设集团有限公司董事长刘卫峰，国家第二批深海载人潜水器潜航员齐海滨等典型先进人物为代表的毕业生 10 万余名，为交通行业培训各种管理干部和工程技术人员 9 万余名，为山东经济社会发展和交通行业发展做出了积极贡献。学院全面落实党中央、国务院"大众创业，万众创新"的战略部署，按照《教育部等部门关于进一步加强高校实践育人工作的若干意见》（教思政〔2012〕1 号）要求，紧紧抓住大学生创新创业这一主旋律，依托国内高校最大的工程中心和山东交通产业创新创业孵化基地，联合济南市人社局、科技局、山东梦想谷创业帮扶中心、济南市创新谷、国际大学创新联盟、山东梦想谷科技企业孵化器有限公司等机构成立了山东交通学院"亮·交通"大学生创新创业教育实践基地。

山东交通学院"亮·交通"大学生创新创业教育实践基地，占地面积 4000 余平方米，分教育培训区、模拟训练区、项目孵化区、综合管理区、交流会晤区、成果展示区等功能区域，形成了集学院办学特色与优势、政府扶持政策、产业转型机遇于一体的大学生创新创业孵化基地。其中教育培训区、模拟训练区、综合管理区为大学生提供创业沙盘等模拟培训活动和"一站式"管理服务；项目孵化区分校内创新创业项目区和社会示范企业区，依托汽车工程实验中心等 14 个实验实训中心和科研单位开展创新创业活动，形成了一个学习、训练、测评、服务一体化的大学生实践训练和创新创业基地。

学院依托"亮·交通"大学生创新创业教育实践基地，成立创新创业学院，学院创新创业教育领导小组办公室挂靠创新创业学院。创新创业学院为学院创新创业教育的具体管理机构，设立院长一人，由分管该项工作的校党委副书记担任；副院长两人，分别由教务处处长与团委书记担任，设立教学与研究部和实践与运营管理部。其中，教学与研究部负责全校性创新创业通识课程建设和日常教学，负责组织创新创业精品课程建设和成果争取。实践与运营管理部负责创新创业模拟训练课程建设和教学，负责组织创新创业实践和大赛指导及获奖成果争取，负责基地日常管理。创新创业学院的主要工作职责是会同教务处拟定学校创新创业教育规划，制订创新创业教育实施方案并负责组织落实；负责组织开展全校性创新创业教育通识课程和创新创业模拟训练课程建设与教学等工作；牵头负责创新创业课程教学教师、创业导师、外聘专家和创新创业教育教学团队等师资队伍建设；牵头组织全校性的大学生创新创业训练计划项目，开展创新创业竞赛、学生科研及课外科技文化活动，搭建线上线下、课内课外、校内校外的创新创业交流平台；负责本科拔尖创新人才实验班的教学、日常管理和思想政治教育工作，针对具备潜质的学生开展专门创业教育与实践活动；推动创新创业教育教学改革，研究创新创业教育的新模式和新方法；管理运营大学生创新创业中心，代表学校在创新创业活动方面与政府和企业对接。

基地成立创业基地管理委员会，负责基地的管理运行工作，具体负责基地的人员、经费、设施管理。工作人员年富力强，懂业务、善管理，热心创新创业事业，全心全意服务大学生创业工作，有力地保障了基地的高效运行。

学院成立了以学生为主的服务性质的"亮·交通"大学生创新创业教育实践基地管理委员会和山东交通学院青年创新（创业）社团，负责各创业团队的物业管理以及日常服务工作。学院制定《山东交通学院创新创业孵化基地申请入驻登记表》《山东交通学院创新创业孵化基地入驻企业协议书》《企业孵化器入孵项目准入评估表》和《山东交通学院创新创业孵化基地入驻企业退出通知书》等相关制度，加强基地服务管理。山东交通学院"亮·交通"大学生创新创业教育实践基地利用智慧后勤"互联网+"创新创业实训平台及成果转化平台，将研究机构、地方政府、行业、高校、企业、公益和资本的力量与资源整合在运作平台上，动员社会力量，精准服务，实现服务机构的社会化与网络化结合，创业要素资源及市场需求的"无缝化对接、规模化匹配、社会化协作、机制化运作"，促进社会资源的组合利用，实现交通科技服务供需双方高效智能匹配。

学院"亮·交通"大学生创新创业教育实践基地为非营利性基地，不但对房租费用优惠补贴，而且出台了一系列政策，大力扶持创业团队及创客的发展，为他们提供低成本、便利化、全要素、开放式的新型创业孵化平台，达到创新与创业相结合、线上与线下相结合、孵化与投资相结合，满足不同创业者对工作空间、网络空间和资源共享空间的需求。在总结我院前期开展创业教育的基础上，我院积极开展创业教育制度研究与实践探索，制定了《山东交通学院创业基金管理办法》《山东交通学院大学生创新创业孵化基地管理办法》等十余项优惠政策。

基地努力打造校地、校企、校园三联合，合作共建政、产、学、研命运共同体，建成国内高校首个智慧后勤"互联网+"创新创业实训平台及成果转化平台，联合济南市人社局、山东梦想谷创业帮扶中心等建成创业培训、实训、孵化和成果转化"四位一体"的创新型大学创业教育体系。现有入驻企业/团队 39 个，提供各类工作岗位 215 个，依托安全交通实验室等 14 个实验科研单位。

基地形成了良好的社会经济效益以及良好的品牌制度建设，一直秉承"政府引导运行、企业带动运行、高校自主运行"的基本原则，坚持实施"政府、企业、高校"联动模式。学校与中国（济南）创新谷、济南产业发展综合服务平台、山东省中小企业服务机构促进会、山东省自主创新中心联合主办了首届"齐鲁众创大会暨 2015 创新创业投融资高层峰会"，并与中国（济南）创新谷管理中心、齐鲁工业大学、山东中小企业服务机构促进会、山东省齐鲁大学科技园有限公司共建"齐鲁大学科技园"，组织和建设"齐鲁众创大学"，为高等学校科技成果转化、高新技术企业孵化、创新创业人才培养、产学研结合提供支撑和服务。学院在与政府、企业展开全面合作的基础上，积极为中国（济南）创新谷、山东中小企业服务机构促进会和济南市中小企业公共服务中心所服务的中小企业和入驻基地的示范企业提供有市场竞争力的创新创业项目，实现了学校与政府、企业的有效对接，建成了创意转化区、创业试水区、创业孵化区递进式三大功能区一体化的"双创"实践基地，近两年获得投融资 1000 余万元，产值 2000 余万元。先后获得"山东省创客之家""泉城众创空间""济南市科技企业孵化器"。2016 年年初科技部授予学院创客空间为"国家级众创空间"，并纳入"国家级科技企业孵化器"。2017 年被评为"山东省大学生创业孵化示范基地"，获得"中国大学生 iCAN 创新创业实践教育基地""中国'双创'创业创新典型示范基地"等荣誉。2017 年 6 月，与国家技术转移东部中心交通产业中心签署深度合作协议，搭建交通产业技术转移、成果转化高端平台，在国内高校中尚属首次，深度融入交通产业大发展。

学院创新创业发展的良好势头受到了国家级、省级各大媒体的报道和关注。中央电视台《新闻联播》《光明日报》、人民网、《中国教育报》《大众日报》等国家级、省级媒体陆续对学院的大学生创新创业工作给予了积极的关注和报道，扩大了创新创业工作的社会影响力。

参 考 文 献

[1] 张帏，高建. 斯坦福大学创业教育体系和特点的研究 [J]. 科学学与科学技术管理，2006，27（9）：143-147.

[2] 陈周见. 大学创新教育评价研究 [D]. 长沙：中南大学，2003.

[3] 张立昌. 创新·教育创新·创新教育 [J]. 华东师范大学学报（教育科学版），1999，17（4）：26-32.

[4] 陈琳. 文化视阈中的大学创新教育 [J]. 南通职业大学学报，2009，23（4）：33-37.

[5] 王占仁. 中国高校创新创业教育的基本原则论析 [J]. 高校教育管理，2017，11（3）：1-5.

[6] 张等菊. "广谱式"创新创业教育的意蕴、策略及路径研究 [J]. 高教探索，2016(10)：13-17.

[7] 毛杰. 高校转型发展背景下加强创新创业教育的路径分析 [J]. 河南社会科学，2016，24（9）：104-108.

[8] 余潇潇，刘源浩. 基于三螺旋的研究型大学创新创业教育模式探索与实践 [J]. 清华大学教育研究，2016，37（5）：111-115.

[9] 覃睿，吕嘉炜，樊茗玥. 面向国家创业系统的创新创业教育基本框架与实现路径 [J]. 教育发展研究，2016（3）：57-63.

[10] 李成龙. 校企协同开展创新创业教育的机理探析 [J]. 中国高校科技，2016(10)：87-90.

[11] 吕晨飞. 创新创业教育三大断层与教育闭环的构建研究 [J]. 中国青年研究，2016(2)：108-114.

[12] 高志刚，战燕，王刚. 论高校创新创业教育课程教学体系构建 [J]. 黑龙江高教研究，2016（3）：93-95.

[13] 杰弗里·帝蒙斯，小斯蒂芬·斯皮内利. 创业学 [M]. 周伟民，吕长春，译. 北京：人民邮电出版社，2015.

[14] 张平. 创业教育：高等教育改革的价值取向 [J]. 中国高教研究，2002（12）：43-44.

[15] 汪宜丹. 论研究生的创业教育 [J]. 合肥工业大学学报（社会科学版），2002，16（2）：22-24.

[16] 牛泽民，熊飞. 发展创业教育对促进中国现阶段经济增长的作用 [J]. 北京航空航天大学学报（社会科学版），2003，16（3）：75-80.

[17] 向东春，肖云龙. 美国百森创业教育的特点及其启示 [J]. 现代大学教育，2003（2）：80-82.

[18] 张健，姜彦福，雷家骕. 美国创业学术研究及其对我们的启示 [J]. 外国经济与管理，2003，25（1）：21-25.

[19] 徐静姝. 适应高新技术发展要求 开展研究生创业教育 [J]. 广西青年干部学院学报，2004，14（1）：41-42.

[20] 韦进. 适应与超越之间：大学生创业教育 [J]. 中国高教研究，2004（4）：21-25.

[21] 陈荣. 国外高校创业教育的演进特质 [J]. 教育评论，2006（6）：104-106.

[22] 张桂春，张琳琳. "创业教育"思想的生成与流变 [J]. 辽宁师范大学学报（社会科学版），2004，27（4）：63-67.

[23] 房欲飞. 大学生创业教育的内涵及实施的意义 [J]. 理工高教研究，2004（4）：76-78.

[24] 毛建国. 职业学校创新教育与创业教育的关系 [J]. 教育发展研究，2001（3）：23-26.

[25] 曹威麟，李德才. 中国高校的创业教育 [J]. 现代教育科学，2002（2）：11-13.

[26] 杨丽. 加强创业教育 把素质教育引向深入 [J]. 河南教育学院学报（哲学社会科学版），2004，23（2）：96-98.

[27] 宋振文. 实现创业教育与理想信念教育的相互促进 [J]. 中国轻工教育，2006（1）：18-20.

[28] 陶金国. 在课程教学中实施创业教育 [J]. 中国高等教育，2003（22）：39-40.

[29] 谢树平. 关于创业教育课程设计与实施的思考 [J]. 职业技术教育（教科版），2002，23（7）：64-66.

[30] 黄耀华，徐亮. 高校创业教育的新视角 [J]. 南昌大学学报（人文社会科学版），2003（11）：10-13.

[31] 郭必裕. 对构建大学生创业评价体系的思考 [J]. 黑龙江高教研究，2003（4）：135-137.

[32] 盛春辉，李守强. 试论高等院校创业教育体系的构建 [J]. 辽宁行政学

院学报，2006，8（8）：88-89.

[33] 王永友. 创业教育实践体系的基本框架构建［J］. 黑龙江高教研究，2004（11）：97-98.

[34] DAVIDSON P, LOW M B, WRIGHT M. Editor´s Introduction：Low and Macmillan Ten years On：Achievements and Future Dire clionli for Entrepreneurship Research［J］. Entrepreneurship Theory and Practice，2001：101-203.

[35] 彼得·德鲁克，创新与创业精神［M］. 张炜，译. 上海：上海人民出版社，2002.

[36] BUSANITZ L, LOWELL W, WEST G P, et al. Entrepreneurship Research in Emergence：Past Trends and Future Dkeetions［J］. Journal of Management，2003，29：285-308.

[37] 周彬彬，刘允洲，李庆曾. 农村面临的挑战与选择［J］. 农业经济问题，1986（12）：35-39.

[38] 陈畴镛，方巍. 知识经济时代理工科大学生经济管理素质的培养［J］. 杭州电子科技大学学报（自然科学版），2000，20（2）：46-48.

[39] 李晓华，徐凌霄，丁萌琪. 构建我国高校创新创业教育体系初探［J］. 中国高等医学教育，2006（7）：53-54.

[40] 鲁保富. 论教育现代化与大学生创新创业能力培养［J］. 实验技术与管理，2008，25（2）：143-147.

[41] 吴中江，黄成亮. 应用型人才内涵及应用型本科人才培养［J］. 高等工程教育研究，2014（2）：66-70.

[42] 陈祖福. 迎接时代的挑战　更新教育思想和观念［J］. 中国大学教学，1997，12（3）：1-9.

[43] 林蕙青. 深化高等学校教学改革　培养高质量的跨世纪人才［J］. 中华医学教育杂志，1997，14（6）：162.

[44] 周远清. 完善体制改革　深化教学改革　强化教育思想改革［J］. 中国大学教学，2002（11）：16-18.

[45] 贺金玉. 教学评估让新建院校定位更准发展更好［J］. 中国高等教育，2008（7）：49-50.

[46] 陈正元. 关于应用型本科院校发展目标的几点思考［J］. 南京工程学院学报（社会科学版），2002，2（3）：47-50.

[47] 范巍. 应用型人才培养对新建本科院校教学体系建设的要求［J］. 理论

界，2006（1）：144-145.

[48] 张日新，梁昱庆，汪令江，等. 创建本科应用型人才培养新模式 ［J］.
成都大学学报（社会科学版），2005（2）：95-97.

[49] 汪禄应. 应用型本科教育人才培养目标与课程体系建设 ［J］. 大学教育
科学，2005（2）：42-44.

[50] 聂邦军，王芙蓉，徐肯唐. 校企联合培养工程应用型人才探索 ［J］. 南
京工程学院学报（社会科学版），2002，2（3）：51-54.

[51] 关仲和. 关于应用型人才培养模式的思考 ［J］. 中国大学教育，2010
（6）：7-11.

[52] 刁维国. 关于对教学模式研究的再认识——兼论多元统一的教学过程模
式观 ［J］. 教育探索，2008（12）：27-29.

[53] 龚怡祖. 论大学人才培养模式 ［M］. 江苏教育出版社，1999.

[54] 单婷. 高校创新创业教育：解析、反思与重构 ［J］. 现代职业教育，
2017（10）：96-98.

[55] 王占仁. "广谱式"创新创业教育的体系构架与理论价值 ［J］. 教育研
究，2015（5）：56-63.

[56] 邹蕾. 英国大学生可雇佣性培养研究及其启示——以谢菲尔德哈勒姆大
学为例 ［J］. 浙江教育学院学报，2011（1）：31-37.

[57] 郝克明. 90年代中国教育改革大潮丛书. 综合卷 ［M］. 北京：北京师
范大学出版社，2002.

[58] 国际21世纪教育委员会. 学习——内在的财富 ［M］. 北京. 教育科学
出版社，1998.